"小学语文十大青年名师"丛书编委会

小学语文十大青年名师

张学伟 著

"慧"教学
"活"课堂

山东城市出版传媒集团·济南出版社

图书在版编目(CIP)数据

"慧"教学,"活"课堂 / 张学伟著. —济南:济南出版社,
2019.11

ISBN 978 - 7 - 5488 - 4007 - 7

Ⅰ.①慧…　Ⅱ.①张…　Ⅲ.①小学语文课—课堂教学
—教学研究　Ⅳ.①G623.202

中国版本图书馆 CIP 数据核字(2019)第 257655 号

出版发行　济南出版社

地　　址　济南市二环南路 1 号
印　　刷　山东省东营市新华印刷厂
版　　次　2019 年 11 月第 1 版
印　　次　2019 年 11 月第 1 次印刷
开　　本　170mm×240mm　16 开
印　　张　18
字　　数　253 千字
定　　价　58.00 元

济南版图书,如有印装质量问题,请与出版社出版部联系调换。
电话:0531 - 86131736

序·名师的三重境界

孙双金

　　15年前，山西教育出版社出版了一套"中华名师丛书"，收录了当时小语界的十大名师，我有幸名列其中。今年，《小学语文教学》杂志社联合济南出版社，推出一套"小学语文十大青年名师"丛书，其中收录了张学伟、史春妍、许嫣娜、徐俊、王林波、杨修宝、孙世梅、鱼利明、彭才华、李斌等十大青年名师的专著。杂志社杨伟社长约我写一点感言。我作为过来人，走过了追求之道、奋斗之道、探索之道，深知其中的甘苦。我把自己对名师的理解和追求表达出来，希望对后来的名师有所启迪和帮助。

　　记得当年我评上特级教师之后，于永正老师对我说："小孙啊，特级教师是有层次的，有一般特级教师，有著名特级教师。你要争取当著名特级教师。"

　　于永正老师的话我一直铭记在心。那什么是著名特级教师，也就是所谓的名师呢？我认为名师有三重境界。

　　一重境界是有成名的课堂。名师都是从课堂中走出来的，没有成名的课堂不能成为真正的名师，这是教育界的共识！为什么名师必须要有出名的课呢？因为教师的天职就是上好每堂课。不仅要上好平时的家常课，让学生喜欢自己的课堂，还要能上好公开课、研究课，使自己的课堂教学能够引领教学改革的方向。"打铁还需自身硬"，只有拿出过硬的好课，同行才会佩服你，学生才会敬爱你，你才配得上名师的称号。

　　你看哪位名师没有自己的代表课？支玉恒老师的《第一场雪》名扬天下；于永正老师的古诗《草》让人拍案叫绝；贾志敏老师一系列作文指导课让人津津乐道；王崧舟老师的《长相思》到现在仍然余音袅袅；窦桂梅老师的《秋天的怀念》扣人心弦；薛法根老师的《匆匆》让人印象深刻。上好课，用课说话，这是对名师的硬要求。

二重境界是有自己的特色课程。名师仅有成名的课堂还是不够的，因为这仅仅停留在"教得好"的层面上。名师应该再向前走一步，思考"教什么"更有利于学生学科素养的发展。"教得好"是教学法的层面，"教什么"是学科课程的层面。名师应该在这两个层面都有思考，都有建树。中华人民共和国成立以来，在"教得好"的层面上涌现出了许多名师，但语文教学"少慢差费"的现象一直没有根本的改变。为什么？我认为就是在"教什么"的课程层面思考得少，研究得少，改革得少。"教什么"是内容的问题，"怎么教"是方法的问题，几十年的改革仅在方法上做文章是解决不了根本问题的。我曾经多次比方过，这就像家庭主妇，只研究炒菜的方法，却不到菜市场去买营养丰富、绿色环保的蔬菜，再怎么折腾烹制的方法也是没有多少效果的。

我在 2009 年《人民教育》杂志发表的《13 岁以前的语文——重构小学语文的教学体系》一文中，提出小学语文教学内容要有"三块大石块"——国学经典、诗歌经典、儿童文学经典，就是探索建立新的小学语文课程体系，强调小学语文是经典的语文，是积累的语文，是带得走的种子语文，是为儿童一辈子奠基的语文，是人生语文的"童子功"。文章一经发表，即得到广大语文教育有识之士的响应，这充分说明对教学内容进行改革已成发展的趋势。当下在全国广有影响的名师课程，如陈琴的"经典素读"课程，韩兴娥的"海量阅读"课程，管建刚的"动力作文"课程，正呈现星火燎原的态势。

三重境界是有鲜明的教学主张。教学主张是名师在多年的教学实践中形成的比较成熟的教学见解和观念，它比教学风格更上位一点，更接近于教学思想。教学主张有三大特征：一是稳定性，教学主张一旦形成就比较稳定，比较成熟，不会朝令夕改，朝三暮四；二是独特性，教学主张一般都带有教师鲜明的个体风格特征，各有侧重，互不相同；三是体系化，从教学风格走向教学主张最大的变化是结构化、体系化，能够自圆其说，自成体系。当前小语界的"诗意语文""组块教学""文化语文""情智语文"……都是在语文教学主张上的有益探索。

"江山代有才人出，各领风骚数百年。"在当下的盛世中国，我们希望名师辈出，各领风骚，创作出扎根中国大地，具有中国品格的教育华章。

目 录

教学设计

教育随感

名师评说

成长故事

教学主张

慧读课堂　"活化"语感

"学习语言最关键的是培养语感。"很多教师觉得，语感的培养似乎有些虚无缥缈，无从下手，也无处用力。其实，培养语感最有效、最直接的途径和方法就是朗读。今天的语文课堂上，朗朗的读书声似乎越来越多了，但是，仔细研究，我们会发现，无效、重复的朗读居多，形式化、表面化的朗读不少，脱离语言、专注技巧的朗读也并不鲜见。这说明，教师们对朗读的功能认识不够，没有掌握导读的方法，不能有效地运用朗读这一最常规、最重要，也最有效的武器。下面，我结合自己的课堂和大家探讨一下——如何在朗读中培养语感，读出智慧。

一、语感——语文教学之魂

学生对语言的感受，在语文教学中占据重要的地位。语感是一个人在长期的阅读和运用的过程中养成的对语言的感觉、经验，以及直观的快速领悟语言的能力。它对一个人语言风格的形成是有深刻影响的。培养语感最重要的途径是大量接触语言材料，不断地感受领悟和学习运用。

语感常常和思维相结合。在学生朗读、说话、习作的过程中，我们既注重了学生对语言的实践和感受，也常常启发他们进行对比鉴别，归纳分析，想象发散……这些都渗透着抽象思维、形象思维、直觉思维、分合思维、逆向思维和联想思维。学生感悟语言的同时，思维也得到了发展。

语感常常和审美相结合。一篇文章、一本书展示给学生的都是一个世界，或奇幻，或壮美，或激动人心，或发人深省；它的语言，或清新秀丽，或气势磅礴，或典雅精致，或明言彰理……这些，都是美的载体。审美的熏陶，也是语文教学中不可或缺的任务。学生在感受、品悟语言的同时，既受到美的熏染，也感受到了语言的节奏、韵律、准确和鲜活，这难道不是审美和语感的结合吗？

所以，培养语感、训练思维、熏陶审美，都是要在朗读中进行的。朗读是最基本、最高效的方法。

二、朗读——语文教学之道

朗读作为语文教学之道的地位是不可动摇的。在语文教学中，教师不但要引导学生将语文学习植根于朗读，还要把朗读升华。在语文教学过程中，教师既要紧紧抓住朗读这一环节，大胆让学生去朗读，又不能让学生死读书、读死书，一定要让学生通过朗读这条路去求知、去探索、去发现、去获得。

学生可以通过朗读把握内容，体会文章感情。朗读一篇课文，开始朗读时，要大略掌握书中写了哪些内容；接着朗读时，就要理解作者为什么要写这些内容，作者的意图是什么；再接着朗读时，就要整体把握书中的谋篇布局、表达方式、语言运用等方面。更重要的是，学生每朗读一篇课文或一个文段，教师都要组织他们认真讨论，交流学习心得，让学生们把朗读中遇到的"疑"和感受到的"知"毫无顾忌地说出来，再让他们各抒己见，互相切磋，互相补充，互相完善，这样，"错误"的就自然得到纠正，"正确"的就自然得到证明。学生就能够从不知到知，从知其然到知其所以然。

学生可以通过朗读陶冶性情，激发审美情趣。"音美以感耳。"（鲁迅）有感情地朗读，能调动学生的审美情趣。叶圣陶认为"美文需美读"，因为朗读的过程就是学生发现美、感受美的过程。朗读，特别是有感情地朗读，可以充分地调动学生的感官，使学生从多方面立体地感知教材的美。可以拨动学生的心弦，激发学生的情感，使学生的情感和作者的情感积极交融，产生强烈的共鸣。在愉悦的审美活动中，学生潜移默化地受到强烈的思想教育，陶冶了情操，丰富了精神世界，美化了心灵，指导了言行。

学生可以通过朗读积累语言，形成语感；可以通过朗读发展思维，提高语文能力；还可以通过朗读领悟表达，习得方法。

所以，语言的发展需要朗读，情感和审美的陶冶需要朗读，语感和思维的培养也需要朗读。朗读是一条训练的主线，是一条藤。感悟和表达，审美和情感，思维和语感，都是叶、花和果，都在朗读的过程中得以落实。所以只有抓好朗读——这个语文教学的根本途径，才能还语文之本来面目。

让我们——多读书，少发问。

三、慧读课堂方法举隅

在实际课堂操作中，许多教师能够认识到朗读的重要性，却对导读的方法一知半解，导读的过程不得其法，效果也不尽人意。下面就导读的方法和大家进行分享。

（一）想象导读

1.《趵突泉》——抓住标点想象。

泉池中央偏西，有三个大泉眼，水从泉眼里往上涌，冒出水面半米来高，像煮沸了似的，不断地翻滚。三个水柱都有井口大，没昼没夜地冒，冒，冒，永远那么晶莹，那么活泼，好像永远不知疲倦。要是冬天来玩就更好了，池面腾起一片又白又轻的热气，在深绿色的水藻上飘荡着，会把你引进一种神秘的境界。

这一段很经典，教师们都愿意在此处下力气，让学生读好、悟好，甚至当堂背会。当然，通常采用的最多的方法是朗读再加上想象。很多教师会抓住"没昼没夜地冒，冒，冒"一句让学生反复揣摩体会，以期达到入情入境的效果。那么，在这里，采用置换标点的方法可以达到效果。三个"冒"字，文中都是逗号，那么可不可以换成别的标点符号呢？启发学生想象。学生会想到叹号，会想到省略号。那么，假如是叹号和省略号，它们的表达效果和逗号有什么不同呢？很显然，感叹号是表达震撼惊喜的情感，应该是作者初见趵突泉的心情。看到趵突泉冒出半米多高，日夜不停，谁的内心不会受到震撼呢？这就还原了作者刚刚见到趵突泉的场景。省略号一般表达深沉的、意犹未尽的情感,当作者受到震撼,继续专注观察时,他一定会沉醉,一定会被泉水旺盛的生命力折服,一定会产生很多联想。此处省略号正好再现了作者沉醉于趵突泉的场面。而最后的逗号,则仿佛是一切归于平静,又一切留在心中。其实,很多时候,我们每个人看到令人震撼的美景,是不是都有这样的情感波折——先是惊叹(感叹号),然后陶醉(省略号),最后平静(逗号)?

人同此心,心同此理。《趵突泉》是老舍先生的作品。他看到"没昼没夜地冒,冒,冒""永远不知疲倦"的大泉,可以想象,他一定经历了这样的心路历程,那就是——惊叹,陶醉,最后平静。

这个课例中,对"冒,冒,冒"这处标点的揣摩,牵一发而动全身,激发了学生的想象力,引导了学生的思维,学生会一下子进入情境,与作者一起观察、欣赏和感受。我们可以借此让学生还原作者看趵突泉的情感变化过程。学生的生成一定非常精彩,无论说还是写。因为想象的闸门已经打开,情感的泉流已经涌动,情动而辞发,想不精彩都不行!这一处标点的斟酌,引爆了学生的思维,激发了想象力,使他们触摸到文字的灵魂。学生对语言的感觉,其实不止于文字,还要关注标点。

2.《闻官军收河南河北》——抓住词句想象。

(1)片段:"漫卷诗书"和"放歌纵酒"。

师:"漫卷诗书"是什么意思?

生(接口):就是胡乱卷起来呗!

师:为什么胡乱卷起来?

生:……可能是他急着回家吧……

师:嗯,思乡心切,漫卷诗书——你们仿佛看到了什么?

生:我看到杜甫的嘴唇在颤动,激动得不知道干什么才好。

生:我看到杜甫的手是颤抖的,哆哆嗦嗦几乎抓不住书了,书几次从他的手里掉下来。

生:我看到杜甫手捧着自己的书,眼里流着泪,不知道做什么才好。

……

师：学习古诗，想象是非常重要的！"白日放歌"——你们又能看到什么？

生：杜甫还高兴地喝酒、唱歌。

生：杜甫高兴得有点失态。

生：我仿佛看到杜甫的醉态。他一摇一晃，跌跌撞撞，嘴里却喊着："胜利了！胜利了！"

生：我好像听到诗人嘴里含糊不清地唱着什么。

师：有可能！兴之所至，歌之咏之！管他唱什么，总之，他是被突如其来的喜悦和幸福击中了！发狂了！失态了！

（2）片段：泪的"狂喜"，人的"狂欢"和心的"狂想"。

师：同学们，假如我们可以穿越时光，回到公元763年的那一个春日；假如我们可以有一个特写镜头让你来拍摄，你会聚焦什么？

生：我会把镜头对准诗人的脸——拍他奔流的泪水。

生：我会把镜头投向诗人颤抖的手和不听使唤的脚，拍下他的动作，因为他高兴得几乎疯了。

生：我看到诗人坐在江边，遥望着故乡的方向，心已经回到了故乡。

……

师：请大家拿起笔，无论是泪的狂流，人的狂欢，还是心的狂想——我们拿起笔，把这个镜头写下来，体会、再现当时的这个场景。开始。

（约10分钟的学生练笔过程：聚焦镜头，再现场景和人物）

师：谁来读一读自己写的，和大家分享？

生：我写的是诗人喜极而泣的镜头——忽然，传来剑外的消息，唐王朝的军队赢了！河南、河北收复了！正在读书的杜甫忽然间呆站在原地，霎时，泪水再也控制不住了，涌出眼眶。故乡，朝思暮想的故乡，他可以回家了！他颤抖的双手想抹去泪水，可那喜极而泣的泪水哪里抹得完啊！不一会儿，泪水沾湿了全身的衣裳。

生：唐王朝的军队胜利了！消息突如其来，霎时，诗人的泪水不受控制地喷涌而出，滑过脸颊，涌过脸庞，沾湿衣裳！终于可以回家了。往常面对苦难十分坚强的诗人，此刻的泪水再也不受控制，如同那源源不断的流水，仿佛要洗尽多年来所有的苦难！

生：我写的是狂想——终于看见了！灰色的城墙、高大的城门、镀金的"洛阳"两个字、队列整齐的卫兵，仿佛都在迎接我的归来！我的手不停地颤抖着，眼中因为喜悦而流下了眼泪！我失声痛哭，激动地与妻子和儿子相拥，我们终于回到了日思夜想的故乡！

师：有哪位同学写"狂欢"呢？

生：诗人一听见胜利的消息，就高兴地胡乱卷起身边的诗书。他的手是颤抖的，他的腿是颤抖的，他的心恨不得飞出胸膛！他尽情地唱歌，尽情地喝酒。他唱了一首又一首歌，喝了一杯又一杯酒，不知不觉地醉了……

这个课例中，教师抓住字词"漫卷诗书"和"放歌纵酒"激发学生的想象。这是第一步，要完成这一步还是比较容易的，因为毕竟是诗中现成的词句，抓住点，创设情境，激活就行。最精彩的是第二步——师生先对诗中的描述进行了情境还原，然后聚焦到三个点——泪的"狂喜"、人的"狂欢"和心的"狂想"，这是极具概括性也极其集中的训练点。随后，教师激发学生用"特写镜头"的方法来写这些画面，使学生置身于诗人的处境中，感同身受，心心相通。这样，就打开了想象之门，情感也随之迸发。语感、审美就在想象和表达的同时悄然提升。

3.《地震中的父与子》——抓住空白想象。

师：同学们，好的文章总是留有空白。据说，被埋在地下的儿子在过去的36个小时之内，和同样埋在地下的14位同学也有一段对话——

同学甲：呜呜……这下我们出不去了！再也见不到爸爸妈妈了！

儿子：(＿＿＿＿＿＿＿＿＿＿＿＿＿＿＿＿＿＿＿＿＿＿＿)

(12个小时后，没有任何消息)

同学乙：已经这么久了！大人们一定以为我们已经死了！没有人来救我们了！呜呜……

儿子：(＿＿＿＿＿＿＿＿＿＿＿＿＿＿＿＿＿＿＿＿＿＿＿)

(24个小时后，依然没有任何消息)

同学丙：（_____）

儿子：（_____）

（36 个小时后，上面传来了父亲的声音！果然是父亲）

同学丁：（_____）

儿子：（_____）

（学生思考想象，补充对话）

这个案例中，教师巧妙地抓住课文的特点——主要写了地面上的父亲的表现，被埋在地下的孩子的表现并没有涉及——进行填补空白的练习。因为有了前面充分朗读的基础，学生很快进入情境来进行合理想象。这样，就补充了课文对儿子的描写，使文章人物更加丰满感人。文章是可以留有空白的，因为这样的文章更意味无穷。但是在教师的教学中，一定要适时地抓住空白，训练学生进行表达。这样，语言和语感，就在朗读想象中潜移默化地得到了提高。

（二）对比导读

1. 在对比中理解。课例《天游峰的扫路人》片段。

师：这么高、这么险的天游峰，这么苦、这么累的扫路活，那么，那个老人是怎么样面对的呢？我们来读一读两人的对话。

"如今游客多，您老工作挺累吧？"

"不累，不累，我每天早晨扫上山，傍晚扫下山，扫一程，歇一程，再把好山好水看一程。"他说得轻轻松松，自在悠闲。

"您老有 60 岁了吧？"

老人摇摇头，伸出了七个指头，然后悠然地说："按说，我早该退休了。可我实在离不开这里：喝的是雪花泉的水，吃的是自己种的大米和青菜，呼吸的是清爽的空气，而且还有花鸟做伴，我能舍得走吗？"

我紧紧抓住他的双手说："30 年后，我再来看您！"

"30 年后，我照样请您喝茶！"说罢，老人朗声大笑。笑声惊动了竹丛的一对宿鸟，它们扑棱棱地飞了起来，又悄悄地落回原处。这充满自信、豁达开朗的笑声，一直伴随我回到住地。

…………

师：同学们，我们再来看一个有意思的问题。课文后面说："老人朗声大笑。笑声惊动了竹丛的一对宿鸟，它们扑棱棱地飞了起来，又悄悄地落回原处。"要是我们写的话，可能都会写"把鸟惊走了"，但一般不会写"它又落回了原处"。可是，这里为什么要这么写呢？

生：因为鸟已经习惯老人的存在了。

师（摆手）：你还没真正明白。

生：因为鸟喜欢老人。

生：因为鸟也喜欢这里。

师：你们的发言老是停留在鸟这里，肯定不对。

生：因为鸟和老人一样，爱这里的景色。

师（惊喜地）：这个同学有一个重大的发现！是什么？

生：鸟和老人一样！

师：对，哪里一样呢？你接着说。

生：鸟和老人一样，爱这里的景色。

师：还爱什么？

生：爱这里的生活。

师：对了。我们来看这两处描写——

按说，我早该退休了。可我实在离不开这里：喝的是雪花泉的水，吃的是自己种的大米和青菜，呼吸的是清爽的空气，而且还有花鸟做伴，我能舍得走吗？

笑声惊动了竹丛的一对宿鸟，它们扑棱棱地飞了起来，又悄悄地落回原处。

师：我来读写老人的句子，你来读写鸟的。我们对应着读——

师：按说，我早该退休了。

生：笑声惊动了竹丛的一对宿鸟，它们扑棱棱地飞了起来。

师：可我实在离不开这里：喝的是雪花泉的水，吃的是自己种的大米和青菜，呼吸的是清爽的空气，而且还有花鸟做伴，我能舍得走吗？

生：又悄悄地落回原处。

师：有什么发现吗？

生：我发现鸟像老人——老人退休了，就像是鸟要飞走了。

生：鸟落回原处是写老人舍不得离开这里呢。

师：也就是说这里写鸟其实还是在写谁？

生：老人！

这个课例中，在学生困惑的时候，教师引导学生聚焦关键的词句，然后师生对读，学生边读边对比思考，问题迎刃而解。而且，学生不仅仅理解了课文的内容，还领悟了文章表达的内涵，可以说是一箭双雕。

2. 在对比中体会。课例《景阳冈》片段：

说时迟，那时快，武松见大虫扑来，一闪，闪在大虫背后。大虫背后看人最难，就把前爪搭在地上，把腰胯一掀。武松一闪，又闪在一边。大虫见掀他不着，吼了一声，就像半天起了个霹雳，震得那山冈也动了。接着，把铁棒似的虎尾倒竖起来一剪，武松一闪，又闪在一边。

师：这场遭遇战中，老虎凶猛，武松敏捷。我们来对读一下。我读描写老虎的句子，你们读描写武松的句子。我这大虫可有点厉害啊，如果哪位同学读得慢慢吞吞，动作不够敏捷，我就——吃掉你！（生笑）

生（急促地）：说时迟，那时快，武松见大虫扑来，一闪，闪在大虫背后。

师：大虫背后看人最难，就把前爪搭在地上，把腰胯一掀。

生（语速加快）：武松一闪，又闪在一边。

师：大虫见掀他不着，吼了一声，就像半天起了个霹雳，震得那山冈也动了。接着，把铁棒似的虎尾倒竖起来一剪。

生（快速）：武松一闪，又闪在一边！

师：惊险吧？紧张吧？

生：惊险！紧张！

怎样再现当时打虎的紧张场面？唯一的方法还是朗读。教师做"老虎"，读出"凶猛";学生做"武松",读出"敏捷"。就在这妙趣横生的朗读中，学生体会着、想象着、感受着，文字描写的情景活了起来，武松的形象也立了起来了。对比朗读，加深了学生的理解。

3. 在对比中悟法。课例《猴王出世》片段。出示两段文字：

片段一（书中原文）

那猴在山中，却会行走跳跃，食草木，饮涧泉，采山花，觅树果；与狼虫为伴，虎豹为群，獐鹿为友，猕猿为亲；夜宿石崖之下，朝游峰洞之中。

片段二（教师自己写的一段话）

那石猴在山里生活得自由自在，他已经自己会行走，也会奔跑跳跃。他饿了就吃点野草，找点野果，渴了就喝点山里的泉水。有兴致的时候，他还采采野花，把树枝树叶变成帽子衣服穿戴起来。每天，他都是和山上的野兽们为伴，白天在洞里洞外玩耍，夜里就睡在能够遮挡风雨的山崖下面。

师：对比两段话，你有什么发现？

生：第一段话比较短，第二段话比较长。

生：这两段话的意思基本差不多，但是第二段话好懂，就是有点啰唆。

生：第一段话读起来比较好听，有节奏感。

……

师：同学们真棒！我们来看第一段话，也就是书中的原话——"食草木，饮涧泉，采山花，觅树果"，这都是几个字？

生：三个字！

师："狼虫为伴，虎豹为群，獐鹿为友，猕猿为亲"，这又是几个字？

生：四个字！

师："夜宿石崖之下，朝游峰洞之中。"——

生：六个字！

师：你们看，"三三三三，四四四四，六六"，这样的句子，整齐，有节奏感，读起来给人什么感觉？

生：我觉得有一种跳跃的感觉。

生：我觉得有节奏。

生：有韵律美。

师：为什么要用这么整齐的短句，写得这么跳跃？

生：因为孙悟空是一只猴子！

师：对了！这就是一个写作的秘密啊，被你们发现了！文章语言的句式也要和表达的内容一致啊！

这个案例中，教师自己"创作"一段，然后和原文做对比，这个方法可以推广到"老百姓"那里去。因为教师适时的"创作"一定是有针对性的，一定是包含着明确的教学指向的。这种"创作"，是基于教学目标和教学实情的，一般会取得比较好的效果。此处，学生对比后发现：教师的描写和课文的大概意思相同，但是教师写的一段文字语句较长，节奏感不强，句式不整齐，不足以表现石猴的活泼好动；而课文中的描写文字短促、整齐、节奏快，正好体现出孙悟空的"猴性"。这个设计，旨在让学生体会古典白话凝练和富有节奏的特点。

（三）换位导读

课例《珍珠鸟》片段。

师：我们学习第四自然段，了解了小珍珠鸟慢慢信任"我"的过程。这是作者看到的小珍珠鸟的行动和变化，但是，我们还不知道小珍珠鸟内心的情绪变化。这样吧，我们换个形式来读这一段。现在开始，你把自己当作小珍珠鸟，读的时候，凡是写到小珍珠鸟的字眼都换成——

生：我。

师：凡是写到作者的都换成——

生：他。

师：好的，就这样读，边读边用心体会。

生：起先，我只在笼子四周活动，随后就在屋里飞来飞去，一会儿落在柜顶上，一会儿神气十足地站在书架上，一会儿把灯绳撞得来回晃动。渐渐地，我胆子大了，竟然落到了他的书桌上。我先是离他较远，见他不来伤害我，便一点点挨近，然后蹦到他的杯子上，俯下头来喝茶，再偏过脸瞧瞧他的反应。后来，我完全放心了。索性用那小红嘴，"嗒嗒"啄着他正在写字的笔尖。他用手抚一抚我细腻的绒毛，我也不怕，反而友好地啄两下他的手指。

师：读完了吗？什么感觉？

生：很新奇。

生：觉得自己就是珍珠鸟。

生：小珍珠鸟在试探作者呢！

师：小珍珠鸟有两个动作特别过分，不知道你们注意到没有。一个是"撞"，其实可以换成一个字——

生：碰。

师：那我就要问一问：小珍珠鸟们，你们为什么不是"碰灯绳"，而是"撞灯绳"？你们把灯绳撞得来回晃动，是想干什么？

生：我觉得"碰"……好像是不小心碰上的，像无意的一样……

师：那"撞"呢？

生："撞"显然是故意的。

生：我故意"撞灯绳"其实还是为了试探他。我故意捣乱，看他会不会伤害我。如果他赶我走，或者讨厌我，我就再也不敢靠近他了。

师：他赶你了吗？

生：没有。

师：所以你就——

生：越来越大胆了。

师（笑）：越来越放肆了！还敢"啄"他的手指。为什么"啄"他？

生：跟他表示亲近呗！

师：这只又"撞"又"啄"的小珍珠鸟怎么样？

生：调皮。

生：可爱。

生：像个孩子一样顽皮。

……

这个案例中，交换角色是一个比较能引起学生兴趣的方法。事实证明，学生带着新奇的感觉，以"小珍珠鸟"的角色进入文本，体验它的内心，体会它的情绪，最后抓住两个关键的动作，辨析动词，再现场景，想象人物心境，理解更加深入。好的文章，字字孕情，值得我们带着学生去揣摩、体会、感悟。"换位"也是一种好的导读方法。这样的过程，既推敲了语言，也培养了语感。

（四）演读

课例《螳螂捕蝉》片段。

师：我把文章最精彩的部分，就是吴王和少年的对话打在了屏幕上。请大家来读一读。这一段对话，我们采取什么方式来读？

生：分角色朗读。

师：那好，大家练习——一个做吴王，一个当少年。开始！

（学生自己合作练习，然后请两个学生到台上分角色朗读，一个扮演"吴王"，一个扮演"少年"）

"吴王"：你早晨跑到花园里来干什么？看你的衣裳都被露水打湿啦！

师：你的语气要有君王的尊严，要有大王的气势。再来！

"吴王"（挺直身子，声音变粗）："你早晨跑到花园里来干什么？看你的衣裳都被露水打湿啦！"

"少年"（比较拘谨）："禀报大王，我在打鸟。"

师（提醒）：这个少年没礼貌啊。

"少年"（顿悟，做"拱手"姿势）："禀报大王，我在打鸟。"

"吴王"："你打着鸟了吗？"（语气为疑问，似乎在问少年有没有打着鸟）

师（指导）：这个吴王——你想想，少年打过鸟吗？

生：没有。

师：对啊，他在花园里转了三天，是为了吸引吴王的注意，根本就没有打鸟。吴王明明看到他根本没在打鸟，一只鸟都没打到。所以，他根本不是问少年有没有打着鸟，而是在反问他。这句话应该怎么说？

"吴王"："你——打着鸟了吗？"（重音放在"打着"两个字上，语气分

明是在说少年根本没打着鸟)

"少年"："我没有打着鸟，却见到一件挺有意思的事。"

"吴王"："什么事啊？"

"少年"（声情并茂地指着树上的蝉对吴王说）："花园里有一棵树，树上有一只蝉。蝉高高在上，悠闲地叫着，自由自在地喝着露水，却不知道有只螳螂在它的身后。那螳螂拱着身子，举起前爪，要去捕蝉，却不知道有只黄雀在它的身后。"

"吴王"（夸奖）："你看得真仔细！那黄雀要捉螳螂吗？"

师：这个吴王，不会夸人！

"吴王"（顿时明白，竖起大拇指）："你看得真仔细！那黄雀要捉螳螂吗？"

"少年"（继续指着树上）："是的，黄雀伸长脖子正要啄食螳螂，却不知道我拿着弹弓在瞄准它呢。（稍顿，用郑重的语气）蝉、螳螂、黄雀，它们都一心想得到眼前的利益，却没顾到自己身后正隐伏着祸患呢！"

"吴王"（恍然大悟，连声赞叹）："对，对！你讲得太有道理了！"

师：两个"对"读得可不能一样。再读！

"吴王"："对——对！你讲得——太有道理了！"（第一个"对"声音低，第二个"对"提高声音，表示"恍然大悟"）

师（对大家）：两个人都读得太棒了！你们看，少年说了那么多的话，其实，他就是为了说那句最最重要的话。大家一起读那句话——

生（齐声）："蝉、螳螂、黄雀，它们都一心想得到眼前的利益，却没顾及自己身后正隐伏着祸患呢！"

这一部分的教学，学生先自己合作练习，然后请两位同学到台上演读，一个扮演"吴王"，一个扮演"少年"。教师相机指导，达到了三个目的：（1）注意读出人物的不同语气，注意人物的身份；（2）注意人物的情绪变化，加上适当的神情、动作来为对话"增色"；（3）注意体会少年讲故事的目的——劝说吴王，用"劝说"的口气来读。读，是理解，也是表达，这二者又是融合在一起的。理解逐渐深入，要求逐步提高，训练注重实效。

　　语文学习中的读，本应该放在最突出、最重要的位置。可是在一张考卷决定一切的今天，读在课堂上已经让位于千篇一律的"默写"和"考卷练习"了。殊不知，学生朗读好了，语言的感悟能力强了，表达能力也会相应地提高，学生的阅读能力自然也就提高了。朗读，大声地朗读，其实是事半功倍的最高效的方法。在朗读的过程中，学生读出文意，读出情感，读出审美，读出表达，读出智慧。慧读课堂中，学生在多种形式的读中，语感积淀了，能力提高了，情感升华了，一切都会水到渠成。

　　让学生大声朗读吧！"读"占鳌头，让语感在朗读中"活化"！

课标——文本生长点选择的基本线

语文教学已经进入"语用时代"。聚焦"学习语言文字的运用"，逐渐成为语文教师的共识。但是在实际的操作中，教师们依然有许多困惑，教师拿到一篇文章常常不知道如何下手。那么，快速备课的奥秘是什么？拿到一个文本，怎样才能迅速找到"抓手"？这恐怕还要从头说起。快速备课是有诀窍的，但是厘清理念是一切的前提。

一、困境——语文教学的三大误区

（一）纠缠于课文内容

语文教师最喜欢也最擅长的就是揪住课文的内容不放，最善于把课文的内容转化为一个个问题抛给学生，然后让学生从书上找到答案一一回答，匆匆了事。所以，很多语文课满堂都是围绕课文内容展开教学，低级的问题充斥着课堂，效率从何谈起呢？

我经常建议，语文教师要向数学教师学习。数学教师的课堂总是先出示一个或者几个例题，然后推导出一条法则，或者说是数学规律。最后，教师设计各种各样的题目让学生练习，以利于掌握法则。简言之，数学课堂一般由三部分组成：例子、规律、练习。那么，这三部分中哪个才是最核心的环节呢？当然是规律，这是唯一不可改变的，也是最核心的。而例子和练习都是可以换掉的。反观我们语文教学，有例子吗？当然有，"教材无非是个例子"，一篇篇的课文其实就是我们教学的样板，是例子。我们重点关注的不应该是例子本身（即课文的内容），而应该是规律（即课文中出现的语言现象、语言规律、表达手法），我们的教学内容不应该是课文内容，而应该是语言学习。所以，我们语文教师，最应该铭记的是六个字：用课文学语言。语文教师的责任是引导学生学习语言，也就是用课文做例子，来理解语言、运用语言。这是语文教学的华丽转身。

（二）热衷于思想教育

中小学的语文教师很喜欢在课堂的最后五分钟进行思想教育。这最后五分钟的"临终嘱托"被教师们奉为"人文性和工具性的结合"。试问，人文性和工具性是这样结合的吗？这种"贴标签"式的思想教育有什么效果呢？语文课的人文永远是在语言实践的过程中自然渗透、自然发生的，学习语言和体会思想相伴同行，言与意共生，言与情共生。贾志敏老师讲过一个经典的例子。一个学生写了一篇作文，其中有一段话是这样的："热气腾腾的老鸭汤端上来了。妈妈扯下两条鸭腿，一条放到我的碗里，一条放到奶奶的碗里。"这段话有问题吗？好像没什么问题。贾志敏老师说："你们家连一点规矩都没有？"学生马上醒悟，应该是"一条放到奶奶的碗里，一条放到我的碗里"。调换语序，就体现了尊老爱幼的良好品德。贾老师又说："一条鸭腿'放'到孩子的碗里是对的，但是'放'到奶奶的碗里是不对的。因为，一般情况下，当妈妈把最好的东西第一个给奶奶吃的时候，奶奶总是会推辞一番的。所以，妈妈为了让奶奶吃掉鸭腿，就不是'放'到碗里，而是'按'到碗里，要奶奶必须吃下去。"这一个"按"字，包含着多少内容，多少亲情！这才是真正的思想教育。语文课上的人文，总是与语言实践相伴相生。脱离语言而架空的人文，毫无意义。

（三）缺少过程教学，多是结论灌输

很多语文教师的最大价值就是把参考书上的答案搬到学生的笔记上，这是搬运工的工作。在实际教学中，教师最习惯把答案直接告诉学生，认为这就是教学的全部。很多教师的教学秘诀有两个：默写和做题。试想，学生总是不劳而获地得到答案，总是在机械地练习，何谈语文能力的提高？

二、课标——生长点选择的切入点

针对语文教学的三大问题，怎么解决呢？两个字——"活动"。**语文是什么？语文就是用听说读写的手段解决字词句篇的问题。语文课就是要以语言为核心，以语文活动为载体，提升学生的语文素养**。所以，语文课其实就是搞听说读写的语文学习活动。那么，问题来了，怎么搞语文学习活动呢？语文学习活动围绕什么展开呢？拿到一篇课文，怎样确定它最有教学价值的生长点（学生可以抓住这个点逐渐提高语文能力，所以称之为生长点）呢？有什么可以操作的方法吗？对于语文教师来说，这是亟待解决的问题，掌握了它们就等于有了最实惠的掌上利器。

一个文本，怎样确定它的生长点？有一个重要的依据——课标。课标是生长点选择的基本线。

先说课标。我们化繁为简，简单地说，低段的教学，表达的这一部分主要是围绕句子教学展开的。简单的句子，复杂的句子，句群的构成，都在这个范围之内。所以，低段的教学如果要寻找表达的生长点，一般以关注句子的表达形式为主，这是一个原则。中段的教学，段落的教学是关键，各种段落的构成方式，段落中表达手段的运用，都是应该注意的。就是说，中年级的教学以段为主。高段的教学，抓住篇章的组合，多种表达的融合，多种结构的组合，生长点就大致不会出现偏差。

一句话概括，**依据课标，低段抓句子，中段抓段落，高段抓篇章**。这似乎是老生常谈，实则是大道至简。各举一例说明。

1. 低段例文：

画　风

宋涛、陈丹、赵小艺在一起画画。他们在洁白的纸上画了房子、太阳、大树，陈丹还在树上画了几只小鸟。

宋涛说："谁能画风？"

陈丹说："风，看不见，摸不着，谁也画不出来。"

赵小艺眨眨眼睛，想了想，说："我能！"只见他在房子前面画了一根旗杆，旗子在空中飘着。

宋涛说："是风，风把旗子吹得飘起来了。"

陈丹说："我也会画风了。"说着，她在大树旁边画了几棵弯弯的小树。

宋涛想了想，他把画上的太阳擦去，画了几片乌云，又画了几条斜斜的雨丝，说："下雨了，风把雨丝吹斜了。"

赵小艺笑着说："我还能画！"他画了个拿风车的小男孩，风车呼呼地转。

三个小朋友正说着，画着，忽然吹来一阵风，画中的景物好像都在动，画显得更美了。

这篇文章的生长点在哪里？我们首先确定是——关注句子。那么，哪些句子最有特点呢？我们来看两个比较长的句子：

赵小艺眨眨眼睛，想了想，说："我能！"只见他在房子前面画了一根旗杆，旗子在空中飘着。

宋涛想了想，他把画上的太阳擦去，画了几片乌云，又画了几条斜斜的雨丝，说："下雨了，风把雨丝吹斜了。"

对比这两个句子，你发现了什么？没错，语序的不同。同样差不多的意思，第一句写赵小艺，是先说后画；第二句写宋涛，是先画后说。这就是句子表达的不同。至于为什么短短的一篇课文里，还要用不同的语序来写句子，那当然是追求变化，节奏格式都要有点变化，这样文章才不至于呆板。

发现了这个句子语序的"奥秘"后，一切就好办了。先是让学生"改"——把赵小艺的先说后画改为先画后说，怎么改？把宋涛的先画后说改为先说后画，又该怎么改？聪明的学生们"依葫芦画瓢"，根本不在话下。然后是"编"——还有两个同学，小明和小红，他们也来画风，分别会画什么呢？请你用先说后画和先画后说两种形式表述。这个训练，既开启了学生对于"画风"的想象，又锻炼了句子不同语序的表达。人文性和工具性，不就结合了吗？低段的教学，抓住了句子，就把握了关键。

2. 中段例文：

海底世界

海底动物各有各的活动特点。海参靠肌肉伸缩爬行，每小时只能前进四米。梭子鱼每小时能游几十千米，攻击其他动物的时候，比普通的火车还要快。乌贼和章鱼能突然向前方喷水，利用水的反推力迅速后退。有些贝类自己不动，但能巴在轮船底下做免费的长途旅行。还有些深水鱼，它们自身就有发光器官，游动起来像闪烁的星星。

这段话的教学重点是什么？很多教师会抓住"先概括后具体"来进行教学。其实，这个知识学生早在二年级就有所了解了。把它作为教学重点，只能陷入泛化的教学之中——教师只知道自己已经"教"了，学生只知道自己"学"了，但是是否"会"这个最核心的环节很少有人关注。这个泛化的目标不应该成为教学的"生长点"。

那么，这段话应该教什么呢？当然还是应该围绕段落展开教学。这段话最有价值的点是教会学生如何选择描写对象。在海底成千上万的生物中，作者为什么选择海参、梭子鱼等动物来写呢？这就是选择材料的奥秘。我们来看作者为什么选择海参来写呢？因为海参的行动有一个最大的特点——慢，它几乎是行动最慢的海底生物。那么，写完了最慢的海参，下面写什么呢？当然是最快的，首选就是梭子鱼，于是下面作者就写了梭子鱼。海参和梭子鱼都是朝前走的，有没有朝后走的呢？有，就是乌贼和章鱼。还有没有自己不走靠别人走的生物呢？对了，贝类！最后写浑身发光的深水鱼。这些生物为什么会入选呢？因为"它们各有各的活动特点"！

在众多纷杂的选项中，如何确定描写对象呢？有一个原则，就是要选择各有特点的、相互不交叉重复的。这是一个看似浅显普遍的选材规律，也是深刻的写作原则。"在一个场景中，只有写出差异，才能构成丰满。"当学生明白了作者选择描写对象的基本方法后，就会在自己的习作中加以应用。写一次大扫除时，学生选择描写对象就会选择不同的工种的同学：洒水的、扫地的、擦玻璃的……学生还会选择男的、女的，胖的、瘦的……写一次课间活动时，学生也会选择描写对象：打球的、跳绳的、做游戏的……描写因不同而丰满。段落的聚焦，使中段教学有了落脚点。

3. 高段例文：

一夜的工作

那是一间高大的宫殿式的房子，室内陈设极其简单，一张不大的写字台，两把小转椅，一盏台灯，如此而已。

这时候，值班室的同志送来两杯热腾腾的绿茶，一小碟花生米，放在写字台上。总理让我跟他一起喝茶，吃花生米。花生米并不多，可以数得清颗数，好像并没有因为多了一个人而增加了分量。

他一句一句地审阅，看完一句就用笔在那一句后面画上一个小圆圈。他不是浏览一遍就算了，而且一边看一边思索，有时停笔想一想，有时问我一两句。夜很静，经过相当长的时间总理才审阅完，把稿子交给了我。

在回来的路上，我不断地想，不断地对自己说："这就是我们的总理。我看见了他一夜的工作。他多么劳苦，多么简朴！"

在以后的日子里，我经常这样想，我想高声对全世界说，好像全世界都能听见我的声音："看啊，这就是我们中华人民共和国的总理。我看见他一夜的工作。他每个夜晚都是这样工作的。你们看见过这样的总理吗？"

《一夜的工作》这篇课文有两个主要的表达特色：一是细节，二是抒情。我们来做以下分析：

那是一间高大的宫殿式的房子，室内陈设极其简单，一张不大的写字台，两把小转椅，一盏台灯，如此而已。

这时候，值班室的同志送来两杯热腾腾的绿茶，一小碟花生米，放在写字台上。总理让我跟他一起喝茶，吃花生米。花生米并不多，可以数得清颗数，好像并没有因为多了一个人而增加了分量。

这两处描写，一处写周总理办公室陈设的简单——一张不大的写字台，两把小转椅，一盏台灯，如此而已。突出周总理简朴的品质。另一处写他夜宵的简单——两杯热腾腾的绿茶，一小碟花生米。也是突出其简朴。这两处均是侧面描写。

再看对周总理批阅文件时的描写——他一句一句地审阅，看完一句就用笔在那一句后面画上一个小圆圈。他不是浏览一遍就算了，而且一边看一边思索，有时停笔想一想，有时问我一两句。这是突出周总理的劳苦，是正面描写。

再看抒情：一段文字是"不断地想，不断地对自己说"，另一段是"想高声对全世界说"，这里有抒情的层次，感情的升华。

掌握了这些奥秘之后，"细节＋抒情"就成了这个文本的核心生长点。于是，我拍了数学老师的办公桌的照片（以利于侧面描写）和数学老师改作业的视频（以利于正面描写）给学生看，让他们进行细节描写，然后学生又模仿书中的形式进行有层次的抒情。模仿是学生的天性。这样的教学，从课本向生活"迁移"，又紧扣高年级的表达目标，注重篇章，让学生学习"细节＋抒情"的融合表达。

以上三例，试图说明教学生长点的选择最重要的原则是紧扣课标，这是我们确定生长点的基本线。把握住这些，才不至于偏离航道。

教学实录

《螳螂捕蝉》教学实录与点评

点评：支玉恒　全国著名特级教师

时间：2014 年 3 月 8 日

地点：成都"名师优课"活动现场

学生：六年级

一、理清结构，抓住联系（大故事与小故事）

（一）揭题

师：同学们，今天我们要学习的课文是《螳螂捕蝉》。这是一个寓言故事，也是一个成语故事。这个成语其实是由八个字组成的，"螳螂捕蝉"的后面是——

生：黄雀在后！

师：《螳螂捕蝉》这个寓言，它是由两个故事组成的，一个大故事里面包含着一个小故事。那么，究竟是怎样的两个故事呢？我们今天就来研究它。

| 点评 |

破题——开门见山，点出课文特点。

（二）读小故事

1. 读词语。

师：我们读一组词语——

高高在上　悠闲　自由自在　喝露水

拱着身子　举起前爪　捕蝉

伸长脖子　啄食螳螂

拿着弹弓　瞄准

（学生逐行读，指导"拱""爪"的读音。每一行读完，知道分别是说谁——蝉、螳螂、黄雀、少年）

| 点评 |

　　简单几步，检查了读词语，梳理了课文中几个主要角色。

2. 读段落。

师：这一组词语来自课文的两个段落，谁来读一读？

出示：花园里有一棵树，树上有一只蝉。蝉高高在上，悠闲地叫着，自由自在地喝着露水，却不知道有只螳螂在它的身后。那螳螂拱着身子，举起前爪，要去捕蝉，却不知道有只黄雀在它的身后。黄雀伸长脖子正要啄食螳螂，却不知道我拿着弹弓在瞄准它呢。

蝉、螳螂、黄雀，它们都一心想得到眼前的利益，却没顾到自己身后正隐伏着祸患呢！

师：这就是课文，名字叫——《螳螂捕蝉》。我们来读一下。

（学生自由读，然后请一位男生、一位女生各读一遍）

师：这两位同学读得真是不错，但是，（夸张地）和我比——还差一点点！（生笑）我听他们的朗读，好像还是缺了一点感觉啊。什么感觉呢？我先不说。真正的会读，一定是边读边想。我们先来想一想，此时此刻：蝉，高高在上，饮露高歌——它在想＿＿＿＿＿＿＿＿；螳螂，一心一意，拱身取

蝉——它会在想_____；黄雀，伸长脖子，欲取螳螂——它会想
_____。

生：蝉会想——今天天气真好，我无忧无虑地喝着露水，多好啊！

生：蝉想——今天的露水真甜啊。

师：也就是说，此时此刻，蝉的心里想的是——

生：露水。

师：蝉的眼里盯的是——

生：露水。

师：那螳螂呢？它的眼里盯着——

生：蝉。

师：心里想着——

生：蝉。

师：黄雀的眼里和心里都是——

生：螳螂。

师：是啊，我们可以用一句话来概括此时的蝉、螳螂和黄雀，那就是——我的眼里只有你！（生笑）它们只盯着眼前的美味，却不知道身后的——

生：危险！

师：我们再来读这段话，关键是要读出那种感觉，那种气氛，你知道是什么感觉吗？

生：危险的感觉。

生：紧张的气氛。

师：对啊，这段话的描写表面上很平静，其实却——

生：暗藏杀机。

生：隐伏凶险。

师：变化其实是从段落中的一个字开始的。我们读的时候，前面读得比较平缓，但是到了那个字，语气突然变了，表现出很紧张、很危险的情况。是哪个字？

生：却。

师：对，一定要读好"却不知道"几个字的突然的变化。

（一个学生朗读，比较平淡）

师：大家能感觉到危险吗？

生：不能。

师：大家给他出出主意，应该怎么读？

生：语气应该抑扬顿挫。

生：前后的语气不一样。

师：对啊，你的语气前后变化应该要明显一点——前面蝉那么自在、那么专注，所以声音要平缓，突出它的悠闲，后面语速突然加快，才能表现出紧张危险的情景。再试试！

（学生再次朗读，有明显进步）

师：有感觉了吗？

生：有。

师：谁再来感觉感觉？

（又一位男生朗读，声情并茂。学生鼓掌喝彩）

师：这么厉害啊！再选一个女生来跟他比比？

（又一位女生朗读，学生鼓掌）

师：这几位同学的朗读，你们满意吗？

生：满意！

师：我也很满意！但是，他们的朗读，跟我比——

生（齐声）：还差一点点！

师：我来读一读，好不好？

生（齐声）：好。

（教师朗读，对语气的变化、语速快慢的处理恰到好处，学生热烈鼓掌）

师：大家一起读一遍！

（学生齐读，体会语气的变化）

| 点评 |

　　这一部分，师生交流朗读——通过语气前后的变化，更突出了祸患的隐伏以及蝉、螳螂、黄雀的忘乎所以、浑然不觉。值得一提的是教师的导读，更像是一次游戏、一次比赛，在情趣盎然的氛围中，不知不觉地，学生从会读到美读，对文章的理解也逐步加深。这也正是笔者多次提到的，读是过程也是方法，读是手段也是目的。

（三）读大故事

1. 理故事。

师：刚才我们学习的是小故事。我们再来读第二组词语——

转来转去　　毫不介意　　螳螂捕蝉　　恍然大悟

师：这组词语虽然只有四个，但是它包含的课文内容却很多。转来转去的是谁？

生：少年。

师（叙述）：少年一大早就拿着弹弓，在花园里转来转去，一转就是——

生：三天。

师：露水打湿了他的衣服，他也毫不介意。我问你们，他打鸟了吗？

生：没有。

师：他的目的是什么？

生：他的目的是吸引吴王的注意。

师：然后——

生：然后乘机提意见。

师：对了。醉翁之意不在酒，少年之意不在——

生：打鸟。

师：果然，吴王发现了他的反常举止，过来问他，他趁机讲了一个故事，就是——

生：螳螂捕蝉。

师：吴王很聪明，听了这个故事，恍然大悟，终于取消了一个错误的决定——攻打楚国。

| 点评 |

　　教学中，重点学习、训练的地方要放慢脚步，所谓"响鼓还得重锤敲"。这正如张学伟老师对朗读的指导，一遍一遍，逐渐深入、逐步提高。而非重点训练部分，则一笔带过，如这一部分梳理大故事内容。教师们总是想在这里搞一个概括内容的训练，仿佛结论如果不是从学生的嘴里说出来的，就不能体现学生的自主学习。殊不知，这些内容极其简单，学生读过课文也就明白了，训练的意义不算大。况且，一节课的时间和容量有限，集中精力打好灭战，突出主要的训练目标才是最重要的。这是课堂的主干，不是枝叶。千万不可喧宾夺主，本末倒置。

2. 读对话。

师：我把文章最精彩的部分，就是吴王和少年的对话打在了屏幕上。请大家来读一读——

吴王问："你早晨跑到花园里来干什么？看你的衣裳都被露水打湿啦！"

少年回答说："禀报大王，我在打鸟。"

吴王问："你打着鸟了吗？"

少年说："我没有打着鸟，却见到一件挺有意思的事。"

吴王（来了兴趣），问："什么事啊？"

少年说："花园里有一棵树，树上有一只蝉。蝉高高在上，悠闲地叫着，自由自在地喝着露水，却不知道有只螳螂在它的身后。那螳螂拱着身子，举起前爪，要去捕蝉，却不知道有只黄雀在它的身后。"

吴王（夸奖）说："你看得真仔细！那黄雀要捉螳螂吗？"

少年接着说："是的，黄雀伸长脖子正要啄食螳螂，却不知道我拿着弹弓在瞄准它呢。蝉、螳螂、黄雀，它们都一心想得到眼前的利益，却没顾到自己身后正隐伏着祸患呢！"

吴王（恍然大悟，连声）说："你讲得太有道理了！"

师：这一段是对话，我们采取什么方式来读？

生：分角色朗读。

师：那好，大家练习——一个做吴王，一个当少年。开始！

（学生自己合作练习，然后请两位同学到台上分角色朗读，一个扮演"吴王"，一个扮演"少年"）

"吴王"："你早晨跑到花园里来干什么？看你的衣裳都被露水打湿啦！"

师（问大家）：像吴王吗？

生：不像。

师：吴王要怎么样啊？

生：要像大王一样。

师：对了。你的语气要有君王的尊严，要有大王的架势。再来！

"吴王"（挺直身子，声音变粗）："你早晨跑到花园里来干什么？看你的衣裳都被露水打湿啦！"（学生鼓掌）

"少年"（比较拘谨）："禀报大王，我在打鸟。"

师（提醒）：这个少年没礼貌啊。

"少年"（顿悟，做拱手姿势）："禀报大王，我在打鸟。"（学生大笑）

"吴王"："你打着鸟了吗？"（语气为疑问，似乎在问少年有没有打着鸟）

师（指导）：这个"吴王"眼神不好啊——你想想，少年打过鸟吗？

生（齐声）：没有。

师：对啊，吴王明明知道他根本没打鸟，一只鸟都没打到。所以，他根本不是问少年有没有打着鸟，而是反问他——你根本就没打鸟，怎么还说"我"在打鸟，这不是说谎吗？这句话应该怎么说？

"少年"："你——打着鸟了吗？"（重音放在"打着"两个字上，语气分明是在说少年根本没打着鸟）

"少年"："我没有打着鸟，却见到一件挺有意思的事。"

"吴王"："什么事啊？"

"少年"（声情并茂地指着树上的蝉跟吴王说）："花园里有一棵树，树上有一只蝉。蝉高高在上，悠闲地叫着，自由自在地喝着露水，却不知道有只螳螂在它的身后。那螳螂拱着身子，举起前爪，要去捕蝉，却不知道有只黄雀在它的身后。"

"吴王"（夸奖）："你看得真仔细！那黄雀要捉螳螂吗?"

师：这个吴王，不会夸人！

"吴王"（顿时明白，竖起大拇指）："你看得真仔细！那黄雀要捉螳螂吗?"

"少年"（继续指着树上）："是的，黄雀伸长脖子正要啄食螳螂，却不知道我拿着弹弓在瞄准它呢。（稍顿，用郑重的语气）蝉、螳螂、黄雀，它们都一心想得到眼前的利益，却没顾到自己身后正隐伏着祸患呢！"

"吴王"（恍然大悟，连声）："对，对！你讲得太有道理了！"

师：两个"对"读得可不能一样——再读！

"吴王"："对——对！你讲得——太有道理了！"（第一个"对"声音低，第二个"对"提高声音，表示"恍然大悟"）

师：两个人都读得太棒了！你们看，少年说了那么多话，其实，他就是为了说那句最最重要的话。大家一起读一下那句话——

生（齐声）："蝉、螳螂、黄雀，它们都一心想得到眼前的利益，却没顾及自己身后正隐伏着祸患呢！"

师：再次给"吴王"和"少年"鼓鼓掌！（学生鼓掌）一起读一遍好吗?

生：好。

师：你们先选一个角色吧！

生（齐声）：吴王！

师：这么齐? 为什么?

（生笑）

师（装作刚明白）：哦——我明白了，吴王的话少啊，少年的话很多啊。让我干累活? （学生大笑）

师：那好，你们可要像吴王的语气才行啊。开始！

（师生对读，体会人物的语气，深入理解内容。学生投入地边读边做表情动作，体会人物的情感）

| 点评 |

　　这一部分教学，学生自己合作练习，然后请两个同学到台上分角色朗读，一个扮演"吴王"，一个扮演"少年"。教师相机指导，把握三点：（1）注意读出人物的不同语气，注意人物的身份；（2）注意人物的情绪变化，加上适当的神情、动作来为对话"增色"；（3）注意体会少年讲故事的目的——劝说吴王，用"劝说"的口气来读。读，是理解，也是表达，这二者又是融合在一起的。理解逐渐深入，要求逐步提高，训练注重实效。

3. 加题目。

师：这个大故事大家读得有滋有味！这样吧，刚才那个小故事的名字叫"螳螂捕蝉"，那么，这个大故事叫什么呢？我们来给它加个名字。

（板书：少年　　谏）

师：我这里有一个字，谁认识？

生：谏（jiàn）。

师：谁知道"谏"的意思？

生："谏"就是提意见。

师："谏"就是提意见？同学之间，互相提意见，叫"谏"吗？

生：不叫。

师：给父母、老师提意见，能叫"进谏"吗？

生：不能。

师：那给谁提意见才叫"进谏"？

生：古代指给皇上提意见。

生：给大王提意见。

师：对了，给君主提意见才叫作——

生：进谏！

师（指板书：少年　　谏）：我这里少一个字。少年是怎样进谏的？他的方法怎么样呢？谁来填上一个特别合适的字。

生：巧——少年巧谏。

生：妙——少年妙谏。

师：少年聪明不聪明？

生：聪明。

师：一个字？

生：聪——少年聪谏！

师：聪谏？没听说过！

生：智谏！智慧的智！

师：对了！应该是——

生（齐声）：少年智谏！

师：还可以怎么说呢？少年不是直接给吴王提意见，是婉转地提意见，也叫——

生：少年婉谏！

师：少年是转个弯，好像是画个曲线给吴王提意见，这叫——

生：少年曲谏！

（师板书："巧""妙""婉""曲"，把"智"字写得最大，放在正中间）

师：少年进谏，是——

生：巧谏。

生：妙谏。

生：婉谏。

生：曲谏。

师：最合适的，是——

生：智谏！

师：（在黑板上画个大圈）这个大故事的名字叫——"少年智谏"（在大圈内画个小圈），小故事叫——"螳螂捕蝉"。"螳螂捕蝉"这个故事最能体现"少年智谏"中的哪个字？

生：智！

| 点评 |

　　这个加题目的练习设计巧妙，它指向的是学生的概括能力，又紧紧地结合课文情境，学生并没有走出"故事"。几个字的对比探究，又是在琢磨语言文字。把训练游戏化，把学习情景化，这样的训练近于无痕，学生轻松，教师不累，效果很好。

二、填补空白，内化表达（进谏前与纳谏后）

　　师：大故事和小故事我们弄明白了。可是这还不够，我们再来看看故事中的两个人物。第一个是少年，他的所作所为，所思所想，我们已经知道了。可是另一个关键人物——吴王，他的想法在开始和最后有了很大的转变，相信在这个事件中他也会有很多收获、感悟和启发。我们来走近吴王，看看他的想法——

　　1. 出示：吴王准备出兵攻打楚国，遭到了一些大臣的反对……

　　吴王想_____，固执地说："谁敢来劝阻我，我就处死他！"

　　师：故事开始的时候，吴王想要伐楚，遭到了大臣们的强烈反对。那些大臣，他们不是巧谏，不是妙谏，不是婉谏，不是曲谏，更不是智谏，而是——

　　生：直谏！

　　师：对了，直接反对！吴王说，敢有谏者，死！谁敢进谏，杀！这个时候，吴王在想什么呢？

　　生：他在想，我打楚国，肯定可以胜利，他们为什么反对呢？

　　生：他想，我一定要打下楚国，给他们看看！

　　师：同学们，楚国可不是小国啊，是个大国。但是，吴国当时打楚国，应该还是胜算很大，十拿九稳的。你们想，如果打下了楚国，就会获得更多的钱粮，还会获得更大的地盘。最重要的是，楚国这个大国都被打败了，那些小的诸侯国自然就——

生：屈服了。

师：对啊，这都是伐楚的——

生：好处。

生：利益。

师：这时候，你跟吴王说，别的国家会乘虚而入，他信吗？

生：不信。

师：因为他的眼睛只盯着伐楚的——

生：利益！

师：这有点像——

生：螳螂！

| 点评 |

　　这段的想象其实是紧扣"螳螂捕蝉"的含义展开的——吴王只看到"攻打楚国取胜的希望很大"，却意识不到"其他诸侯国乘虚而入，后果将不堪设想"。这里，不动声色地把"伐楚"和"捕蝉"联系到一起了。

2. 出示：听了少年这番话，吴王恍然大悟，＿＿＿＿＿＿＿＿＿＿＿，连声说："对！对！你讲的话太有道理了！"

师：可是，听了少年的一番话，吴王忽然有了顿悟，他明白了什么呢？如果你就是吴王，你来说说。

生：我明白了，如果我们要是去攻打楚国，其他诸侯国一定会来进攻我们的，后果不堪设想啊！

生：我明白了，大臣们都是为我好，我错怪他们了。

生：我发现了，攻打楚国其实和"螳螂捕蝉"是一样的。楚国好比就是那只蝉，吴国就是螳螂，而其他诸侯国就像黄雀。

师：如果——

生：如果吴国要是去攻打楚国，就好像螳螂去捕蝉，其他诸侯国一定会像黄雀一样乘虚而入，啄食"螳螂"的，到那时候，吴国就危险了。

师：是啊，这就叫——

生：螳螂捕蝉，黄雀在后！

师：给他鼓掌！这是吴王明白的第一点啊。他还会明白什么呢？伐楚之举可以作罢，但是聪明的吴王一定会想到，以后我们还要做很多其他的事，应该是什么呢？

生：以后我们做任何事都要既看到眼前的利益，还要注意身后的隐患。

生：我们做事，不能光盯着好处，还要考虑到危险。

生：任何事都有好的一方面，也有坏的一方面，要考虑周全。

师：这叫"有一利——"

生："必有一弊。"

生：做事情时，既要瞻前，也要顾后，不能钻头不顾尾。

师：呵呵，"钻头不顾尾"，这是俗语，来自老百姓的语言啊。生动！

生：我觉得考虑任何事的时候，要知道好的事情里也有不利的因素，坏的事情里也会有好的方面。

师：这叫祸福相依。同学们都是哲学家啊！佩服啊佩服！（学生大笑）

师：跳出"伐楚"这件事，吴王又明白了这些道理。那么，当吴王想到少年，想到少年的"智谏"，再对比一下大臣们的"直谏"。他又会有什么感悟呢？

生：他会明白智谏比直谏好，让人容易接受。

生：给别人提意见的时候最好用智慧，智谏比较好。

生：婉转地给人提意见效果更好。

| 点评 |

　　紧扣"螳螂捕蝉"的含义——（1）认识到"伐楚"即是"螳螂捕蝉"；（2）明白寓意；（3）体会"智谏"的好处。

3. 出示：又一天早朝，吴王对众大臣说：＿＿＿＿＿＿＿＿＿＿＿＿＿

师：同学们，早朝上，吴王一定会把自己思想前后的变化，把自己的转变、自己的感悟、自己的启发跟大臣们分享。那么，他会怎样讲呢？大家准备一下，待会儿我请一位"吴王"来宣讲！

（学生准备，然后请一位"吴王"上台讲话）

"吴玉"：（模仿"君王"语气）：众位爱卿——孤今天先宣布一个决定！

（学生大笑）

师：好，开门见山！

"吴王"：孤的决定是——我们不再去攻打楚国了。因为我听了这位少年给我讲的一个故事，我明白了，现在，楚国好比就是那只蝉，吴国就是螳螂，而其他诸侯国就像黄雀。如果我们执意去攻打楚国，其他诸侯国一定会乘虚而入的，后果不堪设想。所以，伐楚的事不要再提了！

（"众大臣"鼓掌）

"吴王"：孤还想告诉你们一个道理。以后我们做任何事，都不能只看到眼前的利益，还要看到身后的危险。既要瞻前也要顾后，既要看到好的一面，看到利，也要看到不好的一面，看到弊，要三思而后行啊。你们记住了吗？

生（齐声）：记住了！

师：这大王，说得还挺全面，不愧是大王啊！

"吴王"（继续）：孤还想告诉大家的是，以后你们给别人提意见的时候，给孤进谏的时候，最好是智谏，不要直谏，直谏的效果不好啊。

（"众大臣"大笑）

师：吴王说得还真棒啊！大家鼓掌！

| 点评 |

这个说话训练仅仅是有趣吗？恐怕不是。学生对人物的揣摩，学生对寓意的领悟，都融合在其中了。更难能可贵的是，"吴王"竟然能整合同学们的发言，说出那么一大段富有哲理又符合自己身份的话来。要知道，我们的学生一般是很难完成一大段表达的，还这么有序、有趣，这么深入。不得不说，是教师给了学生空间，也给了学生指导。这也是张老师的匠心所在。

三、引入古文,感受文韵

师:我这里还有一道题目,比较难。我看就不要出示了吧。出示了题目,你们不会,面子上不好看啊。

生:要出示!

师:你们敢挑战?

生:敢!

师:那我有个要求——文章出示之后,不许自读,不许默读,不许浏览,直接就读。行吗?

生:行!

出示:《螳螂捕蝉》文言文:

园中有树,其上有蝉。蝉高居悲鸣饮露,不知螳螂在其后也;螳螂委身曲附欲取蝉,而不知黄雀在其傍也;黄雀延颈,欲啄螳螂,而不知弹丸在其下也。此三者皆务欲得其前利,而不顾其后之有患也。

(生齐读,语气及断句停顿完全正确,非常流利)

师(故意):以前你们读过?

生:没有!

师:不可能!没读过,你们能读这么好?

生:真没读过!

师:那你们可太棒了!其实,读文言文有一个标准,只要读的时候语气停顿完全正确,说明你已经懂了意思。你们今天就做到了!太厉害了!

师:我们来把最关键的那句话再读一遍——

生:此三者皆务欲得其前利,而不顾其后之有患也。

师:退朝!(学生大笑)

师:下课!

| 点评 |

　　最后还要"忽悠"学生一把,还要装傻,逗着学生自己读通文言文。其实,

"文章出示之后，不许自读，不许默读，不许浏览，直接就读"这个要求不低。但是，在教师的"激将"之下，在课堂生机勃勃的情境中，化难为易，一切难度化于无形。

———————— 总　评 ————————

"语用课堂"的"简"和"活"

2014年3月8日，笔者有幸在成都听到了张学伟老师讲的《螳螂捕蝉》。课讲得生动有趣而又耐人寻味，简洁明快而又深刻隽永，机智灵活而又中规中矩。学生是上课时刚刚见到的，预习只读了读课文，效果却出奇好。激动之余，就想写点什么。

当今的小学语文界，理论很多，流派也不少。在飞来飞去的名师中，年轻的特级教师张学伟为人义气，行事低调，但是他的课堂却是激情四射，妙趣横生。给人印象最深的是他对教学内容的大胆取舍，精心重组；现场使人受到极大感染的是他的朗读和对学生的引导，给听课教师留下极深的印象。

张老师的课堂是指向"语言文字运用"的课堂，也可以说是"语用课堂"。因此，他的教学是简单高效的，也是极接地气的。仅以《螳螂捕蝉》一课的教学来谈谈吧。

一、张老师的教学突出了"简"

这节课的教学环节只有两个，一是朗读，二是说话。或者从"用教材"的角度说，一是利用课文训练学生朗读，二是利用课文内容训练学生表达。

在朗读的环节中，读"小故事"时，采取的是"比赛读"——学生比赛，师生比赛，"这个同学读得很好，但是跟我比——还差一点点"，这样幽默的生活化的语言引导学生逐步读好课文。同时，朗读又是和理解融合在一起的，启发学生边读边想，发现"蝉、螳螂、黄雀都是一样——我的眼里只有你"。这样，读悟结合，读思结合，使朗读并不是只停留在声音和形式上。另外，把小故事拎出来单讲、先讲，给学生留下深刻印象，为破解文章主题打好了基础。这是一个"妙笔生花"的设计。

读"大故事"时，张老师放手让学生"表演读"——要求是"吴王像君王，少年像臣子，每个人符合自己的身份"。在导读中，师生对每一处的朗读都是仔细推敲的，是反复琢磨的，是设身处地进入情境体会人物情感的。因此，读好了，内容、人物、情感，甚至含义，学生也都明白了。这也是我一直提倡教师要把朗读和导读作为最重要的一项基本功来练，课堂要把朗读课文作为最核心的环节来落实的原因。我以前说过，读是过程也是方法，读是手段也是目的。张老师看来是深谙其道的，可以说深入了导读的精髓。

值得大家关注的是，"比赛读""表演读"，再加上张老师幽默的话语、适时的点拨，使导读看起来像是一场"游戏"，学生在轻松氛围中不知不觉地加深感悟、提高水平、习得方法。这样的课堂，学生和教师谁会不喜欢呢？看来，张学伟的课和报告，讲一场火一场，所言非虚。

再看看表达的环节——训练学生说话。今天，因为我们的教师在课堂上极少给学生大段发言的机会，极少创设这样的情境，更谈不上有什么指导，因此，学生们基本上都很难说出整段的、有序的，甚至是有理有据的话来，只会片言只语地"蹦豆子"。这其实是"基本不会说话"。张老师的"吴王发言"这个设计正是针对这一薄弱处下手的。难能可贵的是，他又是根据课文内容创设了一个情景：让学生以一个最合理的角色（用吴王的口吻）跟"大臣们"交流自己的前后想法、感受和启发。角度选得准，难度自然就降得低，学生一下子打开了"话匣子"（当然，在这之前，教师也有两次说话的铺垫）。所有这些训练，几乎都是在"游戏"中完成的。

二、张老师的教学，突出了"活"

听各地举办教学活动的老师们讲，在名师中，张老师是从来不挑学生的。在他的嘴里，你听不到任何一句埋怨学生不好的话语。也就是说，跟任何学生基本上都能"玩"得起来，面对任何学生也基本上都能在一定的时间内完成教学任务。当然，有时候由于学生基础不同，可能他自己费劲点，但他从来都是表扬学生的进步，夸赞学校和老师。这也算是在名师、学生、学校之间构建和谐吧。我想，这同时也体现了张老师的课堂驾驭能力。他的教学设计一定是弹性的软设计，而不是刚性的硬设计。这种设计像水，是动态的，可以根据学生的不同情况来调整实施，进而使不同基础的学生都学有所得。

张老师的课堂更是"活"的。具体来说，基本上是"玩中学"。把课文变成一个个故事，把训练变成一个个游戏，把训练的目标和要求尽可能地融合在游戏的过程中。

谈到"语用课堂"，他有自己的见解——"语文课是什么？语文课就是以学习语言规律为目标，以语文活动为载体，从而发展学生的语文能力，提高学生的语文素养。"

谈到"积累和表达"的关系，他也有自己的看法——"我们很多老师往往认为，把词语或者语段背会了，就算是积累了，其实这积累的是死语言，根本没什么用。只有在运用中积累的才是活语言、能运用的语言。在运用的过程中积累语言，把积累和运用融合在一起，这样，学生不仅记住，还会活用。他们积累的不只是词语和语段，还有它们的用法，换言之，也积累了它们的应用。"

是啊，有了这种"活"的思想，才有了那么多"活"的教学设计、"活"的语文活动，也就有"活"的教学效果。

张老师从教26年了，1997年，25岁的他就获得了全国第二届青年教师阅读教学大赛的一等奖，算得上成名较早。我在20世纪90年代初到洛阳讲学时认识了他，那时，他才刚刚毕业几年。没想到的是，这么多年来，他几乎研读了我所有的书籍、所有的课例，我的很多设计他都如数家珍，很多"名言"他都记在心里。当然，更难得的是，他把我的很多思想付诸课堂，把我的很多方法活学活用，又形成了自己的教学风格。某次我听完他的课后，他问我："支老师，大家都说我的课有您的影子，您看有吗？"我答曰："很多。"他狡黠地露出得意一笑。

暑假里，我把多年来珍藏的自己所有的教学音像资料复制给了他，希望对他有所帮助，也祝福他在语文教学的路上越走越远！

《景阳冈》教学实录与点评

点评：杨再隋　华中师范大学教授

时间：2017 年 5 月 13 日

地点：杭州"千课万人"会场

学生：五年级

一、快板引入，梳理文路

1. 师（说快板）：

嘟哩个嘟，嘟哩个嘟，嘟哩个嘟哩个来哩个嘟！

闲言碎语不要讲，表一表山东好汉武二郎！

那武松学拳到过少林寺，功夫练到八年上。

这一天，四年亲人回家乡，中途经过景阳冈。

那山上，斑斓猛虎把人伤，赤手空拳打老虎，为民除害把名扬！

2. 师生交流：

师：这段话说的是谁？

生：武松。

师：什么事？

生：打虎。

师：打虎之前干了什么？

生：喝酒。

师：喝完酒之后干了什么？

生：上山冈。

师：这篇课文按照顺序第一讲的是什么？

生：喝酒。

师：第二是什么？

生：上山。

师：第三是什么？

生：打虎。

师：这篇课文文白夹杂，是古代的白话小说。我先考考你们——大虫是什么？

生：老虎。

师：什么是吃酒？

生：喝酒。

师：什么是筛酒？

生：倒酒。

师：呵呵，都懂啊。这我就放心了。

｜点评｜

　　快板书是中国传统曲艺形式之一，用快板书开课，形式新颖，既激发了学生兴趣，渲染了课堂气氛，梳理了课文，又拉近了学生和古代白话小说的距离，一举多得，简洁明快。听！好汉武松景阳冈打虎的故事就要开讲了！

二、喝酒——研读语言，体会"倔强"

｜点评｜

　　研读语言，在于忠实原著，通过文本的语言描写，引导学生去了解在特定的环境中特定人物"与众不同"的表现。让学生逐渐感悟到，正是对武松"喝酒"的描写，使英雄的形象丰满起来。胆气、胆识、胆魄，尽在大碗酒中！

1. 体会喝酒——酒量大，动作爽。

师：好！我们先来看武松喝酒。武松喝酒与众不同。先问一个问题，一般人喝酒喝多少，谁知道？

生：五两。

生：二两。

师：一般人可以喝二两到半斤，半斤酒用碗盛大概也就是一碗。古代的酒度数比较低，一般人可以喝到三碗，武松喝了几碗？

生：十八碗。

师：对，十八碗！（出示课件：十八碗酒）——相当于六个人的酒量！对不对？

生：对。

师：多大的酒量！我们再来看一看武松是怎么喝酒的。我问你们，见过人喝酒吗？

生：见过。

师：他们喝酒一般怎么喝？（作势：拿起酒杯）

生：他们一点点喝。

生：有时还咂咂嘴，品味品味。

师：对，慢慢地喝，慢慢地品。我们再来看武松，十八碗酒他都是怎么喝的？

生：一饮而尽。（教师出示课件：一饮而尽）

师：连起来，一起读！

生：十八碗酒一饮而尽！

| 点评 |

　　酒，也是一种文化。古有"李白斗酒诗百篇"之说。武松喝酒，提升胆气，

激发豪情，喝出"个性"。好一个"一饮而尽"！武松豪爽、率真、坦荡的性格
尽显无遗。

2. 体会语言——豪爽、倔强的性格。

师：这就是武松的喝酒——多不多？爽不爽？喝酒的中间还不只是喝酒，
还在讲话，我们来读一读武松和店家的对话。（出示课件对话）这样吧，同桌
一人读武松的话，一人读店家的话，先来练一练。

出示课件：

武松（敲着桌子）："主人家，怎么不来筛酒？你如何不肯卖酒给我吃？"

店家："客官，你应该看见，我门前旗上明明写着'三碗不过冈'。"

武松（奇怪地）："怎么叫作'三碗不过冈'？"

店家（得意地）："我家的酒虽然是村里的酒，可是比得上老酒的滋味。
但凡客人来我店中，吃了三碗的，就醉了，过不得前面的山冈去，因此叫作
'三碗不过冈'。过往客人都知道，只吃三碗，就不再问。"

武松（笑）："原来这样。我吃了三碗，如何不醉？"

店家："我这酒叫作'透瓶香'，又叫作'出门倒'，初入口时只觉得好
吃，一会儿就醉倒了。"

武松（从身边拿出些银子来）："别胡说！难道不付你钱！再筛三碗来！"

｜点评｜

还是回到课文中吧！读，让学生通过人物的语言、神态、动作，去揣摩人
物，让人物形象立起来。

师：我们来读。谁要当武松？你来当武松，好吧？你再选一个店家，一
起来表演当时的场景。开始！

｜点评｜

由读——演，让学生扮演一回武松和店家，身临其境，感同身受，别有一番

滋味，别有一种感受。看！课堂顿时活跃起来了！

"武松"：主人家，怎么不来筛酒？你如何不肯卖酒给我吃？

"店家"：客官，你应该看见，我门前旗上明明写着"三碗不过冈"。

"武松"：怎么叫作"三碗不过冈"？

"店家"：我家的酒虽然是村里的酒，可是比得上老酒的滋味。但凡客人来我店中，吃了三碗的，就醉了，过不得前面的山冈去，因此叫作"三碗不过冈"。过往客人都知道，只吃三碗，就不再问。

"武松"：原来这样，我吃了三碗，如何不醉？

"店家"：我这酒叫作"透瓶香"，又叫作"出门倒"，初入口时只觉得好吃，一会儿就醉倒了。

"武松"：别胡说！难道不付你钱！再筛三碗来！

师（问大家）：听完了吧？

生：听完了。

师：他们两个谁读得像？

生：武松！

师：你给店家提个意见。

"武松"：没表情。

师：店家好像不是在讲话，而是在念书。不过台词比较多，我们表示谅解，请坐！我们看扮武松的同学，他很用心，一边读一边做动作，把括号里的内容都表现出来了，真好！但是后面有个动作不对，"武松奇怪地说"，这个同学挠挠头，我怎么看怎么像孙猴子！（学生笑）再请一组试一试，请一组女同学，你来扮演店家，再选一个武松。开始！

| 点评 |

　　由读书到讲话，从拿腔捏调地读到自然平实地说，是"读"的升华，需要在练读中下功夫。口头语言和书面语言的相互转化既有助于提高读的质量，也有利于增强说的能力。

"武松"：主人家，怎么不来筛酒？你如何不肯卖酒给我吃？

"店家"：客官，你应该看见，我门前旗上明明写着"三碗不过冈"。

"武松"：怎么叫作"三碗不过冈"？

"店家"：我家的酒虽然是村里的酒，可是比得上老酒的滋味。但凡客人来我店中，吃了三碗的，就醉了，过不得前面的山冈去，因此叫作"三碗不过冈"。过往客人都知道，只吃三碗就不再问。

"武松"：原来这样，我吃了三碗，如何不醉？

"店家"：我这酒叫作"透瓶香"，又叫作"出门倒"，初入口时只觉得好吃，一会儿就醉倒了。

"武松"：别胡说！难道不付你钱！再筛三碗来！

师：这个女武松怎么样？

生：好！

师：给她们鼓鼓掌！下面一起来，你们都做武松，我做店家。但要注意，桌子如果敲坏了，校长要找我的，所以我们不要太使劲，表现出来就可以了。开始！

生齐（敲着桌子）：主人家，怎么不来筛酒？你如何不肯卖酒给我吃？

师：客官，你应该看见，我门前旗上明明写着"三碗不过冈"。

生齐：怎么叫作"三碗不过冈"？

师（指导）：很奇怪地问我，"怎么叫作三碗不过冈"！

生齐（奇怪地）：怎么叫作"三碗不过冈"？

师：我家的酒虽然是村里的酒，可是比得上老酒的滋味。但凡客人来我店中，吃了三碗的，就醉了，过不得前面的山冈去，因此叫作"三碗不过冈"。过往客人都知道，只吃三碗，就不再问。

生齐：原来这样，我吃了三碗，如何不醉？

师：没笑！再来！

生齐（笑）：哈哈哈！原来这样，我吃了三碗，如何不醉？

师：我这酒叫作"透瓶香"，又叫作"出门倒"，初入口时只觉得好吃，一会儿就醉倒了。

生齐（作势从身边拿出些银子来）：别胡说！难道不付你钱！再筛三碗来！

师：掏钱！（学生笑）最后一句再来，有点不耐烦了！

生齐（不耐烦）：别胡说！难道不付你钱！再筛三碗来！

师：我们看，这个过程中武松一直在干什么？

生：喝酒。

师：不是喝酒。

生：叫人筛酒。

师：叫人筛酒就是要酒，对不对？

生：对！

师：第一次他敲着桌子说："快来筛酒。"第二次他奇怪地问："怎么叫作三碗不过冈？"第三次他笑着说："哈哈！我可不醉。"第四次，干脆直接把钱拿了出来："别胡说，给你钱。"是这个意思吧？

生：是！

师：这一段对话很精彩，但不能光看表面。谁说说，从要酒的过程当中，你看到一个怎样的武松？你说。

| 点评 |

在学生活动之后，师生理清层次，引导学生从语言文字的表层去发现语言背后的意蕴——从"要酒"的过程看出一个怎样的武松？在文本具象的描写中，引导学生尝试初步的抽象——了解武松的性格。这既是一种语言训练，也是一种思维训练。

生：着急。

师：对，性子急。你说。

生：千杯不醉。

师：千杯不醉，酒量大呀。你说。

生：很凶！

师：凶？很凶吗？

生：不凶！

师：敲了一下桌子，还给钱——这个算很凶吗？（不算）应该说武松性格很——

生：直率。

生：豪爽。

师：对，还看出怎样的武松？你说。

生：迫不及待。

生：性格急，非要喝酒。

师：非要喝酒，人家不给，说三碗就醉了，他非要喝，对吧？

生：对！

师：武松的脾气怎么样？

生：倔强。

师：对！倔强——你不让喝，我非喝！从这一段的描写当中，我们看到一个倔强的武松，又是一个酒量很大的武松，对不对？（板书：倔强，酒量大）

生：对！

| 点评 |

　　从具体到抽象，从演绎到归纳，从语言到思想，老师相机引导，适时小结，充分体现语言训练和思维训练的统一。

三、上山——研读心理，体会"犹豫"

师：这一段我们读了武松和店家的对话。武松吃了十八碗酒，然后要上山。店家不让他上山，他执意上山。可是上山之后，武松看到这样一个官府的榜文，一起读！

近因景阳冈大虫伤人，但有过往客商，可趁午间结伙过冈，请勿自误。

生读：近因景阳冈大虫伤人，但有过往客商，可趁午间结伙过冈，请勿自误！

师：什么是大虫？

生：就是老虎。

师：你把这段话解释一下。

生：就是说，这个时候老虎伤人，如果有客商经过，要结伙过冈。结伙就是结伴的意思。

师：对，结伴。还要趁什么时候？你来解释。

生：还得趁午间（师：老虎午间容易打盹）。就是说，最近老虎伤人，单身的一定要找个伴，还得趁午间才能过冈。

师：请你解释最后一句话——请勿自误。

生：请别犯规。

师：再请同学说。

生：请别自己伤害自己的性命。

师（用遥控器指"勿"）：请勿自误。这个"勿"是什么意思？

生：不要。

师（用遥控器指"误"）：这个"误"呢？

生：错误。

师：应该是耽误，请不要自己耽误自己。就是自己送死自己负责，是这个意思吧？

生：是！

| 点评 |

　　榜文半文半白，语言简洁。教师引导学生对关键词语字斟句酌，很有必要。让学生解释文中"结伴"和"请勿自误"的"勿"和"误"。把关键词语弄懂了，这段话自然就懂了。这也是阅读话本小说的方法之一。

师：其实榜文就告诉我们，这个时候景阳冈上有什么？

生：老虎！

师：要在什么时候过冈？

生：午间。

师：要多少人过冈？

生：二三十人。

师：不要一个人，是这个意思吧？

生：是。

师：武松读出了八个字，一起读！

生：山中有虎，单身莫行！

师：看到这样的榜文，武松心里有了想法，请你拿出笔，打开书，读第四、五、六自然段，把武松心里的想法标出来，看看他都想了什么？

师：一共有几处，都要标出来。

（学生一边自己读，一边标记）

| 点评 |

　　研读榜文，读出"山中有虎，单身莫行"八个字。此情此景，武松怎么会没有想法呢？让学生在相关段落中把武松的想法标出来，认真研读，读出文字背后的意思。这既是对课文内容的探究，也是对读书方法的指导。

师：一共有几处，我请同学来读。你来读第一处。

生：这是店家的诡计，吓唬那些胆小的人到他家里去歇，我怕什么！

师：说说，你怎么理解这句话？

生：武松不怕有虎。

师：武松相信山上有虎吗？

生：不相信！

师：好，再看后面。

生：转身回酒家吧，一定会叫店家耻笑，算不得好汉，不能回去！

师：相信山上有虎吗？

生：相信！

师：相信，好！

生：怕什么？只管上去看看怎么样。他半信半疑，好像不怕虎。

师：还有吗？

生：哪儿有什么大虫？是人自己害怕了，不敢上山。

师：来，我们看。有这样几处表现，我们先来读第一处，看到公告，武松想——（一起读！）

生：转身回酒店吧，一定会被酒家耻笑，算不得好汉，不能回去！

师：然后他细想——

生：怕什么？只管上去看看怎么样。

师：武松又自言自语——

生：哪儿有什么大虫？是人自己害怕了，不敢上山。

师：好，一共有几处描写？

生：三处。

师：这三处或者四处描写，我问你，武松心里其实想干什么？你说。

生：想回店家那里。

师：想回去。你说。

生：害怕。

师：害怕。你说。

生：自己安慰自己。

师：自己安慰自己。你说。

生：给自己壮胆。

| 点评 |

　　犹豫，就是心理矛盾，内心冲突。在特定的情势下的犹豫是人之常情，即使武松也不例外。关键是犹豫之时如何抉择取舍，是否当机立断，这也是杰出者和平庸者的重要区别。

师：想回去、害怕、自己安慰自己、给自己壮胆——大家说了这么多。我们来看——

武松看了，笑道："这是店家的诡计，吓唬那些胆小的人到他家里去歇。我怕什么！"

（武松）想："转身回酒店吧，一定会叫店家耻笑，算不得好汉，不能回去。"

细想了一回，说道："怕什么，只管上去，看看怎么样。"

自言自语道："哪儿有什么大虫！是人自己害怕了，不敢上山。"

师：我们来细细地品一品。读第一句。

│ 点评 │

　　引导学生回到文本，从人物的神态语言中揣摩人物的内心活动。品读就是让学生慢慢品尝，细细品味。

生："这是店家的诡计，吓唬那些胆小的人到他家里去歇。我怕什么！"

师：这时，武松并不相信真的有虎。但是，当他看到了官府的公告，第一个念头是要干什么？

生：回去。

师：一起读这句话。

生：转身回酒店吧。

师：干脆回去算了，对不对？

生：对。

师：害怕了吧？武松也怕老虎吧？但是转念一想，读。

生：一定会叫店家耻笑，算不得好汉，不能回去！

师：心里害怕不害怕？

生：害怕。

师：但是他要做什么啊？

生：好汉！

师：要做好汉，为了面子，所以武松回去不回去？

生：不回去！

师：再读后面，读。

生：怕什么？只管上去看看怎么样。

师：这句话是干什么？你说。

生：安慰自己。

师：安慰自己，自己安慰自己，怕什么，只管上去看看怎么样，也许今天碰不到老虎呢？对吧。再看后面，读！

生：哪儿有什么大虫？是人自己害怕了，不敢上山。

师：什么意思？你说。

生：是说这里没有大虫，是人自己害怕不敢上山。

师：到底有没有？

生：有。

师：武松信不信？

生：不信！

师：有官府榜文，不信？

生：信！

师：信。信干什么还说"哪儿有大虫啊"？你说。

生：他在给自己壮胆。

师：给自己壮胆。你说。

生：他是在给自己心里安慰，省得害怕。

师：自己安慰自己，自己给自己壮胆。你看，害怕的武松，要面子的武松，有侥幸心理想碰运气的武松，自己给自己壮胆的武松，是这样吧？

生：是。

| 点评 |

这一部分还是让学生通过读自己去体会吧！对人物的内心活动的了解只有通过学生内心的体验方能领略一二。对小学生不必做过高的要求。

师：整个过程在上山和下山之间，武松其实一直在干什么？一个词——

生：犹豫。

生：矛盾。

师：是上山还是下山？是不是一直在犹豫？在矛盾？

生：是。

师：但武松最后还是——

生：上山。

师：说明他有什么？

生：胆量。

| 点评 |

　　是倒退还是前行，是上山还是下山，武松的内心充满矛盾。课文中这一段细致的描写，课堂上这一段较长的对话，绝非可有可无。它清晰地展示了武松从犹豫到决断的心路历程，为后文写景阳冈打虎做了必要的铺垫。

师：哎，让我说，文章这样写我觉得有问题。如果让我来写，我就说，武松看到公告上面说山上有虎，单身莫行。武松就说："山上不是有虎吗？我不怕，我上去把老虎打死。"这样好吧？

生：不好。

师：你说。

生：这样子太直白了。

师：不是太直白了。你说。

生：没有人打过这只大虫，他可能没有胆量去打。

师：是啊，武松以前打过老虎吗？

生：没有。

师：在这之前他有打虎的经历吗？

生：没有。

师：最多打过猫！（学生笑）所以，他一听说山上有老虎，就说我上去打死它，可能吗？

生：不可能。

师：我这样写真实不真实？

生：不真实。

师：他把武松写得害怕了，写得要面子，写得自己安慰自己，这样写真实吗？

生：真实。

师：真实！这就是武松的犹豫，武松的胆量！（板书：犹豫，胆量）

| 点评 |

  艺术的真实源于生活的真实。武松乃血肉之躯，本是个普通的人，他也会害怕，也会要面子。但是武松又是一个杰出的人，他有胆量，有气魄，有本事，所以他才敢"明知山有虎，偏向虎山行"！

四、打虎——研读动作，体会"慌乱"

师：不管怎么说，武松还是上山了，最精彩的打虎场面开始了。我们来读打老虎的场面。先请一个同学来读打虎的第一段。你来读。

生：说时迟，那时快，武松见大虫扑来，一闪，闪在大虫背后。大虫背后看人最难，就把前爪搭在地上，把腰胯一掀，武松一闪，又闪在一边。大虫见掀他不着，吼了一声，就像半天起了个霹雳，震得那山冈也动了。接着，把铁棒似的虎尾倒竖起来一剪，武松一闪，又闪在一边。

| 点评 |

  这是一段十分精彩的描写，用语之准确精练，描写之形象传神，早已脍炙人口。教师让学生先读，直接接触文本语言，在读中自行感悟，自行理解，较之教师讲解或者学生议论要更有效。

师：不错，这个同学读得很流利。谁再来读一遍？我还想听一听。这边的同学，你来读。

生：说时迟，那时快，武松见大虫扑来，一闪，闪在大虫背后。

师：你读得很流利，可以再有点提高，改进一下吧？怎么改进，你来试试。

生：说时迟，那时快，武松见大虫扑来，一闪，闪在大虫背后。

师：你放的是慢镜头吧？（学生笑）我们再来试试。

生：说时迟，那时快，武松见大虫扑来，一闪，闪在大虫背后。

师：谁来提个建议？这句话怎么读？你来读。

生：说时迟，那时快，武松见大虫扑来，一闪，闪在大虫背后。

师：五（5）班的同学都是放慢镜头的吧。来，你来。

生：说时迟，那时快，大虫见武松扑来。（学生哄堂大笑）

师：大虫见武松扑来？

生（纠正）：武松见大虫扑来，一闪，闪在大虫背后！

师：读得好不好？

生：好！

师：这样读才能再现场景，一起读一遍，要读出武松闪得快！"说时迟，那时快，武松见大虫扑来，一闪，闪在大虫背后。"就读到这里，读！

生：说时迟，那时快，武松见大虫扑来，一闪，闪在大虫背后。

师：你来接着读。

生：大虫背后看人最难，就把前爪搭在地上，把腰胯一掀，武松一闪，又闪在一边。大虫见掀他不着，吼了一声，就像半天起了个霹雳，震得那山冈也动了。接着，把铁棒似的虎尾倒竖起来一剪，武松一闪，又闪在一边。

师：把这句话再读一遍："接着，把铁棒似的虎尾倒竖起来一剪。"

生：接着，把铁棒似的虎尾倒竖起来一剪。

师：大虫的所有动作都突出了一个字。你说。

生：快！

师：你说。

生：猛

师：你说。

生：凶。

师：你说。

生：有力。

师：有力、猛、凶，对不对？

生：对。

师：武松所有的动作是要快还是要慢？

生：快！

师：所以我们要通过朗读把速度读出来，待会儿我们再来读。我先问问你们，这一段中间，实际上是谁在进攻？

| 点评 |

　　大虫一扑一掀一剪，武松一闪再闪三闪，均在毫发之际，弹指之间。教师引导学生通过读，浓缩成四个词：快、猛、凶、有力，这是引导学生由具象到抽象的思维训练。此时，教师又让学生回到文本，通过读来感悟，这样不仅加深了学生对语言文字的感知和理解，而且让武松的英雄形象在学生的脑海中逐渐由隐而显了。

生：大虫。

师：谁在防守？

生：武松。

师：我问你，大虫做了几个进攻动作？你说。

生：三个。

师：三个。第一个？

生：扑。

师：第二个？

生：掀。

师：第三个？

生：剪。

师：武松做了三次动作，但是这三次动作用了一个字，叫什么？

生：闪！

师：好！现在我们明白了，大虫是扑、掀、剪，武松是闪、闪、闪。是这样吧？

生：是。

师（指一个学生）：他就是大虫，过来，这就是老虎！今天要演老虎，来，扑的动作不要做了，我请你做一个高难度的动作，叫作掀！你把这句话读一读，你一读就知道怎么掀了，哪一句？大虫背后看人——

| 点评 |

　　读一读，说一说，再演一演，形式多样，方法灵活，活跃了课堂气氛，充分调动了学生的积极性。

生：大虫背后看人最难，就把前爪搭在地上，把腰胯一掀。

师：好了，开始！

（"大虫"来了个180度转弯）

师：他来了个180度转弯，是这样吗？

生：不是。

师：你先看前面大虫扑过来，武松往旁边一闪，现在武松在大虫的哪里啊？

生：背后！

师：对，背后，所以它要背后攻击，这个大虫是个高手啊。你现在回头来不及了，怎么办——你琢磨出来没有？

生：没有。

师：没有琢磨出来，那么，（指另一个学生）你过来。（学生表演"大虫"用腰胯掀的动作）

师：看到没有？用后腿蹬的，站住！掀完了还不算，还有一个动作更难做，要用尾巴一剪！怎么剪，读这句话。接着，读。

生：接着，把铁棒似的虎尾倒竖起来一剪。

师：他没有尾巴，把手伸出来当尾巴，就这样比画一下就行，这就是尾巴。本来尾巴是耷拉在这里的，现在把它竖起来，从上往下斜着，或者这样，横着扫也行，反正用尾巴剪。是这个意思吧？

生：是。

| 点评 |

作者用"一扑一掀一剪"几个词语生动地描绘了大虫的动作。何等准确，何等贴切！教师引导学生在表演之后，慢慢读，细细读，边读边想象，在脑海中浮现出打虎的情景。这样指导学生读书，有趣有效。学生学习了语言，了解了作者的表达方法，还为下文的学习做了铺垫。

师：好，你们看，这个同学做得多好！慢慢读，细细读，边读边想象，我们就再现了打虎的场景。我们就知道了，老虎是怎么进攻的。其实，扑、掀、剪三个动作，我研究了好长时间，我在学校办公室里一直在做掀这个动作。（学生笑）你们看，大虫厉害不厉害？

生：厉害！

师：武松用了一个动作，叫什么？

生：闪！

师：我把它换一个词好吧？换哪个？

生：躲。

师：躲——好吧？

生：不好！

师：为什么不好？你说。

生：闪的速度很快的。

师：闪的速度快，躲的不快吗？你说。

生：躲起来好像说明他很害怕大虫。

师：害怕。你说。

生：躲没说出他怎么躲。

师：你说。

生：用躲就说明他很胆小。

师：你说。

生：躲应该事先就躲起来。

师：日本鬼子来了，我们先躲起来，躲起来是什么意思啊？你说。

生：藏起来。

师：藏起来。现在我们还出来吗？

生：不出来了。

师：武松现在就是大虫一扑，躲起来了再也不出来了，是这样吗？

生：不是。

师：所以他是闪，闪过去就是后面的进攻，这叫以退为进。对不对？

生：对。

| 点评 |

　　换词比较，足见作者用词之精妙。有人说，能在同类的多个词语中挑拣出最贴切、最有表现力的那个词的才是最有语言功底的作者。看，一个"闪"字，武松的英气、豪情、胆识尽显无遗。教师引导学生探究词语，必要时咬文嚼字，值得提倡！

师：好，我们再来读一读，你们来读武松好吧？

生：好。

师：我来当大虫，好吧？

生：好。

师：你们先来读，"说时迟，那时快"，读——

生：说时迟，那时快，武松见大虫扑来，一闪，闪在大虫背后。

师：大虫背后看人最难，就把前爪搭在地上，把腰胯一掀。

生：武松一闪，又闪在一边。

师：大虫见掀他不着，吼了一声，就像半天起了个霹雳，震得那山冈也动了。接着，把铁棒似的虎尾倒竖起来一剪。

生：武松一闪，又闪在一边。

师：惊险吧？

生：惊险！

| 点评 |

武松一闪又闪，化险为夷。先挫其锐，避其锋芒，再蓄势待发。看！武松是怎样收拾大虫的！随着故事情节的推进，教学过程波澜起伏，起承转合，过渡承接自然流畅，可见教师的功力。

师：大虫扑完了，该谁打了？

生：武松。

师：一起读。"武松见大虫翻身回来，就双手抡起哨棒。"读——

生：武松见大虫翻身回来，就双手抡起哨棒，使尽平生气力，从半空劈下来，只听见一声响，簌地，把那树连枝带叶打下来，定睛一看，一棒劈不到大虫，原来打急了，正打在树上，把那条哨棒折成两截，只拿着一半在手里。

师：好，两句话跟我读一读，"只听见一声响，簌地，把那树连枝带叶打下来"。读——

| 点评 |

此处，教师的范读很有必要。烘托了气氛，读出了气势，静态的语言文字化为鲜活的形象，也为学生树立了朗读的榜样。此时，教师还要求学生在听读中找出描写关键动作的词语。的确，说的不如做的，英雄行为更能表现英雄的精神品质。

生：只听见一声响，簌地，把那树连枝带叶打下来。

师：好，武松动手了吧？可惜，唯一的武器哨棒断了。这一次武松要赤手空拳面对老虎进攻，我们来看！这一段我来读，但是你们有一个任务，这里面武松做了很多动作，你们边听边把最关键的动作找出来！你们看，喝酒的时候我们研究的是语言、对话；上山的时候，我们研究他的——

生：心理。

师：现在，我们研究他的——

生：动作。

师：很多动作，但是我们要从中筛选出武松打虎最主要的动作。我们一边读，一边来关注这个动作，好吧？

生：好。

师：那只大虫咆哮着发起性来，翻身又扑过来，武松又——

生：跳！

师：退了十步远。那只大虫恰好把两只前爪搭在武松面前，武松把半截哨棒丢在一边，两只手就势把大虫顶花皮揪住，往下——

生：按去！

师：顶花皮是哪里？

生：头上。

师（指头上）：这里。那只大虫想要挣扎，武松使尽力气哪里肯放半点松，武松把脚往大虫面门上、眼睛里只顾乱——

生：踢！

师：那只大虫咆哮起来，不住地扒身底下的泥，扒起了两堆黄泥，成了一个土坑，武松把那只大虫一直按下黄泥坑里去，那只大虫叫武松弄得没有一些气力了，就是一点力气都没有了，武松用左手紧紧地抓住大虫的顶花皮，空出右手来，提起铁锤般大小的拳头，使尽平生气力只顾——

生：打！

师：打了五六十拳，那大虫眼里、口里、鼻子里、耳朵里都迸出鲜血来，一点儿也不能动弹了，只剩下口里喘气。武松打虎时有几个关键的动作？第一个是什么？

　生：跳！

　师：往后跳，第二个最主要的动作是——

　生：按！

　师：然后他就干什么？

　生：踢！

　师：揪和按算一个，然后又干什么？

　生：打！

　师：明白了吧？

　生：明白了。

| 点评 |

　　行为由若干动作构成。教师引导学生紧扣描写动作的关键词语"跳""按"
"踢""打"，不但使武松打虎具象化，而且让学生进一步感受作者遣词造句的
巧妙。

　师：大虫一扑过来，往后退，按住了就打。你看这就是武松打老虎的过
程，我们抓住几个动作就知道了。我来问你，在武松打老虎的过程中，你觉
得武松整个过程的表现怎么样？你说——

| 点评 |

　　让学生说说武松打虎过程的表现，是引导学生由具体到抽象的概括，由部分
到整体的归纳。由放到收，由开到合，收放自如，开合有度，是本课教学的重要
特色。

　生：紧张。

　师：紧张，对。你说。

　生：非常勇猛。

师：勇猛。你说。

生：又快又猛。

师：很快。你说。

生：非常不容易。

师：很不容易。你说。

生：惊恐。

师：惊恐，对。你说武松在这个过程当中是不是非常冷静？

生：不是。

师：要不他也不会拿棒打的时候棒打折了，对不对？武松有没有惊慌？

生：有！

师：但是从"按"这个词可以看出武松具有超过常人的气力。如果是你去按，我估计老虎一抬头，你就到树上去了！（学生笑）对不对？但是武松按住它它就起不来。所以从这一段我们看出来武松的慌乱和武松的力量。是这样吧？（板书：慌乱，力量）

生：是。

师：想不想看看武松打虎的场面？

生：想！

师：注意，一边看一边和课文中的描写对照，感受惊险的场面！

（播放《武松打虎》录像）

｜ 点评 ｜

老师此时的提示十分重要：一边看，一边和课文中的描写对照，看语言描写如何化为生动可感的形象。

师：惊险吗？过瘾吗？我们再来读一读打虎的场面。你们读，我来闭眼，想象画面！

（学生齐读或者分开对读）

五、总结拓展

师：真过瘾！好像真的看见一样！哎，你们发现没有，这篇课文写得很有意思，如果我们从头来梳理一下阅读的感受，就会发现——武松酒醉要上山，我们的心就怎么样？

生：提上来了。

师：后来店家劝他，我们的心又——

生：放下了。

师：结果他不听，我们的心又——

生：提上来了。

师：当他看见了公文，我们以为他要回去，我们的心又——

生：放下来了。

师：结果他非要上山，心又——

生：提上来了。

师：老虎一攻他，他躲过去了，我们放心了；拿起棒一打，折了，我们的心又提起来了！整个过程我们的心随着文章描写一起一伏，一提一放！这就是——武松打虎真过瘾，我们读书真揪心！

师（指板书）：你们看见没有，第一排我写了这几个字，第一个叫——

生：倔强。

师：第二个叫——

生：犹豫。

师：第三个叫——

生：慌乱。

师：这些其实是我们一般人、普通人身上都有的，对不对？所以这个叫什么？

生：人！

师：但是第二排写武松的酒量、胆量和力量——这是不是一般人都有的？

生：不是。

师：这是？

生：神！

师：清朝有一位伟大的文学家、评论家金圣叹讲了一句话，讲到武松，他说"武松是人，也是——"

生：神！

师：他有人的——

生：倔强。

师：神的——

生：酒量。

师：人的——

生：犹豫。

师：神的——

生：胆量。

师：人的——

生：慌乱。

师：神的——

生：力量。

| 点评 |

　　教师引用金圣叹对武松的评价，适时、准确。因为武松是人，乃血肉之躯，是性情中人，所以他借酒壮胆，他犹豫甚至慌乱；同时武松又是不平凡的人，姑且称为"神"吧！他有胆有识，有神力，有智慧，更有为民除害的决心和勇气。当然，金圣叹的评论是对武松一生英雄行为的总结，而武松打虎不过是刚刚拉开了序幕，许多惊心动魄的英雄故事即将展开。亲爱的同学们，让我们拭目以待吧！这样，本课的拓展延伸就顺理成章了。

师：这就是《水浒传》里最闪光的英雄，千百年来人们最喜欢的好汉！施耐庵浓墨重彩描写的一位亦人亦神的好汉——武松。关于武松，《水浒传》

一共有十回描写，关于他还有很多故事，谁知道？

生：斗杀西门庆。

生：醉打蒋门神。

生：大闹飞云浦。

生：血溅鸳鸯楼。

师：对。还有大闹十字坡，最后武松上了梁山。同学们，看看武松一生的经历，你觉得他只是打了一只虎吗？（学生发言）对！除了景阳冈的猛虎，人间的恶虎他也打！欺男霸女的西门庆，他——杀！强抢豪夺的蒋门神，他——杀！陷害好人的张都监，他——杀！武松的一生，就是打虎的一生！你们随后去读《水浒传》吧，无限精彩，尽在《水浒传》！谢谢大家，再见！

| 点评 |

欲知后事如何，且听下回分解。留下回味的余地，留下故事的悬念，让学生欲罢不能，再要求学生"读整本书"也不勉强了。

────── **总　评** ──────

张学伟老师的《景阳冈》是一堂渗透了课改新理念的好课，是一堂体现语文特点、散发着浓浓语文味的有特色的课，是一堂方法灵活、形式多样、充满童趣、生动活泼的课。

张学伟老师根据课文的写作特点，采用"读""思""议""演"等多种形式，引导学生抓重点句段、关键词语，通过读书，让静态的语言文字化为鲜活的人物形象；又通过抠关键词语、回归文本，学习作者的表达特点；还通过"议"，让学生自行揣摩，探究字里行间和言外之意的意蕴；"议"后多有小结归纳，意在从形象到思想，升华人物的精神品质。

教学过程中有放有收，收放自如；有分有合，分合有度；有疏有密，疏密有致。学生活动面大，参与度高，教师只是从旁指点，在关键时点拨疏导，在衔接过渡处穿针引线，表现出教师有极强的调控课堂的能力。

　　《水浒传》是我国古典名著之一，由话本演变而成书。作者主要用人物语言动作的描写刻画人物，不同于西方小说有大段的心理描写。教师特别注意到这一点，对人物的语言，主要通过"读"来体会；对人物的动作，除了"读"，还通过"演"来加深印象，从而感悟作者遣词造句的精妙。

　　需要说明的是，武松打虎的故事，早已家喻户晓。在一定意义上来说，"武松打虎"作为传统文化，体现了中华民族的精神，即不畏强权、迎难而上、疾恶如仇、除恶务尽。它是在特定的历史文化背景中发生的英雄故事，不应以类似"老虎是国家一级保护动物"等所谓的"现代解读"来曲解"武松打虎"的文学形象和思想价值。

　　教学总会有遗憾。本课有几处议多读少，失之于"碎"，需要改进。

好的课堂会让学生"过足瘾"
——《景阳冈》教学赏析

赏析：景洪春　特级教师

单位：上海市闵行区教育学院

有幸拜读挚友张学伟老师的课堂实录，仿佛又一次置身于他的课堂，与学生们"同呼吸，共享受"。多次领略过张学伟老师幽默而不失沉稳、轻松而不失严谨、循循善诱而激情四射的教学风格，真心羡慕张学伟老师的学生，他的课堂让学生"过足了瘾"。

一、纲举目张，切中白话小说的文体特征

《景阳冈》选自中国古代著名长篇小说《水浒传》。"小说者，街谈巷语之说也。"（班固《汉书·艺文志》）简单地说，小说就是故事，当然是属于文学的叙事，也就是用文学的语言虚构的生活事件，而经典的故事则是由行动中的人物、因果线索完整的情节、具体明确的场景等因素组合成的社会生活事件。这就包括小说的三个基本要素：人物、情节和环境。被选入小学语文教材的小说并不多，笔者认为，当下，小说教学的突出问题在于，教师或把小说蕴含的语文知识当作教学重点，或把小说"三要素"拎出来反复分析，或努力挖掘文本空白提炼人物形象，殊不知，这样的小说教学还是停留在教"知识"上。张学伟老师善于引导学生学习"最有价值"的东西。他有一双沙里淘金的慧眼，依据小说的文体特征，确定了布点少而开掘深的教学内容。

从第一板块便可见一斑。第一板块快板引入，梳理文路。

师（说快板）：

唰哩个唰，唰哩个唰，唰哩个唰哩个来哩个唰！

闲言碎语不要讲，表一表山东好汉武二郎！

那武松学拳到过少林寺，功夫练到八年上。

这一天，四年亲人回家乡，中途经过景阳冈。

那山上，斑斓猛虎把人伤，赤手空拳打老虎，为民除害把名扬！

师生交流：

师：这段话说的是谁？

生：武松。

师：什么事？

生：打虎。

师：打虎之前干了什么？

生：喝酒。

师：喝完酒之后干了什么？

生：上山冈。

师：这篇课文按照顺序第一讲的是什么？

生：喝酒。

师：第二是什么？

生：上山。

师：第三是什么？

生：打虎。

师：这篇课文文白夹杂，是古代的白话小说。我先考考你们——大虫是什么？

生：老虎。

师：什么是吃酒？

生：喝酒。

师：什么是筛酒？

生：倒酒。

师：这段话说的是什么事？

生：武松打虎。

师：这篇课文按照顺序都讲了什么？

生：先写"喝酒"，再写"上山"，最后写"打虎"。

《景阳冈》中人物虽不多，但线索复杂，学生很少接触这类古代白话小说，初读时不容易把握文脉。张学伟老师准确把握学情，由中国传统曲艺形式——快板引入，拎出主要人物和主要事件，在此基础上梳理文路，并巧妙地检查了"大虫""吃酒""筛酒"等词语的现代意义，切中了学生的学习起点与白话小说的文体特征。导入部分干脆利落，可谓"提领而顿，百毛皆顺"。

二、入情入境，领略原汁原味的文学语言

以《景阳冈》中武松与店家的对话为例，教师细读文本，可以读出"对武松的动作、语言和神态描写表现了武松的豪爽与倔强"。不少教师备课到了这一步，就把解读出的内容确定为教学内容，再教给学生，小说教学就算完成了。实际上，这并不是教学内容，这只是小说阅读的知识。小说教学不能止于小说阅读的知识，学生的语言发展更不限于掌握这些知识，教师需要将知识转换为适切的教学内容，即如何将知识转化为素养。此外，从小学生的阅读经验来看，虽然在影视作品中已了解过此段的大致情节，但一般学生是不会细细品味语言的。这类文白夹杂的语言，对小学生来说有陌生感，读来略显枯燥。张学伟老师将这一语文知识转化为生动的语言实践活动，指导学生学习朗读，给学生充足的时间欣赏、领略原汁原味的文学语言。让文学语言对学生的审美情趣、阅读兴趣以及语言运用起到涵育作用，入情入境地朗读便是最适合的方法。如：体会语言——武松豪爽、倔强的性格。

师：我们来读一读武松和店家的对话。这样吧，同桌一人读武松的话，一人读店家的话，先来练一练。

出示课件：

武松（敲着桌子）："主人家，怎么不来筛酒？你如何不肯卖酒给我吃？"

店家："客官，你应该看见，我门前旗上明明写着'三碗不过冈'。"

武松（奇怪地）："怎么叫作'三碗不过冈'？"

店家（得意地）："我家的酒虽然是村里的酒，可是比得上老酒的滋味。但凡客人来我店中，吃了三碗的，就醉了，过不得前面的山冈去，因此叫作'三碗不过冈'。过往客人都知道，只吃三碗，就不再问。"

武松（笑）："原来这样。我吃了三碗，如何不醉？"

店家："我这酒叫作'透瓶香'，又叫作'出门倒'，初入口时只觉得好吃，一会儿就醉倒了。"

武松（从身边拿出些银子来）："别胡说！难道不付你钱！再筛三碗来！"

师：我们来读——谁要当武松？再选一个店家，一起来表演当时的场景，开始！

【学生分角色读对话】

师（问大家）：听完了吧？

生：听完了。

师：他们两个谁读得像？

生：武松！

师：你给店家提个意见。

"武松"：没表情。

师：店家好像不是在讲话，而是在念书。不过台词比较多，我们表示谅解，请坐！我们看扮武松的同学，他很用心，一边读一边做动作，把括号里的内容都表现出来了，真好！但是后面有个动作不对，"武松奇怪地说"，这个同学挠挠头，我怎么看怎么像孙猴子！（学生笑）再请一组试一试，请一组女同学，你来扮演店家，再选一个武松。开始！

课文写武松喝酒的篇幅比较长，如果全部拿来指导朗读，既显得拖沓，课堂时间也不允许，张学伟老师选取了武松要求店家再筛三碗这一段指导朗读,直抵学生理解上的难点——武松的倔强。同时,张学伟老师将文本语言转化成对白语言,有助于学生体会角色,看似不经意,实则体现了教师对学情的准确拿捏。

很多教师在教有感情地朗读课文时,往往局限在重音、停顿等朗读技巧的指导上,导致学生的朗读显得刻意、僵化,也没有起到入情入境的作用。张学伟老师采用了还原情境的办法,不断地将学生拉入人物的处境,如:当扮演店家的学生朗读声音过高时,教师巧妙地点拨:"店家声音比武松还高,怎么做生意?"当学生在教师指导下渐渐进入角色时,教师不失时机地总结,"找到角色的感觉""语气要自然",这样的点拨四两拨千斤,学生才可能一次比一次读得好。

三、披文入情,再造典型人物的典型意义

很多教师教小说时,面对一个个鲜活有个性的人物形象,喜欢先引导学生归纳人物的特点(品质),再品味语言,验证朗读。这样的教学未尝不可,但容易陷入给人物贴标签之嫌,也遮蔽了学生的多元解读,且语言文字是杂糅在其中的,很难一一割裂开来。张学伟老师采取的办法是研读语言,从演绎到归纳,再相机引导,适时小结,体现了学生披文入情的过程,实现了小说文体特征与学生认知水平的统一。

老舍曾说:"小说的第一任务是创作人物。"在引导学生读小说品人物的过程中,既要通过人物在情节发展中的言行举止把握其性格特点,更要读出人物背后的寓意,读懂典型人物的典型意义。武松是人,亦是神,堪称"神人"。他既具有天神般勇武非凡的特质,也具有真实的凡人的性情。难怪金圣叹对武松打虎的情节也有"怒虎、神人"的点评。

小说中的细节描写大都是作家精心设计和安排的。精彩的细节描写不仅能使人物形象更加鲜明突出,还能反映人物的处境,巧妙连接故事情节的发展。武松"上山"时的心理活动便是细节描写,清晰地展示了武松从犹豫到决断的心路历程,为后文写景阳冈打虎做了必要的铺垫。张学伟老师紧扣武松的心理,剖析武松的内心冲突。很多教师在教这一部分时,采用的是朗读体

会的方法，张学伟老师却另辟蹊径，更胜一筹。首先请学生写批注，学生大多能通过提取信息，形成对武松的判断：害怕、要面子、侥幸、自欺欺人等。

但教学不仅止于此，张学伟老师进一步追问："假如上山的不是武松，而是张老师。"这一问问得巧，问得妙，巧妙地将儿童的认知经验与好汉形象融合起来。小学生的认知世界，很容易以偏概全，武松乃血肉之躯，普通之人，但武松又不普通，他有胆量，有气魄，所以才敢"明知山有虎，偏向虎山行"。

所谓有意义的学习，学习者必须积极主动地使新旧知识不断地分化与重新组织，才能转化为自己的认知图式。张学伟老师就不断地帮助学生对武松的英雄形象进行一次次地分化与重新组织，最终形成学生自己心中的武松形象。

在"打虎"板块，张学伟老师设计的三个问题很关键，"这一段中间，实际上是谁在进攻？谁在防守？""在这四个动作中，有一个动作是至关重要的，是武松转败为胜、转守为攻的关键，你认真比较一下，是哪个动作？""你觉得武松整个过程的表现怎么样？"明末清初的文学评论家金圣叹说过："凡人读一部书，需要把眼光放得长。如《水浒传》七十回，只用一目俱下，便知其二千余纸，只是一篇文字。中间许多事体，便是文字起承转合之法，若是拖长看去，却都不见。"意思是，读书一定要把眼光放得长，要形成"一目俱下，便知其二千余纸"的能力。因为作者下笔前早已把情感、道理以及文章的谋篇布局等安排妥当，读者若想得其要领，就得寻找并抓住文章的关键。张学伟老师让学生辨析哪个动作最关键，看似平常，却在引导学生去分析事情的主要环节，这是一种重要的思维方法。如果学生在教师的引领下经常有这样的训练，自然会掌握快速捕捉文章关键处的能力，逐渐达到快速浏览便得其要旨的阅读能力。

由豪爽的武松到倔强的武松，从纠结的武松到慌乱的武松，由具体到抽象的概括，由部分到整体的归纳。由放到收，由开到合，收放自如，开合有度，刚勇豪爽、毫无畏惧的打虎英雄就在学生幼小的心田中，逐渐感性为清晰的隐喻。

师：哎，让我说，文章这样写我觉得有问题。如果让我来写，我就说，武松看到公告上面说山上有虎，单身莫行。武松就说："山上不是有虎吗？我不怕，我上去把老虎打死。"这样好吧？

生：不好。

师：你说。

生：这样子太直白了。

师：不是太直白了。你说。

生：没有人打过这只大虫，他可能没有胆量去打。

师：是啊，武松以前打过老虎吗？

生：没有。

师：在这之前他有打虎的经历吗？

生：没有。

师：最多打过猫！（学生笑）所以，他一听说山上有老虎，就说我上去打死它，可能吗？

生：不可能。

师：我这样写真实不真实？

生：不真实。

师：他把武松写得害怕了，写得要面子，写得自己安慰自己，这样写真实吗？

生：真实。

师：真实！这就是武松的犹豫，武松的胆量！（板书：犹豫，胆量）

什么是真实？小说是怎样反映真实的？英国小说家福斯特把小说人物分成扁平人物和圆形人物两种。扁平人物既便于读者辨认，也便于读者记忆；圆形人物往往有复杂多面的个性和近乎真实的思想感情。武松和《穷人》中的桑娜都是圆形人物。小说教学，应仔细涵泳小说作品的细微之处。有些细节，比如写武松的犹豫，看似闲笔，实则是连接情节的纽带，其作用不可忽视。因为学生自己阅读小说时，不会读得如此深刻。听课至此，感佩张学伟老师对文本教学价值的准确把握，可以想见，张学伟老师在备课时，站在学生的角度认真揣度过：阅读这篇小说学生可能得到什么？哪些内容可能是学生学习的起点？哪些内容可能是学生学习的障碍点？哪些内容是学生学习的增长点？既彰显学理高度，也体现学情地气。

中国古典文论说，"文如其人"；西方文论也有名言，"风格就是人"。读张学伟老师的文章，听他的课，与他交谈，总有一种声震林木、响遏行云的豪情，总有一种绝江河而下百川的气势，总有一种收放自如、疏密有致的意趣，这些是张学伟老师的处理艺术，也是我要拜师学艺的地方。

好的小说会让人"过足瘾"，好的课堂也会让人"过足瘾"。张学伟老师的课堂，是矣。

习作课《"钱眼"看人生》教学实录与点评

点评：吴忠豪　上海师范大学教授
　　　肖　川　北京师范大学教授
时间：2018 年 5 月 20 日
地点：杭州"千课万人"作文教学会场
学生：五年级

教学目标

以"钱币"为切入点，链接学生丰富的社会生活，打开思路，力图在生活与习作之间架设桥梁。学生在习作实践中学会变换角度和细节描写。

一、入题

师：同学们，今天，我给你们带来一位好朋友——

（课件出示人民币）

师：这是谁?

生（笑）：毛主席！毛爷爷！

师：喜欢他吗?

生：喜欢。

师：一个六年级的学生，假如到现在还不知道钱能买东西，不知道生活离不开钱，还不知道喜欢钱，他一定是这里（手指脑袋）——出了问题。你们这里有问题吗？

生：没有！

师：喜欢钱吗？

生：喜欢！

师：对了，你们花过钱吗？

生：花过。

师：都有花钱的经历，是吧？谁来讲一讲一段自己比较难忘的花钱经历？

生：我有一次不愉快的经历。那一次是一个春节，我用自己的零花钱，不，压岁钱，50 块钱，买了鞭炮。当时很好奇，就买了一种会就地转并会响的鞭炮。那天放这个鞭炮时，把邻居家的一个小弟弟吓哭了，结果……被我妈妈骂了一顿。

师（幸灾乐祸地）：呵呵，50 元买了一顿骂。有意思！

生：我最难忘的是有一次拿了 20 元去买水果，结果买回来却发现忘找钱了。我心里很不安，不敢去找水果店老板，怕他不认账，是妈妈鼓励我去找，我硬着头皮去找了。结果，你猜怎么着？那个老板很爽快，当时就把该找我的 4 块 5 毛钱找给我了！还说，当时我跑得太快，他一直喊我，我根本没听到！他真是个好心人！

……

二、悟法

师：我也跟你们分享一段张老师花钱的经历，行吧？这个事情不是发生在现在，发生在张老师像你们这么小的时候，大约三十多年前。那个时候我们的生活都比较贫困，物资也很贫乏。那时候，钱的面值也没这么大，20、50、100 的面值都没有，最大的钱币是多少钱呢？10 块钱。

我小时候在农村生活。有一次，中午要做饭的时候，妈妈忽然发现没醋了，就给了我 5 分钱的硬币，让我拿着到小卖部里去买醋。我嘛，小孩子调皮，想快点干完活去玩，就急匆匆地，一手拿着瓶子，一手拿着硬币，开始冲出去（教师做快跑状，手臂前后摆动，身体晃来晃去）！等我跑到小卖部门口的时候才发现，手里的硬币不知道什么时候丢了！这在当时可是个大事情——5 分钱去买醋，醋没买到，硬币丢了！这个回家要打屁股的！于是我赶快回头找，到处找。没找到，怎么办呢？我觉得天都塌下来了，然后在旁边坐着哭。结果有一位伯伯看到之后，问了我情况，给了我 5 分钱，让我去买了醋回家。他不只是给了我 5 分钱，他是救了我的命啊！（学生笑）我当时丢钱后着急的心情、伯伯给了我钱之后我轻松的心情，以及我心里的那份温暖，直到现在我都难以忘怀。于是我把这件事情写下来跟你们分享一下，行吗？

生：行。

课件出示例文：小主人一手抓着醋瓶子，一手拿着 5 分钱硬币，冲出家门。他一不小心，把硬币甩了出去。小主人急了，开始到处找。找了半天，也没有找到。最后，是路过的一位伯伯又给了他 5 分钱硬币，他才买了醋回家了。

师：请一位同学来读一读。

（生读例文，比较快）

师：她读得怎么样？

生：很好。

师：她读的哪里好？她比我还急，对不对？再请一位来读一读。

（一高个子男生读，依然太快）

师（笑问该生）：你是班里的高人吗？（学生笑）我来问你，你为什么也读得这么急呢？她是急先锋，你是霹雳火（学生笑），两个人都急得不得了。为什么？

生：因为你当时硬币丢掉了，你急得很。

师：你觉得我写得怎么样？

生：特别好。

师：他说我写得特别好，是吗？你认为呢？

生：还行吧，我觉得细节没有写清楚。

师：假如我把这样一篇作文交给你们老师，你们老师就批个"特别好"，是吗？这个同学提的意见特别好，你站起来大声地把你刚才的建议说一说。

生：我觉得这篇文章细节没有写清楚，就只写了事情的起因、经过和结果。

师：不是细节没有写清楚，就根本没有细节！对不对？只是前后串起来，有个大概。如果要想把故事写得比较生动，就要加上细节。什么叫细节？这个人要说话吧？这个人要有动作吧？这个人要有想法吧？这些都叫什么——细节。好的，我接受这个同学的帮助。我又写了一段，请一个同学来读，这次我就不叫"急先锋"读了，你来读。

出示内容：小主人一手抓起醋瓶子，一手拿着我，三步两步冲出了家门。他像出笼的小鸟，兴奋极了，一边飞跑，一边甩着手臂。被他抓在手心的我不停地左摇右摆，不一会儿就头昏脑涨，仿佛胃液都要漾出来了！突然，他一下子没有抓紧，我挣脱了他的掌握，一下子飞了出去。"哎呀——"我还没有反应过来，就重重地落在了地上，不由自主地又滚了几下，刚好钻到了一个小石头的下面。

小主人一下子停住了，他也发现手里的硬币不见了。"这可怎么办？赶紧找……"他嘴里嘟囔着，开始四下里找了起来。路边上、草丛里、墙角边……他像没头的苍蝇，找了好几遍。有好几次，他都走到了我的跟前，我大声喊："小主人，低头看，我就在你脚下啊！"可不知道为什么，他就是听不到。

（生读，速度适中）

师：他叫什么名字？

生：葛新宇。

师：很棒，除了速度稍微还有点快。你根本没有看一遍，站起来就读。这个很不容易，这是朗读的最基本的功夫，对不对？再请一位同学读，接着往下读。你来。

出示内容："呜……呜……"小主人伤心地抹起了眼泪，"这可怎么办呢？硬币丢了，买不到醋，妈妈会打我的……"听着他的哭声，我也难过极了。可是，任凭我使劲地喊他，他都没有反应。我渐渐地觉得身上的石头压得越来越紧，我也忍不住低下了头。

"小朋友，你怎么了？"一个苍老的声音打断了我的思绪。哦，原来是一位伯伯在问小主人。

"我……妈妈让买醋，我把……我把5分硬币丢了，找不到了……"小主人哭着说。

"好了，孩子。5分硬币在这儿呢，你拿去吧！"伯伯不知道怎么变出来一枚5分硬币，递给了小主人。

"真的吗？太好了！"傻傻的小主人不知道，这枚硬币是伯伯的。

望着小主人蹦蹦跳跳远去的背影，我长出了一口气……再看看伯伯，我的心忽然温暖起来，上面的石头好像也一下子轻了许多……

师：好的，两位同学都读了，你们都知道我写的这段话的大概意思了吧？人说"三分文章七分读"，为什么人家不愿意读我这个，因为不是他写的。每个人都爱自己写的文章，就像爱自己的孩子一样，对不对？这样吧，我来读一遍你们再听听，好不好？

（师读，声情并茂）

师：他们两个读了一遍，我又读了一遍，谁来告诉我这一次写得怎么样？评价一下。

生：我觉得老师你写得特别好，因为这篇文章写出了细节。

师：有细节，对不对？这一段和刚才那段比，写得好多了，这个你们承认吧？

（生点头）

师：为什么这一段就比刚才的那一段写得好？张老师是怎么把这一段写好的？你们发现了什么？有一个重要的变化，你们真的没发现吗？

生：这一段是把硬币当作"我"来写的。

生：从硬币的视角来写的。

师：对了，这篇文章中的"我"是谁？

生：硬币。

师：整个过程都是写谁的感受？都是从谁这里出发写的？

生：硬币。

师：对的，因为张老师首先选择了一个新的角度，（板书：角度）这个角度是让硬币说话。那么还有哪些地方是张老师写好文章的秘诀呢？我们来看看红色的部分，一起读。

出示：小主人一手抓起醋瓶子，一手拿着我，三步两步冲出了家门。他像出笼的小鸟，兴奋极了，一边飞跑，一边甩着手臂。

小主人一下子停住了，他也发现手里的硬币不见了。"这可怎么办？赶紧找……"他嘴里嘟囔着，开始四下里找了起来。路边上、草丛里、墙角边……他像没头的苍蝇，找了好几遍。

"呜……呜……"小主人伤心地抹起了眼泪，"这可怎么办呢？硬币丢了，买不到醋，妈妈会打我的……"

"小朋友，你怎么了？"一个苍老的声音打断了我的思绪。哦，原来是一位伯伯在问小主人。

"我……妈妈让买醋，我把……我把5分硬币丢了，找不到了……"小主人哭着说。

"好了，孩子。5分硬币在这儿呢，你拿去吧！"伯伯不知道怎么变出来一枚5分硬币，递给了小主人。

"真的吗？太好了！"傻傻的孩子不知道，这枚硬币是伯伯的。

师：你发现了什么？红色的部分写的都是谁？

生：小主人，伯伯。

师：具体说说。

生：这一部分写了小主人的动作——比如"一边飞跑，一边甩着手臂""嘴里嘟囔着，开始四下里找了起来""像没头的苍蝇，找了好几遍"……

生：还写了小主人和老伯伯的对话，写得比较好。

师：嗯，有对话，有动作。

生：还写了小主人的哭声，也就是……硬币听到的声音。

生：这些句子是写小主人怎么着急，怎么找硬币，后来伯伯帮助了他。

……

师：同学们说得很全面！我们看小主人的动作、他的表现，其实从硬币的角度来说，都是它——

生：看到的。

师：小主人的哭声，小主人和伯伯的对话，其实都是硬币——

生：听到的。

师（恍然大悟）：我知道了，这就是在写硬币听到的和看到的！也就是它的——所见所闻！

（板书：见闻）

师：你们的发现太重要了！我们再来读下面黑色的文字。

出示：被他抓在手心的我不停地左摇右摆，不一会儿就头昏脑涨，仿佛胃液都要漾出来了！突然，他一下子没有抓紧，我挣脱了他的掌握，一下子飞了出去。"哎呀——"我还没有反应过来，就重重地落在了地上，不由自主地又滚了几下，刚好钻到了一个小石头的下面。

有好几次，他都走到了我的跟前，我大声喊："小主人，低头看，我就在你脚下啊！"可不知道为什么，他就是听不到。

望着小主人蹦蹦跳跳远去的背影，我长出了一口气……再看看伯伯，我的心忽然温暖起来，上面的石头好像也一下子轻了许多……

（学生自己读，思考：有什么发现）

师：你们有什么发现？

生：我发现这些句子里面最多出现的一个字就是"我"。

生：这些句子好像主要是写硬币的。比如："头昏脑涨，仿佛胃液都要漾出来了。""重重地落在了地上。""我的心忽然温暖起来，上面的石头好像也一下子轻了许多。"这些地方，都是在写硬币。

生：这里硬币还会着急，还会说话，最后还能放轻松呢！

生：我觉得这些句子连起来看都是写硬币前后的变化，有心情的，也有动作，甚至会说话。

生：硬币在这里拟人化了，有思想、有想法、会说话。对了，会着急，说明它有情感。

……

师：是啊，它开始头昏脑涨，后来摔到地上，大声喊小主人，为他着急，直到最后问题解决了，觉得身上的石头有点轻了——这真的是石头轻了？

生：不是，是心情放轻松了。

师：这些部分都在写谁？

生：硬币。

师：对的，都是写硬币的感受。（板书：感受）

师：那么，张老师是怎么通过努力把这篇文章写好的？首先，选了一个角度，从硬币的角度。然后，张老师写了硬币听到的、看到的，就是见闻。同时还不断地穿插硬币的感受。就这样，故事的内容丰富了，情节丰满了，事件生动了。"角度、见闻、感受"，这就是我的秘诀。

三、行文

师：我再给你们介绍一位朋友，（课件出示：一张破旧的人民币）这是谁？

生：这是一张破旧的钱。

师：这张钱和刚才那张钱有什么区别？

生：一张是崭新的，一张是破旧的。

师：假如说刚才那张新钱是一位风华正茂的年轻人，那么这张旧钱，它就是——

生：一位老人。

师：对，它就像一位饱经沧桑的老人。你知道老了的标志是什么吗？有人说，当你开始不断回忆往事的时候，说明你已经老了。

（学生笑）

师：比如，张老师就常常回忆往事，而你们就不会！（学生笑）同学们，我想，这张破旧的钱币，这位饱经沧桑的"老人"，它一定也会回忆往事，回忆它一生走过的路程。我想，它的一生，一定经历过很多，一定经过了很多人的手。那么，它曾经看过什么？经历过什么？它曾经在谁的手上，我们来帮它回忆一下。

（课件出示图：过年，一个孩子从大人手里接过"压岁钱"）

师：你看懂了吗？这幅图说了什么？

生：这个孩子从奶奶手上拿到很多压岁钱，里面都是百元大钞。

生：过年了，大人给孩子发钱，孩子很开心。

生：这是过年发压岁钱的场景。

……

师：我觉得这样简单说还不行。（摇头）似乎——是否——也许——换个角度——

生：哦！从"钱"的角度说！

师：对啊，这是饱经沧桑的"钱老"在回忆啊！我们来帮帮它。大家自己先准备一下，好吗？

生：好。

（学生自己准备几分钟）

师：谁来回忆一下？

生：我来！

师：我问你，过年时，当从长辈的手里到了孩子的手里，你是什么心情？

生：开心！

师：那么，就来描述一下你的快乐吧！

生：过年了，一位大人拿着我，走向一个孩子……

师（打断）：我提醒你一下，描述的时候，最好有画面感，让人一下子就可以进入你描写的场景。比如，开始，你和几个朋友一起躺在一个大红包里。这时候，突然听到……

生（接）：清晨，我和几个好朋友一起静静地躺在一个大红包里，还没有起床。这时，忽然听到外面响起"噼噼啪啪"的鞭炮声。原来，过年了！

师：开头精彩！继续！

生：一位奶奶把我和小伙伴们叫醒，一起出了门。我迷迷糊糊地听到有人说话。"奶奶，过年好！"这是一个小朋友的声音。"好！好！孙子真乖！奶奶发压岁钱了!"奶奶很开心地笑着说。奶奶把我们藏身的大红包递给了孙子。我感到小孙子的手晃来晃去,好像很激动。"谢谢奶奶!"小孙子用小手抽出我们几个看一眼。我钻出红包,一眼看到了他红扑扑的笑脸……

师:真好!说了"我"看到的、听到的。真棒!

生:那一年,我才刚刚出生不久,我是一张崭新的纸币。早晨,鞭炮声中,我和几个小伙伴被装进了一间红色的房子——一个大红包里面。我心里纳闷:这是要把我们弄到哪里去呢?一会儿,我听到一个声音:"奶奶,我来给您拜年了!"奶奶听到声音,急忙抓起红包……

师:奶奶抓起红包?这你都看见了?你正躺在红包里呢,咋看?

生(顿悟):听到孩子的声音,我又听到一阵"窸窸窣窣"的声音,我感觉我和小伙伴们被一只手紧紧地攥着,仿佛出了门。"我的好孙子!奶奶给你红包……"我们仿佛又被传到了一只小手里。一个奶声奶气的声音响起:"谢谢奶奶!"听着祖孙的对话,我也快乐起来……

……

师:说得真好!不是看见,是感觉、是听到!这才符合红包里的钱的情况。有角度、有见闻、有感受!真棒!小朋友得到了长辈的压岁钱,这时候,钱是作为老人给孩子的礼物,这时钱的感觉是?

生:快乐的。

(课件出示图片:母亲节里,女儿用自己储蓄罐里的钱给妈妈买了一件礼物)

师:看懂了吗?

生:一个孩子送给妈妈礼物。

师:母亲节的时候,她拿自己的压岁钱给妈妈买了一件礼物。这时候,钱是用来给妈妈买礼物的。这个时候,钱,也就是"我"的感觉是——

生:幸福的。

生:欣慰的。

……

(课件出示图片:过年的车站,一个人钱丢了,无法回家。一位警察给他

拿钱买票，让他回家)

师：看懂了吗？

生：没看懂。

生：就是过年的时候发生的故事。

师：年前有个人钱丢了，不能回家了，这位警察叔叔拿出自己的钱让他回家。这个时候钱的感觉是什么？

生：温暖的。

生：感动的。

生：感受到一份真情。

……

(课件出示图片：医院里，家属把钱交到柜台，充满希望地望着医生)

师：这是在哪里？

生：医院里。

师：当病人家属把钱交给医院的时候，这张钱上寄托着他们所有的希望。钱的心情是——

生：焦急的。

生：担心的。

生：充满希望的。

生：忐忑不安的。

……

(课件出示图片：水果店老板娘晚上数钱盘账……)

师：这是一位水果店的老板娘。她每天都要进行盘点，数一数收入有多少。我们可以想象，她会用这些钱干什么？是准备给孩子买文具，还是给老人买衣服？还是为家里添一件什么家具？还或者，犒劳一下自己，吃一顿美食？我们不知道。但是，我们知道，生活，有时候也很艰辛。这时候，钱的感觉是——

生：不容易。

生：艰辛。

……

师：我们再来看两幕我们不想看到的：（出示图片）孤寡老人葛大爷卖柚子收到300块假钞，欲哭无泪。（出示图片）卖瓜的老两口收百元假钞，含泪撕碎，不愿意假钞再去害人。这时候，钱是伤心的，也是——

生：羞耻的。

（课件出示图片：贪官受贿被抓，满满一屋的钱，全被没收）

师：这个人的钱好多啊，到处都是钱……你们在电视上看过吧？很多钱，但是今天，他一分钱也花不了了。这个贪官被抓，面对成堆的钱后悔莫及。"钱"的感觉是无比屈辱的。

……

师：刚才我们回忆了这么多场景——有的你熟悉，有的你不熟悉。其实，我们是在替这位饱经沧桑的"钱老人"回顾它的一生！下面请同学们拿起笔，选择其中的一个场景来写，从"钱"的角度来切入，写"钱"的所见所闻和感受感想。从"钱"的角度切入，我们就是什么？

生：钱。

师：然后你来选择一个场景。我知道，你们六年级了，你们一定也有一些经历。很多外向阳光的同学一般都会选择温暖快乐的情节来写，体会生活的甜蜜，这是对的。因为温暖是我们生活的底色。还有些内敛深沉的同学，会选择生活的辛酸或者苦涩来写，这也很好。因为我们懂得这些，就会看到生活的另一面。我们会懂得生活里除了美好，还有沉重。这会引起我们对生活的思索。好的，大家开始动笔吧。

（学生作文大约十分钟）

四、共评

师：好的，我们停下来。你们真棒！用十分钟的时间要想完成这样一个画面，也是很不容易的，但是我看大部分同学都写好了，这说明你们的作文是很有基础的。我们请同学站起来读自己的作文，读不同的画面。我们的评价标准是：第一，你的作文是不是"钱眼"看人生；第二，有没有写"我"，也就是钱的所见所闻；第三，中间有没有写"我"的感受。谁先来给大家分享一个快乐的或者温暖的场面？

生：这天，我被主人放到钱包里，随她出门。听着外面人声嘈杂，有叫卖声、喇叭声和匆匆的脚步声。我猜想，啊！这是来到了车站……

师（竖大拇指）：这就是高手！他写的，自己躺在钱包里，只好通过听觉来表现。你看他写的，都是听的、猜的，这就合乎情理。有感觉！继续。

生：……主人正准备买票回家过年。突然，主人看见了一个正在乞讨的人。那个人头发乱蓬蓬的，衣服破旧，在寒风中瑟瑟发抖。主人问他："你怎么了？为什么快过年了还不回家呢？""警察同志，我的钱被偷了……我没钱买回家的车票了。"那个人悄悄地用自己的衣服擦了擦眼泪。看他那么伤心，我的心里也难受极了。主人想了想，又摸摸自己的钱包，抽出了几张纸币，把"我"和两个小伙伴一起递到了那个人的手中。主人笑了笑说："这钱你都拿着吧。买个车票回家吧！"那个人哆嗦着嘴唇不停地说："……谢谢……谢谢……"

（学生鼓掌）

师：大家评一下。他的作文是不是"我"的角度？有没有写听到的和看到的？

生：有！

师：有"我"的感受吧？

生：有！

师：对啊。开始"啊！来到了车站"，这是兴奋；后来看到那个人没钱买票，很难受。这些都是"我"的感受。但是我要提两条意见：第一条意见，你被主人放到了钱包里，开始的时候你写得很好——听着外面的声音，判断来到了车站。可是后来，请问你是怎么看到那个人的？又是怎么看到他擦眼泪的？你可是一直在钱包里啊！（学生笑）当我们把自己当作"钱"的时候，可能更多的是写听到外面的声音，写自己的想法。如果你想写看到的，至少要加上一句"我悄悄地爬出她的钱包探头看去"，这样才显得合情合理。你说对吗？（该生点头）第二点，当你写从这只手递到另外一只手时，也许主人的手是温暖的，而那个人由于在寒风中瑟瑟发抖，他的手也许是冰冷的。把手的感觉写出来，会更加真实感人。你们同意我的意见吗？

生：同意！

师：这就是说，写"我"的感受，从"我"的角度出发，一定要合情合理。

师：有心酸的场面吗？这个同学是写医院里的。你来读一读。

生：今天，我的女主人抱着她的孩子急匆匆地坐车去医院。我在女主人的口袋里颠簸着，路上车辆急速的抖动让我感觉有些吃不消，甚至胃液都要漾出来了……这时，我听到女主人似乎带着一丝哭腔对我的小主人说话，而我的小主人有气无力的回答让我一下子明白，小主人怕是得了重病了。一下子，我又多么希望车子快一点，再快一点。车子的剧烈颤抖和我对小主人的担心，让我的心上仿佛压着一块沉甸甸的石头，喘不过气来。终于到了医院，女主人抱着小主人快速地跑到挂号处排队，我仿佛感觉到自己又微微颤抖起来了。主人啊，你一定十分焦急吧，希望我能派上一点点用场，希望小主人早点好起来……

师：你怎么老在抖？

生：我紧张。

师：为什么？

生：因为念作文，有点紧张。

师：你紧张？我不是说你，是说"钱"！文章中的那个"我"！

（学生笑）

师：我不是说你在抖，文章里面的"钱"怎么老在抖？

生：它开始是因为颠簸，吃不消，难受，所以有点颤抖。后来是担心，最后是激动。

师：开始时自己难受，颤抖；后来是担心孩子，颤抖；再后来排队焦急，颤抖，最后……再写下去，孩子病好了，一激动，又会——

生：颤抖！

（学生笑）

师：好一个有爱心的纸币！四次颤抖，一波三折。妙！

师：再请一位同学来读。你写的是什么内容？

生：我……保密。

师：保密？什么意思？

生：反正我一读，你们就可能猜到了。

师：哦？让我们猜，对吧？行，你先读。

生（郑重其事地）：在座的各位朋友，我知道你们都是出身名门，有正式身份的人。而我，虽然和你们外表一样，但我其实是个冒牌货，我是一张假币！我本不该来到这个世界上……

师（恍然大悟）：怪不得，怪不得！你还有这一手！厉害！继续继续——

生：……那天，一个良心很坏的小伙子拿着我来到了一家水果店。……傍晚的时候，水果店的老奶奶开始数钱，她数来数去，数到我的时候，她好像有点怀疑，摸了又摸，用手捏捏对着夕阳照照，甚至还拿起一张真币比一比……忽然间，她大叫一声"假币"！她的泪水一滴滴落在我的身上，我的心里也难过极了……最后，老奶奶撕碎了我，我变成无数碎片，撒落在地上。最后有人把我的尸体扔进了垃圾桶。我虽然粉身碎骨，但是，我感到特别轻松！因为我本就不该来到这个世界上啊！

（全场震惊，掌声）

师：孩子，假币的归宿的确是垃圾桶！你很棒！

（学生笑）

师：最后由这位女同学来做个总结——

生：我是一张纸币，一张饱经沧桑的纸币。我已是伤痕累累，我跟随过多少主人，连我自己也记不清了……我亲眼见过孩子得到我时的兴奋，穷人看见我时的企盼，小卖部老板看到我时的欣慰，但我永远也忘不了的是那位摊主的欲哭无泪！那日天空阴沉沉的，令我感到压抑和烦闷。那时我的主人是一位卖水果的老女人，我还记得她用自己苍老的手从我前任主人手中颤巍巍地接过我，还有她脸上的兴奋……愿世上再也没有骗子，好心人得到好报！

（师生鼓掌）

师：这个同学的写作水平在你们班是什么水平？你们班像她这样的水平的有多少人？

生：上等水平，不多。

师：你们猜我对她满意不满意？

生：满意。

师：你们猜我对你们满意不满意？

生：不满意。

师：是啊，你们真不会说话。上这样的大课，这个时候老师问——像这个同学这样水平的学生你们班里有多少啊？你们一定要告诉老师——一抓一大把！这样显得我们班水平高！我再问一遍：这样水平的学生在你们班里有多少人啊？

生笑：一抓一大把！

师：开个玩笑，再次给她鼓鼓掌。我们今天这节课时间很短，但是同学们都写得不错。今天你们懂得了一个写作的要领，就是写的时候第一个要有——

生：角度。

师：第二个要有——

生：见闻。

师：第三个要有——

生：感受。

师：好的，下课。

———— 点　评 ————

吴忠豪教授：

感谢张学伟老师为我们上了一节很精彩、很有研究价值的课。刚才主持人说，老师们很喜欢张老师的课，我也很喜欢老师的课。他的课有思想，他的设计也很精心。这节课《"钱眼"看人生》，第一，它的教学目标很清楚，就是"角度、见闻和感受"，从三个角度指导学生写这篇文章。第二个特别好的，就是两个例文，例文有个比较。第一个例文其实是不符合张老师的目标意图的，第二个例文是真正体现教学目标的。我们的教学中往往出现一个例文，其实，两个例文对比能够使教学的要求更清晰。所以，通过对两个例文的比较，来让学生明确这节课的写作要求和写作方法，这是个非常聪明、非常巧妙的做法。第三，教师给出场景——透过"钱眼"看世界。如果让学生自己选材，这个范围是无边无际的。张老师通过图画，给出学生五个场面，其实就是写什么我给你了，你就按照这些场面自己去写。降低选材的要求，让学生把注意力聚焦在三个主要教学目标，聚焦在怎么达到这三个要求上，我觉得这个做法也是很聪明的。第四，这节课最后的交流点评紧紧围绕这个目标，教师的点评比较恰当到位。其实，很多名师上作文课，最没底的就是习作点评。因为这是不可控的，学生写出来的文章会五花八门，这也最考验教师自身积淀和临场反应。这一点，张老师应该是过关了。当然，点评三四个同学，时间显得匆忙了一些。现场交流和作后指导其实比作前指导更有价值。学生明白了"角度是什么意思，细节怎么写得具体"，这节课的目标就水到渠成了。

那么，这节课有没有可以提高的空间呢？可以讨论几个问题。

第一个问题，不是张老师的问题，我们现在作文课都有这样的问题。习作课应该是学生动笔写、练笔头的时间。今天这节课，花在教师指导上的时间有26分钟，学生写10分钟，写后点评大约四五分钟，也就是说学生真正动笔写只有10分钟时间。我们现在的语文课，阅读课上写作方法的指导已经占了大量的时间，作文课上再不把时间给学生，学生的作文怎么写得好？作文课要保证学生充分的写作时间。我想，这节课如果有一半时间让学生动笔写，是不是更加合理。今天几个交流的，有两个同学只写了一半，很说明问题啊。作文课上给的时间，应该至少让大部分同学写好作文，小部分同学留个结尾没写是可以的。如果去调查一下全班学生写的情况，我想是不容乐观的。这个问题，我想不是张老师的问题，像这种公开场合的大型活动上的课，为了效果，为了讲出点东西来，大家就不舍得让学生花时间去写，怕冷场，这是个最大的问题，也是普遍存在的问题，是要引起我们思考的。

第二个我们可以讨论的，这节课的要求是不是太多了一点：张老师的胃口太大了一点，"角度、见闻、感受"。其实，"角度"就是一个非常好、非常有难度的立题，角色转换，人称转换，是不容易掌握的。学生写作的时候就出现了这个问题——你在裤兜里看得到外面的情况吗？看不到，这个叫角度。还有，身份不一样，角度变化了、位置变化了，他写的内容就应该不一样，所以角度可以作为一个核心的内容，也是一个难点。另一个难点是感受。感受怎么写好？其实只是这样蜻蜓点水的指导还是不够的，这篇文章里可以写哪些感受？还需要具体指导。还有就是细节，其实对于学生来说，写好细节是最难的，怎么突破有待探讨。这三个难点我建议张老师取其一，就指导一点就够了！对于某一点学生有深刻的体会，就够了。减少难点，突出重点，深入指导，可能效果会更好。这是我的第二个建议。

第三，整堂课，我提个建议，是不是可以调整一下？前面两篇例文不去多讨论，也就是先出示几幅图，出示情景，学生选择一个用短文写出来，也就是先让学生写。然后，出示学生的作品来进行评讲，这个短文写得怎么样？作文水平不高的学生说很好，作文水平高的马上会发现问题，比如：细节没有写好等。然后讨论，我们怎么写好细节？大家碰撞交流，也会找到方法。你哪个细节写得好，我哪个细节没有写好，我还可以怎么写，让学生充分交流。这样的话，这个资源来自学生的实践，来自学生习作，我觉得更有说服力，学生更容易接受，效果也更好。讨论之后，再让学生选一个场景来写。这个时候，学生的认识和前面的认识完全不是一个概念，他有增长点了——哦！原来有这么多细节可以写啊？原来细节还可以这样写啊？写完以后，再来交流看哪个同学的细节出彩，抓住一点去深入。我们的语文课怎么上出深度？不是知识面广，我抓了好多好多，但是没有一点抓好，我觉得这是我们现在语文课的通病。阅读课是这样，习作课也是这样。简单说就是缩小战线，突出重点，深入挖掘，增强学生的动笔和交流。这样，我们的课是否可以更有实效？供张老师参考。

肖川教授：

我非常认同吴忠豪教授刚才的评价。我一直认为，写作是一个人语文素养最高，也是最集中的体现。假如一个人可以把文章写好，他的语文一定没有问题。甚至可以说，能写好文章的人百事可做，因为写作是一种特别复杂的脑力劳动，是很高级的精神生活。文章都能写好，很多事情自然不在话下。作文教学在我们的基础教育中的确是非常重要的一件事。那么什么是一篇好的文章？首先要分析一篇文章的基本要素是什么，我认为包括四个方面：第一是主题，文章的立意，这是一篇文章的灵魂。第二是素材，包括"见闻感受"都属于素材。你怎么从素材中提炼出主题，就是"角度"与"见闻感受"之间是什么关系，这个是需要让学生明白的。我有个比喻，假如素材是原料，主题或者立意就是火种，火种要从原料中提取；如果说素材是燃料，那么主题依然是火种，燃料需要火种去激活，星星之火可以燎原嘛！第三个要素是结构，文章一定要构思，讲一点起承转合、首尾呼应、伏笔……文章一定是有结构的，就像我们所有建筑物都有结构一样。结构服务于它的功能，服务于表达的主题。第四个要素是语言。一篇文章好不好，我们可以从四个要素上去提出标准：立意是不是鲜明独到，是不是有积极的意义，有美好的思想和情感？第二个是素材，素材的真实性，包括素材是不是有足够多的细节，是不是可信的、可感的。第三个是结构，布局是不是合理，是不是存在着意多文乱的问题，或者是过于拖沓等问题。最后是语言，语言可以是凝练冷峻的，也可以是灵动飘逸的，但整体上要符合语言的规范，语言要富有美感。所以，我们习作教学要有意识地打通与阅读教学之间的关联，今天张老师的课这个意识就很强。阅读要自觉地为写作服务，在我们的教学中，要有意识让学生知道什么样的文章是好文章，这不仅仅是提高学生的鉴赏力的问题，也是让学生知道写文章应该朝着怎样的目标去努力。这是我要讲的第一点。

第二点，我觉得一个人能不能写好文章，就我个人的经验，我想也是很多人的经验，就是创作始于模仿。模仿有助于打破阅读与写作之间的壁垒。有时候我写一篇文章、刻画一个人物，我要回去看看鲁迅、沈从文等的作品，看看他们是怎么写人物的。这个模仿特别重要。无论是细节的描写还是整体的构思，其实都是可以模仿的。这就像练书法，一定要先临帖，如果不临帖，任意地挥洒，很难把字写好。为什么很多人写不好文章，背后的原因特别多，比如说生活积累不够，从生活中提炼主题的能力和意识不强，学识积累不够，布局谋篇的意识和能力不强，或者驾驭语言的能力不足……任何一个环节不行都很难写好文章。所以写好文章需要足够的生活积累，需要具有提炼主题、驾驭语言、布局谋篇的能力。它是一个综合的，是一个特别复杂的、高级的脑力劳动。吴教授刚才讲的，目标可以更集中。我们小学的课时一学期怎么也有七八十节吧，如果每节课都能实现一个小目标，就很好了。怀揣着一个整体的目标，每节课的目标具体、明确，有规划、有设计，我想我们如果这样做了，小学六年、初中三年、高中三年，毕业了一定是能够写出好文章的。一个民族、一个国家的人的素质可以从写作人群的比例反映出来。我们国家能够写文章的人的比例太小了，恐怕万分之一都不到，能写好文章的就更少了。这就反映我们的教学是有问题的。当然，我们的社会文化、文明程度以及社会生活中带给人的精神滋养等也是很重要的因素。

张老师今天特别好的一点就是，教孩子如何制作"建筑材料"。写文章就像盖房子，你首先要有建筑材料，比如砖头。砖头怎么来？是用沙石制作的。那我们就要收集原始的建筑材料：泥土、沙石……然后怎么制作砖头？这个过程，可以帮助学生学会。今天张老师一开始的工作其实就是教学生制作。一节课应该放到我们的教学序列中去评价，像这样的公开课有天然的局限性，它就是一个片段，而且在这个片段教学中，上课的教师有个最基本的冲动，就是要展示最精彩的一面，所以就存在吴教授讲的写作的时间少的问题了。

　　整体来说，张老师是一位非常出色的老师，他的课一定让学生受益良多。

《乡愁组诗》教学实录与点评

点评：吴孟娜　北京第二实验小学洛阳分校

时间：2018 年 12 月 7 日

地点：南京市北京东路小学全国名校联盟

　　　"深度学习"活动会场

学生：五年级

一、起——一曲《乡愁》蕴情

师：我们现在来上课。你们是北京东路小学六年级几班的同学？

生：五（2）班。

师（诧异地）：五（2）班？不是说安排六年级的同学上课吗？难道你们的水平已经超过了六年级？还是五（2）班的同学都很聪明？

（学生面面相觑，不知道怎么回答）

师：连自己聪明都不敢说，这样的孩子就完了——你们完了吗？

生：没有！

师：你们聪明不聪明？

生：聪明！

师：好的，要自信啊。考考你们。我这里有一首诗，这首诗有四个小节。张老师每次说一个小节，我只说一遍，说完之后，我看哪个同学能把张老师说的复述出来，一字不差。听懂了吧？用耳朵听，用心记，挑战一下！我现在来说第一个小节——

（师朗诵。一句一顿，让学生听清楚）

小时候，乡愁是一枚小小的邮票，我在这头，母亲在那头。

（生举手，师请一位男生复述）

男生：小时候，乡愁是一枚小小的邮票，我在这头，母亲在那头。

师：一个字没错！鼓掌！再请一位女同学。

女生：小时候，乡愁是一枚小小的邮票，我在这头，母亲在那头。

师：很棒，一起来一遍——

生（齐）：小时候，乡愁是一枚小小的邮票，我在这头，母亲在那头。

师：这是第一个小节。第二个小节——长大后，乡愁是一张窄窄的船票，我在这头，新娘在那头。

（生举手，师请一位学生复述）

生：长大后，乡愁是一张窄窄的船票，我在这头，新娘在那头。

师：好，大家一起来——

生（齐）：长大后，乡愁是一张窄窄的船票，我在这头，新娘在那头。

师：继续，第三小节——后来啊，乡愁是一方矮矮的坟墓，我在外头，母亲在里头。

生：后来啊，乡愁是一方矮矮的坟墓，我在外头，母亲在里头。

师：好的，非常棒。一起来——

生（齐）：后来啊，乡愁是一方矮矮的坟墓，我在外头，母亲在里头。

师：特别棒！最后一个小节——而现在，乡愁是一湾浅浅的海峡，我在这头，大陆在那头。

生：而现在，乡愁是一湾浅浅的海峡，我在这头，大陆在那头。

师：好的，一起说——

生（齐）：而现在，乡愁是一湾浅浅的海峡，我在这头，大陆在那头。

师：你们班哪个同学最嘚瑟？

生（小声说）：张培瑞。

师：谁是张培瑞？

（生指一名学生）

师（对张培瑞）：你把刚才的诗从头到尾背一遍。

（张培瑞愕然，一下子没反应过来）

师：敢不敢？

张培瑞：敢！

张培瑞（边回忆边朗诵）：

小时候，乡愁是一枚小小的邮票，我在这头，母亲在那头。

长大后，乡愁是一张窄窄的船票，我在这头，新娘在那头。

后来啊，乡愁是一方矮矮的坟墓，我在外头，母亲在里头。

而现在，乡愁是一湾浅浅的海峡，我在这头，大陆在那头。

（生热烈鼓掌）

师：热烈的掌声！这叫过耳能诵！这是一个挑战，听一遍，就要把三四个小节串起来，很难！但是，他做到了（竖起大拇指）！张培瑞同学，你这样的语文水平，这样的记忆力，在你们班同学中，多不多？

生（齐）：不多。

师：你们真不会说话！在这样的大场合，当着全国各地的老师，我问你们这样的同学多不多时，你们一定要回答——一抓一大把！这样，显得我们班水平特别高！我再来问一下，像张培瑞同学这样的水平、这样的能力的同学，在你们班多不多？

生（齐）：一抓一大把！

（全场大笑）

师：大家来看一看这首诗，一起读——

出示整首诗：小时候，乡愁是一枚小小的邮票，我在这头，母亲在那头。

长大后，乡愁是一张窄窄的船票，我在这头，新娘在那头。

后来啊，乡愁是一方矮矮的坟墓，我在外头，母亲在里头。

而现在，乡愁是一湾浅浅的海峡，我在这头，大陆在那头。

（生齐读）

师（声音低沉）：你们知道这首诗的名字吗？

生（齐）：《乡愁》。

师：对，这首诗的名字叫《乡愁》。（板书：乡愁）同学们，有一种距离叫遥远，有一种遥远叫思念，有一种思念叫回忆，有一种回忆叫——

生（齐）：乡愁！

师：古往今来，有很多诗人、作家都写过自己的乡愁。这节课，我们来分享几首诗，好吗？

生：好！

二、承——几曲古歌悟情

1. 读悟《除夜作》。

出示：

除夜作

高　适

旅馆寒灯独不眠，客心何事转凄然。

故乡今夜思千里，霜鬓明朝又一年。

师：这首诗，我请同学们先自己读，自己想，一边读，一边想——我读懂了什么？这首诗写的是什么时候？什么情感？开始读！

（生一边轻声读，一边思索）

师（指一生）：你来读给大家听听。

生（有点节奏地）：旅馆寒灯独不眠，客心何事转凄然。故乡今夜思千里，霜鬓明朝又一年。

师：好的，非常好！这位同学的朗读，很有感觉，有诗的味道。大家读一读——

生（齐）：旅馆寒灯独不眠，客心何事转凄然。故乡今夜思千里，霜鬓明朝又一年。

师：古诗的理解其实并不难，比如这首诗。我们一读题目就知道这首诗写的是什么时候。

生：除夕的夜晚。

师：除夕的夜晚万家灯火，千家团圆，可是作者却不能回家，他一个人待在哪里？

生：旅馆。

师：独居一间旅馆，面对一盏孤灯。他睡得着吗？

生：睡不着。

师：所以他第一句话就说——

生：旅馆寒灯独不眠！

师：我们现在无从得知，在这个夜晚，诗人会想到什么？但是我们知道他的心情一定很复杂，难以平静！因为他接下来说——

生：客心何事转凄然！

师：你们知道吗？高适是唐代诗人里面官做得很大的一位。古时候，交通不便利，山水阻隔，很多时候，官做得越大，往往会离家越远。有的人可能几年，也可能十年二十年，甚至一辈子都不能回到家乡。所以这个夜晚，距家乡千里之外的诗人在一所旅馆里，他看着自己的鬓边已经有了什么？

生：白发。

师：霜鬓明朝又一年！作者一定会想到，明天又是新的一年了，但是，自己能回到家乡吗？

生：不能！

师：是啊！满腹心事，无人诉说！请一位同学再来读——

生（抑扬顿挫地）：旅馆寒灯——独不眠，客心何事——转凄然。故乡今夜——思——千里，霜鬓明朝——又一年！

（请几位同学朗读，读出诗中的孤单和惆怅）

师：为他喝彩！大家齐读，用心感受——

生（齐）：旅馆寒灯——独不眠，客心何事——转凄然。故乡今夜——思——千里，霜鬓明朝——又一年！

师：除夕之夜，无尽乡思。这就是高适的乡愁。

2. 品悟《九月九日忆山东兄弟》。

出示：

九月九日忆山东兄弟

王 维

独在异乡为异客，每逢佳节倍思亲。

遥知兄弟登高处，遍插茱萸少一人。

师：王维这一位大诗人，大家都熟悉吧？

生：熟悉。

师：这首诗熟悉吗？

生：熟悉。

师：这首诗里有两句特别有名，哪两句？

生：独在异乡为异客，每逢佳节倍思亲。

师：一首诗，能够脍炙人口、妇孺皆知，一定有它的原因。这样一首诗，能够被离开家乡、漂泊在外的游子挂在心头，一定有些词句打动了他们。请你们轻声地把这首诗再读一读，并想一想：这首 28 个字的短短的诗里，哪些字词最能打动你？它使你想到了什么？

（生一边自由读诗，一边思索）

师：谁来讲讲，你对哪一个字特别有感觉，它使你想到了什么？

生：我对第一句话中的"独"字特别有感觉，因为作者一个人在外地漂泊，很久都没有见到亲人了。他很孤单，很孤独。

师：最沉重的感觉就是一个词——孤独，所以他第一个字就说"独"。每次过节都是谁陪他在一起？

生：自己一个人。

生：陪他的是自己的影子。

生：陪他的只有明月。

生：还有花草。

……

师：是啊，窗前明月，园中花草……或许，连这些也没有，乡愁在作者心中越积越多。

生：我最有感触的字是"逢"。过节的时候是亲人团聚在一起，最开心的时候，但是作者每到过节的时候，都是一个人在他乡，没有亲人的陪伴。

师：不是"逢"，是"每逢"。

生：我想补充一点。每逢佳节的"每逢"，是说他很久不回家了，每次过节都会想念亲人，所以是"每逢佳节倍思亲"。

师：是的。诗人只有重阳节，只有九月九日想家吗？

生：不是。

师：对，其他节日也想家。那么，诗人是只有节日才想家吗？

生：不是。

师：是啊，这种思念，无时无刻不在他的心头！只是，每逢过节的时候，思乡的感觉特别——

生：强烈！

师：乡愁的情绪特别——

生：浓烈！

师：乡愁的滋味特别——

生：苦涩！

师：这就是——

生：每逢佳节倍思亲！

生：这个"倍"字也特别能表现他的乡愁。

师：对！一字千金！今天的乡愁比以往任何时候都要深、都要多，因为他想到了家乡亲人们团聚的场景。

生：我有感触的是"遥"字，遥远的"遥"。一个"遥"字写出他离家很远，尽管思念亲人，也无济于事，只能自己独自想念，没人理解他的心情。

生：我发现最后一句中"遍"和"一"的对应。遍插茱萸的是家乡的兄弟们，他们喝酒登高，很开心，享受着亲情，而只有诗人一个人独自品尝着思乡之苦……

师：是啊，思乡之苦！千般滋味万种乡愁，只有独自品尝！

师：你们知道张老师最有感触的是哪个字吗？

生：不知道。

师：张老师最有感触的是第一句中出现两次的那个字。

生（齐）：异！

师（声音沉重地）：张老师是河南洛阳人，你听说过洛阳吗？九朝古都，牡丹的故乡。洛阳是我的故乡。十四年前，我到江苏工作，两地相隔也是近一千里地。每次过节的时候，我都会看到别人家很多亲戚朋友来来往往，走家串户，热热闹闹，团团圆圆……只有我一个人待在家里，独守空房！每到这个时候，我的异乡人的感觉就特别强烈！时间也特别难熬！人家说，每一个人读这首诗都有不同的感觉，我请几位同学再来读一读，听听他们读出的不同的味道。

生（声音缓慢）：独在异乡——为异客，每逢佳节——倍思亲。遥知——兄弟登高处，遍插茱萸——少——一人。

师：真有感觉，把我们每个人都带进了乡愁里——

生（声音高低起伏，从弱到强，有节奏）：独在异乡——为异客，（突出了"异"）每逢佳节——倍思亲。（带点颤音，突出"倍"）遥知——兄弟登高处，（声调上扬，然后下滑）遍插茱萸——少——一人。（最后三个字，一字一顿）

师（看着大家）：我现在才发现我们班的同学语感有多好！短短的几句诗，读得愁肠百转，声情并茂！我们一起来读——

生（齐）：独在异乡——为异客，每逢佳节——倍思亲。遥知——兄弟登高处，遍插茱萸——少——一人。

3. 读思《宫词》。

师：以上两首诗，分别写了除夕和重阳节。节日里，别人欢聚的情景引起了，也加深了作者的乡愁。我们再来看一首诗，谁来念给大家听？

出示：

宫　词

张　祜

故国三千里，深宫二十年。

一声何满子，双泪落君前。

（生自由轻声读诗）

师：同学们，好的诗，常常会让我们联想到画面。这首诗《宫词》，你们猜，是写谁的故事？

生：是一位宫女的故事。

师：你们知道宫女的工作是什么吗？

　　生：宫女的工作一般就是服侍皇上和皇后，陪他们饮酒作乐。

　　师：饮酒作乐可轮不到她！端茶倒水、脏活累活才轮到她！你们知道吗？古时候，很多女孩子十几岁就被选进宫里，伺候皇室人员，到老了干不动了才能回家，有的甚至一辈子都不能回家……

　　师：这首诗讲的是一个宫女的故事——故国三千里，深宫二十年。这两句在说什么？

　　生：是说她离开家乡很远。

　　师：对，这是"故国三千里"。"深宫二十年"怎么讲？

　　生：她离开家乡已经二十年了。

　　师：二十年，只是个大概的数字，也许还会更久。什么叫"何满子"？

　　生：不知道。

　　师：《何满子》是一种特别悲伤的曲调，特别缓慢，一般人听了都会落泪。我在猜想，这里的《何满子》会不会是这个宫女家乡的曲调呢？也许，她就是在一瞬间听到了家乡久违的曲调。你看到什么样的画面？这首诗写的是一个画面，就是一个瞬间，那是什么样的瞬间？

　　生：我看到的是一位宫女正在朝廷散步……

　　师（急忙打断）：朝廷散步？宫女？在朝廷？散步？那可不行啊。即使在深宫里，也不能随便散步啊，只能是做事时匆匆走过。

　　生：一位宫女在宫中匆匆走过，突然，远处传来《何满子》的忧伤音乐，她一下子没忍住，哭出了声……

　　生：我觉得是，宫女在离家千里的皇宫里，一待就是二十多年，忽然听到悲伤的曲调，她落下了眼泪。

　　生：我看到了一幅画面——这个宫女也许正在宫里做着什么事，比如正在端着盘子准备上茶吧，她忽然间听到了家乡的《何满子》的曲调，她一下子怔住了。再回头时，她已经泪流满面……

　　师：悲伤的乡音，忽至的乡愁，不禁一怔，瞬间泪流……

　　生：我也看到了——这个宫女走在树下，正在急匆匆地去找什么人，忽然传来一阵《何满子》的曲调声，她一下子愣住了，两眼都是泪水……

师：是啊，她听到哀怨凄苦的、熟悉的音乐声，忽然驻足，泪流满面，因为，乡愁已经在她的心里积压得太久太久了。好的，谁再来读一读——

生：故国——三千里，深宫——二十年。（低沉缓慢）一声——何满子，（拉长声音）双泪——落君前。（一字一顿）

师：大家齐读——故国三千里，预备，读！

生齐（感情投入）：故国——三千里，深宫——二十年。一声——何满子，双泪——落君前。

师：同学们，你们看，一个节日、一首歌曲、一幅场景，都会引起人的乡愁，触发人内心深处的情感，这就是触景生情。（板书：触景生情）

4. 回味《杂诗》。

师：下面我们再来看一首诗，也是你们特别熟悉的诗。

出示：

杂 诗

王 维

君自故乡来，应知故乡事。

来日绮窗前，寒梅著花未？

（生自己轻声读诗）

师：寒梅著花未。什么意思？

生：就是问梅花开了没有。

师：这首诗很好理解，诗中有两个人，一个是——

生：诗人。

师：另一个是——

生：他的老乡。

师：老乡见老乡，两眼泪汪汪。这首诗在写什么？

生：我觉得是诗人遇到了自己的一位老乡，然后他想，那个人应该知道故乡这几年发生的事。然后他就问，窗前的梅花开了没有？

师（质疑）：意思是没错，大概就是这样。可是，有问题吗？会思考的孩子一定会发现这首诗里的问题。

（生短暂思考）

生：哦，是因为什么事才让作者惦记起自己窗前的梅花？是对故乡的思念还是对家人的眷恋呢？

师：你的问题是——他为什么要问梅花呢？是不是？一般正常的情况下，假如我遇到来自家乡的人，我应该先问什么？

生：我觉得你应该问自己家人的情况。

师：先问我父母身体如何，对吗？

生：对。

师：然后问什么？

生：不知道。

师（笑）：男孩子一定要记住，问完父母问老婆——老婆孩子怎么样？再问问家乡有什么变化。但是，诗里他问的是什么？

生：寒梅。

师：对啊，问的是梅花。奇怪吗？不问父母，不问妻子儿女，只问梅花？这是为什么？

（生陷入思考）

生：我觉得可能因为梅花代表时间。也许作者在某一年冬天离开了家乡，离开时梅花还没有开放。

师：哦，他的心还停留在多年前的那个冬日。有可能。

生：也许梅花是他亲手种下的吧，想到故乡，就会想到梅花。

生：也许梅花和他还有什么故事吧，梅花在他心里会不会象征着什么？

生：嗯，我觉得他可能是把自己所有的对家乡的思念都凝聚在这棵梅花上。

……

师：你们的想象都很有道理。作者深刻地记得家乡的梅花要开的时间，对吗？

生：对。

师：家乡的梅花开的时间他记得，桃花开的时间还记得吗？

生：记得！

师：荷花开的时间还记得吗？

生：记得！

师：是啊，家乡的所有他都记得。可是你想过吗？作者连梅花都问到了，他难道真的没有问到自己的亲人吗？

生（恍然大悟）：我明白了！他应该是已经问过了家乡的亲人们了！他问到梅花，连梅花都问了，亲人们就不用说了！

师（拍拍他的头）：真厉害！千言万语，都由我们自己来想象！正像刚才那位同学所说的，他把所有的思念都凝聚到一枝寒梅上。大家齐读。君自故乡来，预备，读！

生（齐）：君自故乡来，应知故乡事。来日绮窗前，寒梅著花未？

三、转——一首四韵动情

师：读了几首古诗，我们再来读一读现代诗。刚才我们学的第一首诗《乡愁》，它的作者是台湾诗人余光中。余光中先生出生于南京，2017 年 12 月 14 日去世。他写了很多关于思乡的诗，被称为"乡愁诗人"。他还有另外一首诗，我们一起来读一读。

出示：

乡愁四韵

余光中

给我一瓢长江水啊长江水
那酒一样的长江水
那醉酒的滋味是乡愁的滋味
给我一瓢长江水啊长江水

给我一掌海棠红啊海棠红
那血一样的海棠红
那沸血的烧痛是乡愁的烧痛
给我一掌海棠红啊海棠红

给我一片雪花白啊雪花白
那信一样的雪花白
那家信的等待是乡愁的等待
给我一片雪花白啊雪花白

给我一朵蜡梅香啊蜡梅香
那母亲一样的蜡梅香
那母亲的芬芳是乡土的芬芳
给我一朵蜡梅香啊蜡梅香

师：学习语文，最好的方法就是朗读。很多东西、很多情感，我们一读就能知道，就能感受。我读一句，你们接一句，好不好？

生：好。

（师生感情投入地共读这首诗）

师：这首诗有四个小节，分别写了四种事物，第一个是——

生：长江水。

师：第二个是——

生：海棠红。

师：第三个——

生：雪花白。

师：最后是——

生：蜡梅香！

师：他为什么第一个要说长江水？

生：我认为作者应该是十分思念祖国。长江是中国的一条很有名的河，作者身在海外，应该是很久都没有回到祖国了，才会把思乡之情寄托在长江水上面。

生：我觉得诗人是在长江边上长大的，所以会首先写到长江。

……

师：是啊，不仅仅是因为他在长江边长大，也不仅仅因为长江是中国的第一大河，更关键的是——长江、黄河是我们的母亲河，她们是我们祖国的象征。长江长城，黄山黄河，在我心中重千斤！那么，你知道他为什么说海棠红吗？

生：不知道。

师：我们中国原来的版图，不是一只雄鸡，而是一片海棠的叶子。中国的领土，不过包括领海，原来不是九百六十万平方公里，而是一千多万平方公里。后来我们的版图才变成了雄鸡的样子，所以他说给我一片海棠红。海棠红代表我们中国的地图。后面的雪花白、蜡梅香都不用说了，代表着我们中国的精神！王维的梅花，余光中的长江水、海棠红、雪花白、蜡梅香，他们都把自己对家乡的思念寄托在一种事物上。刚才叫触景生情，现在叫——感物伤怀。（板书：感物伤怀）

师：大家一起来读这八个字。

生齐：触景生情，感物伤怀。

师：台湾有一位著名的音乐人叫罗大佑，他创作了很多音乐。罗大佑先生把《乡愁四韵》这首诗谱成了一首歌曲，我们来听听。

（播放音乐，在深情的音乐声中，师生聆听、感受）

四、合——吟诵国殇燃情

出示：

望大陆
于右任

葬我于高山之上兮，望我故乡——
故乡不可见兮，永不能忘！

葬我于高山之上兮，望我大陆——
大陆不可见兮，只有痛哭！

天苍苍，野茫茫，
山之上，国有殇！

（出示：于右任先生照片）

师：最后，我为大家介绍一位老人，这位老人叫于右任。他是我国著名的书法家、国学大师。于右任先生1949年7月去了台湾，但他的妻子和女儿都留在了大陆。这一去，浅浅的一湾海峡，一隔就是60年，于先生再也没能回到大陆。1964年，他百病缠身，自知时日无多。有一天，他让医护人员把他推到台北的阳明山上，久久凝望大陆的方向。突然间，他从轮椅上下来，跪倒在地，失声痛哭，吟出来这样一首诗——

（师深情吟诵，声音在会场回荡。在场师生无不感动，掌声许久）

师：同学们，世界上最美的文字就是我们的汉字，世界上最感人的语言就是我们的母语，而学习我们母语最好的方法就是朗读。2016年7月，我到马来西亚交流讲学，面对1300多名华人，我为他们吟诵了这首诗。当时，一位60多岁的老华侨拉着我的手，一句话都讲不出来，泪流满面。我们的母语是最美的，学习语文最好的方法就是——

生（齐）：朗读！

师：最后，我们一起来朗读这首诗。

（师生齐读诗后下课）

---------- 点 评 ----------

赴一场心灵之旅 饮一杯浓浓乡愁

怀乡情节，自古是中国文化的重要一环；寻根文化，是中国最有人情味的标志之一。思而不得归，念而不可得。正因如此，那寸寸思念皆化作浓浓乡愁，时时隐隐作痛于心，挥之不去。几十年，乡愁也许是伴随一生、融入血液、深入骨髓的情感，甚至已化为许多人生命的一部分，更成为从古至今"浮萍"般的游子回归传统文化的纽带，一条永远不会断裂的纽带。

在张学伟老师的课堂上，在北京东路小学五年级学生们的眼中、口中、心中，何为乡愁？何以寄乡愁？

一、触景生情，悠悠乡愁缠绕心头

1. 乡愁是除夕之夜的一盏孤灯。《除夜作》全诗赫然于屏上之时，学生们已高高举起小手，"请你来读""你也来读读"……学生们熟读全诗、情感逐渐生发之时，学伟老师适时提醒："同学们，看看题目，诗人是何时写的诗？"啊，除夕之夜！此时，无须多言，学生们已自然明了：正是万家灯火时，故乡却远在千里外，一盏孤灯，寒夜相伴，触景生情，自是彻夜辗转难眠……适时扣题，举重若轻，抓住要点，自然一通百通。

2. 乡愁是客居他乡时的登高远眺。《九月九日忆山东兄弟》一诗，对于五年级的学生们来说，流利朗读自是没有任何问题。但是，对于诗情，学生们的内心是否真的有所触动呢？"同学们，如此熟悉的一首诗，哪个字最打动你？""你们再猜猜老师对哪个字感触最深？"……张学伟老师和学生们扣住关键字，互相交流内心最真实的感受，分享自己客居他乡的人生经历。听着教师的动情讲述，想着诗人王维的登高远望，这不仅拉近了与教师的距离，更是一下子让学生们"品"到了乡愁。

3. 乡愁是久居深宫耳畔骤然响起的《何满子》。《宫词》一诗虽生僻少见，但诗意不难。张学伟老师便巧妙转换了方法。学生齐声诵读之后，观察全诗，教师即刻发问："你从诗中仿佛看到了什么画面？"这关键性的一问，彻底给学生们打开了想象空间：

三千里外，二十年间，《何满子》起，泪流满面。

独掌孤灯的除夕寒夜，孤身一人的异乡重阳，还有那宫中回荡于人耳畔的哀怨歌声。诗中景，历历于眼前；景中情，昭昭于心间。

二、感物伤怀，遥想故乡托寄乡愁

1. 故乡窗前的梅花里藏着乡愁。《杂诗》中，看似人和物都很平常，家乡人自远方来，诗人仿佛只是一般性的寒暄，语言亦无奇，似是很寻常的询问之词。张学伟老师巧妙地把主动权交给了学生："你们有什么想问的？"学生自己生疑，交流解疑，原来乡愁早已化作窗前那朵朵梅花。诗人内心满腔的惊喜和对于故乡的断肠之思，最终皆凝练于一个"问梅"的细节上。此时，窗前的那株寒梅便不再是普通的梅花，而成了故乡的一种象征。看来那般平常、细小的事物，却往往最能引起亲切的怀想。

2. 酒一样的长江水里含着乡愁。现代诗歌《乡愁四韵》，更是把作者余光中老先生的乡愁体现得淋漓尽致。"长江水""海棠红""雪花白""蜡梅香"，不同的意象，相同的呈现方式，联想自然、环环相扣。诗言志，歌咏情，如此美好动人的语言怎能辜负？于是张学伟老师就带着学生们一遍一遍反复诵读，点到即止。当罗大佑的歌声适时响起，学生们便猛然发现，原来乡愁是如此动人、美丽。

3. 一水相隔的高山之上葬着乡愁。于右任先生的《望大陆》是最后出示的一首乡愁诗。张学伟老师动情讲述着故事发生的时代背景。当他讲到于老先生对海峡两岸统一的强烈渴望、对祖国大陆的深深眷恋，当他讲到晚年漂泊台湾的于老先生渴望叶落归根、魂归故里，但终未能如愿时，偌大的会场一片凝重与肃静。伴随着张学伟老师的深情演唱，整节课的气氛便随之走向了高潮。

张学伟老师的一声"下课"，学生们和在场的我们却都迟迟不愿从这场"心灵之旅"中走出。

在这节以"乡愁"为主题的组诗教学中，张学伟老师将古诗和现代诗自然整合，不着痕迹，正因同样怀揣着那份悠悠乡愁，纵使时空遥隔不可触摸，古人与今人的情感却在此刻无声汇合。短短的一节课，却蕴藏着如此深厚的情感，既精巧又有瞬间的爆发力。

乡愁——一个如此具有丰富内涵，取之不尽、用之不竭的情感矿藏！

《闻官军收河南河北》 教学实录

时间：2018 年 11 月 2 日

地点：西安 "名师之路" 活动会场

学生：六年级

一、蕴情——走近 "诗圣"

1. 读诗句，忆诗人。

（《英雄》的音乐声起）

师：同学们，我国有一位著名的诗人叫臧克家，他曾经写过一首诗《有的人》，其中有这样几句，我们一起来读一读——

有的人活着，他已经死了；

有的人死了，他——还活着！

生：有的人活着，他已经死了；有的人死了，他——还活着！

师：读诗，既要注意节奏，也要表达情感。有时候，一个标点符号就能表达一种情感。比如，"——"（破折号）表达什么意思？

生：表达拖音。

师：对，延长声音，表示强调。那么，"！" 呢？

生：表示感叹。

师：是啊，表达浓烈的情感。我们再来读一读这几句诗——

生：（加强了朗读的节奏和重音）：有的人活着，他已经死了；有的人死了，他——还活着！

师：公元2012年，有一位年轻的诗人，深情地写下诗句，来纪念1300多年前的一位大诗人，我们一起读——

师：漫漫长路，谁在弹奏忧国忧民的千古绝唱？

生：破旧草堂，谁在诠释背井离乡的悲心愁肠？

师：在破碎的山河里，你常常被折磨得寝食难安。

生：那萧瑟的秋风，

师：那边关的枯骨，

生：那荒村的悲啼，

师：那价值连城的家书，

生：都装满了你一生的漂泊。

师：公元763年，你刹那间热泪奔流，

生：你为故乡泪满衣裳，

师：你替百姓放歌，为胜利纵酒，

生：你在破旧的茅屋前，如痴如癫，

师：还乡，难道只在梦里吗？

生：我看见你，面朝故乡，紧缩的心情，突然花儿一样开放。

师：我看见你，一步一句喜悦，一字一泪诉说，

生：你站在一个王朝的暮色里，成为——史诗！

2. 关键词，说诗人。

师：他所写的这位诗人，你们知道是谁吗？

生：杜甫！

师：我们一起来喊他的名字——（课件出示：杜甫）

生：杜甫！

师：说到唐朝的大诗人杜甫，你一定有所了解。看到他的名字，你的脑海里首先会跳出哪个关键词？

生：忧国忧民。

生：饱经风霜。

生：鞠躬尽瘁。

……

师：我们常说，唐诗的双子星座——李白是诗仙，杜甫就是——

生：诗圣！

师：是啊！杜甫的诗记录了安史之乱真实的历史，所以他的诗被称作——

生：诗史。

师：安史之乱的爆发，彻底改变了杜甫的人生轨迹。他离开老家洛阳，到长安谋官，却不料天下大乱，只好带着妻儿来到四川梓州避难，从此开始了长达十几年的颠沛流离的生活。我们还想到一个词语是——

生：漂泊。

二、悟情——走进诗境

1. 析词观图知诗意。

师：今天我们就一起走进 1300 多年前灾难的中国，走近漂泊的诗圣——杜甫。我们来看这首诗，大家自己先读一读。

课件出示：

闻官军收河南河北

[唐] 杜甫

剑外忽传收蓟北，初闻涕泪满衣裳。

却看妻子愁何在，漫卷诗书喜欲狂。

白日放歌须纵酒，青春作伴好还乡。

即从巴峡穿巫峡，便下襄阳向洛阳。

（学生自己大声读诗）

师：谁来读一读？

（学生甲朗读全诗，吐字清楚）

师：他一边读，我一边在想，这个孩子这么厉害！第一遍读，一个字都没有读错！每一个字都读得清清楚楚，声音准确地传到每个人的耳朵里。他开了一个好头！大家为他鼓掌！

师：再请一位同学来读。

（学生乙朗读，注意了句间的停顿）

师（对着该生）：你读诗的节奏真不错！已经有点味道了！我们先来解决两个问题。

（出示全诗："衣裳""妻子"两个词语变成红色，以示提醒）

师：这两个词语，谁来选一个讲讲？

生：我选"妻子"吧。古代的"妻子"和现在的意思有点不一样。现在的妻子就是夫人、老婆；而在古代"妻子"指老婆和孩子。

师：对，古代"妻"是妻，"子"是子，"妻子"就是老婆孩子，这里是指杜甫的夫人和孩子们。

师：你来解释一下另一个词语。

生：衣裳，就是……就是……

师（故意笑他）：这个同学不知道什么是衣裳！

（学生笑）

师（指着学生的衣服）：这是什么？

生：衣裳。

师：对啊，衣裳就是衣服嘛！（示意该学生坐下）

师：今天我们读 yī shang，在古代读 yī cháng。古人把上衣称为"衣"，下摆的裙子叫作"裳"。这里我们统一读 yī cháng。杜甫听到官军胜利的消息之后有什么表现？

生：衣服都被泪水打湿了。

师：泪湿衣裳。你知道什么？

生：他流的泪一滴一滴，很多。

师：一滴一滴吗？不对。换个词，不是"滴"，而是——

生：流。

师：也不是，不够多。

生：淌。

师：淌？太慢了。

生：涌。

生：冲。

生：泻。

……

师：对啊，奔涌而出的眼泪，哪里止得住！我们一起再来读一读这首诗！

（学生齐读，注意了节奏和速度）

（出示地图：显示了"梓州""巫峡""襄阳""洛阳"等地名，这是诗中所说的"杜甫归乡路线图"）

师：请大家看一张地图，谁来给我们讲一讲。

生（用手指着"梓州"）：这个地方就是诗人写诗的地方——四川梓州，也是他晚年避难的地方。（手指"洛阳"）这是诗人的故乡洛阳，也是他日夜思念的地方。（手指线路）作者就是从梓州出发，途经巫峡、巴峡。

师：沿江而下，这是——

生：水路。再从襄阳登陆，上岸，赶往洛阳。

师：这是——

生：旱路。

师：诗人走完水路走旱路，路途遥远，但是他走得——

生：很快。

师：你怎么知道？

生：他这里说"穿"，"穿过"的速度应该很快的。

师（竖起大拇指）：厉害！还有一个字，也在说他的快——

生："下"。

师：怎么说？

生："下"给人的感觉是顺江而下，让人觉得速度很快。

师：是啊！同学们，这就是语感，对语言的感觉。从这句话、这两个字，我们就感受到了杜甫的情感，他片刻也不能停留了，马上要回到家乡去，这就是——

生：归心似箭！

师：梓州——巫峡——襄阳——洛阳，水路到旱路，路途遥远，归心似箭。但诗中所写的，是杜甫真正回到故乡的场景吗？

生：不是。

生：这是作者的想象。

生：诗人听到胜利的消息，就开始幻想自己回乡的情景了。

师：人还没走——

生：心已经走了。

师：他幻想着自己开始出发，幻想着回乡的船儿箭一般地飞驰，我们来读一读诗中的这两句话——

生：即从巴峡穿巫峡，便下襄阳向洛阳。

师：归心似箭，恨不得一日千里！再读——

生（声音高亢，速度加快）：即从巴峡穿巫峡，便下襄阳向洛阳。

2. 品句联想渐入戏。

师：课前，我想你们都做了预习。这首诗一共 8 句，你读懂了哪几句？你读出了什么？谁来说一说？

生：我读懂了"却看妻子愁何在"这句诗。杜甫的妻子和孩子原来经常很忧愁的，今天一点也不伤心了。

师：你们了解杜甫的晚年生活吗？

生：不了解。

师（语气沉重）：杜甫的晚年，生活极其贫困，几乎到了上顿不接下顿的地步。安史之乱发生后，杜甫心爱的小儿子饿死在家中。杜甫有一首诗，叫《茅屋为秋风所破歌》，写了他晚年贫困交加的生活。"床头屋漏无干处，雨脚如麻未断绝"，下雨的时候，屋中漏雨，没有干的地方。"布衾多年冷似铁，娇儿恶卧踏里裂"，布衾就是被子，被子已经用了多年，冬天硬邦邦的，就像铁一样，根本不暖和，孩子睡觉用脚一蹬，就是一个洞！离乡千里，回家无望，他的妻子和孩子怎能不愁云密布？可是今天，满脸的愁云还有吗？

生：没了！

师：顷刻间，愁云尽散！

生：我从第一、二句话中体会到诗人很激动。

师：具体说说。

生："剑外忽传收蓟北，初闻涕泪满衣裳"，好像是说官军胜利的消息传来得很突然，他的泪水一下子就失控了……

师：失控！多神的一个词语，神来之笔啊！你读出了什么？

生：诗人离开家很多年了，几乎每时每刻都在思念家乡，回家的想法经常会有，所以今天一下子就泪流满面。

师（一字一顿）：每分每秒、每时每刻、每日每夜——回家的念头在心里已经压抑得太久太久了，一朝胜利，泪水失控！你把这两句读给大家听，读出你的理解和感受——

生（激动地）：剑外忽传——收蓟北，初闻——涕泪满——衣裳！

师：读得真好！诗人流了那么多泪水。你知道他的泪水是什么味道的吗？

生：是苦的。因为他漂泊在外的这些年，生活太苦了，儿子也饿死了。

生：他的泪水是酸的。这些年他的心里都是辛酸，说不出的难受。

生：泪水也可能是甜的。毕竟胜利了，一切都过去了。

生：我觉得这泪水也不知道是什么滋味了……诗人不知道是高兴还是伤心，不知道是悲是喜，好像什么滋味都有……

……

师：百般滋味，涌上心头！此时此刻，只有流泪，只有泪流。

生：我还知道了诗人得知消息后做了什么——他"漫卷诗书"，就是……就是……

生（接口）：就是胡乱卷起来呗！

生（顿悟）：对，就是胡乱把书卷起来。杜甫是读书人，应该是很爱书的，可是今天他把书胡乱地卷起来。

师：为什么胡乱卷起来？

生：……可能是他急着回家吧……

师：嗯，思乡心切，漫卷诗书。你们仿佛看到什么？

（学生不语）

师：你们一定会看到的，如果你会想象，你一定会看到杜甫怎样激动地"漫卷诗书"！

生：我看到杜甫的嘴唇颤动，激动得不知道说什么才好。

生：我看到杜甫的手是颤抖的，哆哆嗦嗦几乎抓不住书了，书几次从他的手里掉下来。

生：我看到杜甫手捧着自己的书，眼里流着泪，不知道做什么才好。

……

师：学习古诗，想象是非常重要的！一个"漫卷诗书"，你们就看到了这么多！杜甫还做了什么？你们看到了吗？

生：杜甫还高兴地喝酒、唱歌。

生：诗人高兴得有点失态。

生：杜甫已经不知道干什么了，胜利冲昏了头脑……

师：不是胜利冲昏了头脑，是喜悦使人几乎发狂。对吗？

生：对。

师：杜甫晚年生活贫困，平时喝一顿酒都是奢望。可是今天，不是喝酒，而是——

生：纵酒。

师：什么是纵酒？

生：就是想喝多少喝多少，尽情地喝。

师：对啊，让我一次喝个够！你们可以想象吗？杜甫这个读书人、老夫子，今天纵酒放歌，是什么样的情景？

生：我仿佛看到杜甫的醉态，一摇一晃，跌跌撞撞，嘴里却喊着"胜利了！胜利了！"

生：我好像听到诗人嘴里含糊不清地唱着秦腔。

师：秦腔？

（学生和教师们笑了）

师（恍然大悟）：哦！陕西的同学当然一下子想到秦腔了！（摸摸学生的头）我和杜甫是老乡，都是洛阳人，我想杜甫要唱也是豫剧啊！（大家笑）不过，也难说，豫剧和秦腔那时候有没有我还真不清楚。我知道的是，杜甫是河南人，但是他在长安，就是你们西安也待了很长时间——这河南话和陕西话都说不准呢！总之，是家乡的曲子吧。

生：也可能是乱唱的，我有时高兴了就乱唱。

师：有可能！兴之所至，歌之咏之！管他唱什么，总之是他被突如其来的喜悦和幸福击中了！发狂了！失态了！"青春作伴好还乡"怎么讲？

生：我查了一下资料，这里的"青春"不是现在的意思，不是说年轻的时候，而是说天气不错，那天可能是个好天气。

师：天气不错？也许吧，风和日丽、艳阳高照，都有可能。总之，是"美好的一天"。那么，我想，假如那个春日里，天气不算好，或者有寒风，春寒料峭，或者还下起了雨，实际上的天气并不好，这一天还能叫"美好的一天"吗？

生：不能。

师：嗯？

生（恍然大悟）：不！能！能叫作"美好的一天"！因为，今天得到了胜利的消息！

师：你想说什么？

生：因为今天得到了官军胜利的消息，可以回家了。所以，天气也显得特别美好了。

师：你的意思是——天气美不美好，主要还是看自己的心情，对吗？

生：对。

师：是啊，我们也有这样的体会。心情不好，哪怕阳光灿烂，也觉得刺眼。心情好了，即使阴雨连绵，也觉得充满诗意。景在心里，景在情中。不管公元763年的那个春日是什么样的天气，当胜利的消息传来的那一刹那，那个日子在杜甫心中都是美好的，都可以叫作——

生：青春！

师：在这个日子里，他在喃喃地说着什么？

生：他喃喃地对妻子和孩子说，我们回家吧！

生：他说，官军胜利了，我们终于可以回家了！

生：他不停地说，快收拾东西吧，明天我们就启程回家吧！

生：他一定说不出话来了，只是做着手势，表示要回家。

……

师：是啊，他的心里只有两个字——

生：回家！

师：漂泊的日子太久了，也太苦了，使人恨不得肋生双翅，飞回故乡！张老师也写了一首诗，表达我的感受。我请两位同学来读一读，与大家分享。

两学生读诗（深情地）：

剑门外　收复了蓟北的消息　忽然在四处传扬

乍听到　情感的闸门瞬间打开　泪水奔涌沾湿了衣裳

回头看　妻子孩子愁云散尽　一霎时雨散雾开

禁不住　胡乱卷起手边的诗书　激动得心脏要跳出胸膛

好日子　我要开怀畅饮纵情歌唱　老夫聊发少年狂

赶快啊　让明媚的春光陪伴我　带着妻儿一起回乡

乘快船　从巴峡起航　穿过巫峡的风风浪浪

下襄阳　舍舟登陆　一直奔向东都洛阳

我日夜思念的——故乡

（学生们不由自主地一起朗读，被打动）

三、抒情——再现诗情

1. 一"快"一"狂"千般味。

师：杜甫的这首诗，被誉为他生平第一"快"诗。因为杜甫的诗，多是悲愤之作，大多是表达安史之乱中的灾难深重、百姓疾苦。而这首诗却是"快"诗——你知道这个"快"是什么意思吗？猜一猜。

生：可能是节奏很快。比如最后一句"即从巴峡穿巫峡，便下襄阳向洛阳"。

生：可能作者当时写诗的速度很快，一气呵成。

生：我想，诗人写诗的时候，心情是愉快的。

师：你们说的都很有道理。这首诗除了最后一句说小船速度快，作者归心似箭外，还有一些字眼在表示"快"，比如，第一句有一个字——

生：忽。

师：是什么意思？

生：是说胜利的消息来得很突然，很快。

师：比如第二句也有一个字——

生：满。

生：初。

师："初"和"满"怎么讲？

生：刚刚听到胜利的消息，泪水就弄湿了衣裳，眼泪不是流得很快吗？

师：第三句中有几个字也表示诗人的家人脸上的愁云一下子消失了！那三个字是——

生：愁何在！

师：对啊！"青春作伴好还乡"，回家的念头来得如此自然、如此迅速、如此执着！我们一起来梳理一下诗中的"快"。你们读诗句——

生：剑外忽传收蓟北——

师：胜利消息来得快！

生：初闻涕泪满衣裳。

师：眼里泪水流得快。

生：却看妻子愁何在。

师：脸上愁云散得快。

生：漫卷诗书喜欲狂。白日放歌须纵酒，青春作伴好还乡。

师：回家念头来得快！

生：即从巴峡穿巫峡，便下襄阳向洛阳！

师：想想小船跑得快！

师：短短八句诗中，藏着这么多"快"！难怪是生平第一"快"诗！还有人说这首诗是一个人的狂欢。你再来读这首诗，字里行间，你从哪里读出了诗人的"狂"?

（学生自读古诗，在字句间仔细揣摩。）

生：我觉得这首诗里只提到杜甫的动作，没有别人。比如"卷""放歌""纵酒"，这都是杜甫发狂，甚至癫狂的状态。

师：你是说这是诗人的狂——态?

生：对。作者已经癫狂了。

师：幸福来得如此突然，诗人再也控制不住自己了。除了动作上的狂态，还有什么?

生："初闻涕泪满衣裳"。诗人的眼泪像小河一样奔流，再也止不住了

师：是啊，这是作者脸上的泪在——

生：狂流!

生：狂奔!

生：狂涌!

生：狂泻!

……

师：这是泪在狂流。

生："即从巴峡穿巫峡，便下襄阳向洛阳。"我看出当诗人听到胜利的消息时，他根本没有想到从巴峡到巫峡、从襄阳到洛阳距离非常遥远，而是想到自己立刻就能回到故乡，非常喜悦。这归途是诗人的想象。

师：对啊，水路到旱路，千里之遥，作者却想象小船如飞，是"即从"、是"穿"、是"便下"、是"向"。这不只是想象，这是作者的心，在狂想。

（板书：泪——狂流。人——狂态。心——狂想）

师：学习古诗，甚至学习语文，最好的方法就是朗读，大声地朗读。当你把心放进去读的时候，你就会产生联想，你就会去感受，去体会。让我们一起来对读这首诗吧。

（师生对读古诗）

师（有节奏地）：剑外——忽传——收蓟北，

生（沉重地）：初闻涕泪——满——衣裳。

师（惊喜地）：却看妻子——愁何在？

生（声音颤抖地）漫卷诗书——喜—欲—狂！

师（做癫狂态）：白日放歌——须——纵酒！

生（开心的）：青春作伴好还乡！

师生齐（快速急切地）：即从巴峡穿巫峡，便下襄阳——向洛阳！

2. 奋笔难书当日意。

师：同学们，假如我们可以穿越时光，重新回到公元 763 年的那一个春日；假如我们可以有一个特写镜头让你来拍摄，你会聚焦什么？也许你会把镜头对准诗人的脸，拍他泪水的奔流。也许你会把镜头投向诗人颤抖的手和不听使唤的脚，拍下他的动作，因为那是他这么多年来唯一的狂欢。你或许还会陪着诗人坐在江边，遥望着故乡的方向，你的心甚至会跟着诗人一起回乡，感受他的狂想！请大家拿起笔，无论是泪的狂流，人的狂欢，还是心的狂想，把这个镜头写下来，再现诗人当时的这个场景。开始。

（学生约 10 分钟左右的练笔过程：聚焦镜头，再现场景和人物）

师：谁来读一读自己写的，和大家分享。

生：我写的是作者喜极而泣的镜头。忽然，传来剑外的消息，官军赢了！河南河北收复了！正在读书的杜甫呆站在原地，霎时，泪水再也控制不住涌出了眼眶。故乡，自己朝思暮想的故乡，他可以回家了！他颤抖的双手想抹去泪水，可那喜极而泣的泪水哪里抹得完啊。不一会儿，泪水沾湿了全身的衣裳。

师：呆站原地，喜极而泣！颤抖的双手想要抹去泪水，可是泪如泉涌，如何抹得完呀！这是多么合理的想象。鼓掌！

生：官军胜利了！消息突如其来，霎时，诗人的泪水不受控制地喷涌而出，划过脸颊，涌过脸庞，沾湿衣裳！终于可以回家了。往常面对苦难十分坚强的诗人，此刻的泪水再也不受控制，如同那源源不断的流水，仿佛要洗尽多年来所有的苦难！

师：是啊，泪水无可阻挡。他的心里只有两个字——

生：回家！回家！

（学生和台下教师鼓掌）

生：我写的是狂想——终于看见了！灰色的城墙，高大的城门，镀金的"洛阳"两个字，队列整齐的卫兵，仿佛都在迎接我的归来！我的手不停地颤抖着，眼中因为喜悦而流下了眼泪！我失声痛哭，激动地与妻子和儿子相拥，我们终于回到了日思夜想的故乡！

师：是啊，听到消息的时候喜极而泣，回到故乡的时候流泪相拥。她替作者想象了回到家乡的场景。

生：人们奔走相告，官军赢了！霎时间，看他的脸，那经历了一年年沧桑和漂泊的脸上，眨眼间泪水奔流。一滴滴泪顺着他杂乱的胡须流到他破旧的衣服上。一瞬间，那脸上因愁绪产生的皱纹仿佛消失。那眉宇间因漂泊产生的忧郁也仿佛消逝。而那因战乱变得渐渐坚硬的心，也软了：故乡，我要回来了！

师：忧郁没有了，皱纹没有了，心慢慢软了。写得多好，鼓掌！

生：刹那间，就在刹那间，你的泪水一下子奔涌而出，积压了多年的情感终于得以宣泄！泪水淌过你的脸颊，无论是衣服还是地上，都染上了泪水的印记。旁人诧异的眼光你不顾，只管流泪，只有流泪，只想流泪，仿佛要将一生的泪水流尽。狂喜的心情一波又一波涌来，淹没了门外的人声嘈杂，淹没了世间一切，也淹没了你……

师：鼓掌！只有真正进入诗中的场景，才能写出如此动人的文字！为你喝彩！（全场鼓掌！）

师：有哪位同学写的狂态呢？

生：诗人一听见胜利的消息，就马上高兴地胡乱卷起身边的诗书。他的手是颤抖的，他的腿是颤抖的，他的心恨不得飞出胸膛！他尽情地唱歌，尽情地喝酒。他唱了一首又一首的歌，喝了一杯又一杯的酒，不知不觉地醉了……

师：一首接一首地唱，一杯又一杯地喝，也难以表达他今天的狂喜。这位同学说得多好啊！为什么会有今天的狂态，是因为回家的念头堆积在心里已经太久太久……那么，杜甫回到家乡了吗？我们来看这位漂泊诗人最后的

岁月。(文字缓缓出现)

公元763年,河南河北收复,杜甫欣喜若狂,急切希望回到故乡洛阳。

公元764年,杜甫奔波于梓州、阆中和成都之间,贫病交加,艰难度日。

公元765年,蜀中大乱。杜甫带全家老小,登上一条小船,过起了流浪逃难的生活。这一年,他的好友高适、严武去世,杜甫悲痛万分。

公元766年,杜甫全家逃至夔州,滞留两年。

公元768年,杜甫思乡心切,终于乘船出三峡,在湖南湖北一带漂泊。

公元770年冬天,在船上病倒数日后,杜甫写完他平生最后一首长诗,溘然长逝……

一代诗圣杜甫葬于汨罗江畔,他与千年之前的诗祖屈原隔江相望,两个伟大的诗魂永远走到了一起。

师(深情地):我们永远也不可能知道两位相隔千年的诗人会有怎样的对话,但是他们当时的心我们懂得,他们的情感我们能感受,他们的精神流芳万代,薪火永传!

最后让我们再次来读臧克家先生的这句诗——

(《英雄》音乐声起)

生(齐):　　　　有的人活着,他已经死了;

　　　　　　　　有的人死了,他——还活着!

师:下课!

《冬阳·童年·骆驼队》教学实录

时间：2018 年 10 月 15 日

地点：清华附小

学生：五年级

一、观察一幅插图

出示一幅插图：

灰蒙蒙的天空，骆驼队走来，赶骆驼的人穿黑布棉袄。整个画面是灰黄的色调。

师（指着插图）：你们觉得我选的这幅图怎么样？

生：很好。

师：哪里好？评价一下。

生：这幅图上有骆驼，也有赶骆驼的人，和课文有联系。

生：这幅图好像就是这篇课文的插图，内容差不多。

生：这幅图的色调灰蒙蒙的，像冬天的样子。

生：这幅图有怀旧的感觉，好像很久远了。

……

师：是啊，整幅图是灰蒙蒙的色调——灰色的天空、灰色的树，灰色的人影、灰色的路，这正符合北京冬天的特点。谁还有不一样的看法？联系一下今天要学的课文。

生：这幅图上有骆驼，也有赶骆驼的人，和课文有联系。

生：这幅图好像就是这篇课文的插图，内容差不多。

生（沉思后）：这幅图的色调好像和文章的……文字里的……怀念，有点符合……

师（竖起大拇指）：什么是语感？这就是！同学们，学习语文最重要的是要有语言的感觉——这位同学就有！这篇文章是写什么的？

生：回忆童年的。

师：童年还可以回来吗？

生：不能。

师：所以，她的文字间就充满了怀念，有一种——

生：淡淡的哀愁。

师：这位同学，他竟然把一幅图的色调和文字间淡淡的哀愁联系起来了！大家为他的敏锐的语感和发现喝彩！

（学生鼓掌）

（1. 符合老北京冬天灰的色调；2. 符合文章淡淡的哀愁）

二、读一段文字（加上音乐）

师：我们再来读一段文字，感觉一下。

出示：夏天过去，秋天过去，冬天又来了，骆驼队又来了，童年却一去不还了。冬阳底下学骆驼咀嚼的傻事，我也不会再做了。

可是，我是多么想念童年住在北京城南的那些景色和人物啊！我对自己说，把它们写下来吧。就这样，我写了一本《城南旧事》。

我默默地想，慢慢地写，又看见冬阳下的骆驼队走过来，又听见缓慢悦耳的驼铃声。童年重临于我的心头。

（请一位同学，配乐读）

师：听出什么味道了吗？

生：淡淡的哀愁

师：一篇文章，尤其是名家的文章，往往都有自己独特的味道。鲁迅的

文字充满着力量，老舍的文字很有情趣，林海音的文字，比如她的《城南旧事》就充满淡淡的哀愁（板书：哀愁）

三、理几件"傻事"

师：课文《冬阳·童年·骆驼队》是《城南旧事》这本书的序言。课文里说——她常常回忆小时候做的傻事。（板书：傻事）那么，她都会做什么傻事呢？我们先来读一组词语——

1. 出示：

干冷的空气	沉默地站着	安静的态度	交错地磨来磨去
站在面前	看它咀嚼	看得呆了	牙齿动了

软软的脚掌	软软的沙漠	不声不响	戴上铃铛
幼稚的心灵	不同的想法	寂寞的旅程	行路的情趣

太阳暖和	脱掉绒袍	毛皮掉下	垂在肚底
太不整齐	拿刀剪剪	清脆的铃铛	轻松的步伐

2. 朗读。（师生对读，生读第一排，师读第二排）

师：我们来读词语。一共是三组词语，我读每一组的第一横排，你们读第二横排，好吗？

生：好！

师：干冷的空气　沉默地站着　安静的态度　交错地磨来磨去
生：站在面前　看它咀嚼　看得呆了　牙齿动了
师：软软的脚掌　软软的沙漠　不声不响　戴上铃铛
生：幼稚的心灵　不同的想法　寂寞的旅程　行路的情趣
师：太阳暖和　脱掉绒袍　毛皮掉下　垂在肚底
生：太不整齐　拿刀剪剪　清脆的铃铛　轻松的步伐

（师生对读中间，教师注意指导读正确，读出节奏）

3. 发现。

师：读得不错！观察这三组词语，你一定会有一个重大的发现。谁先发现了？

（学生稍做沉默，举手）

生：我发现每一组词语都是讲的一件事。三组一共讲了三件事。

师：具体说说。

生：比如，第一组讲的是我看骆驼咀嚼的事，第二组是讲骆驼的铃铛的事，第三组是讲剪骆驼毛皮的事……

师：看骆驼咀嚼时，英子一边看还一边——

生：学。

师：简单说这件事，就是——

生：看骆驼咀嚼。

生：看骆驼。

生：看咀嚼。

生：学咀嚼。

……

师：哪个最合适？

生：学咀嚼！

生：学咀嚼。因为既说了骆驼咀嚼，又说了英子学它咀嚼。

生：学咀嚼。看出了英子的傻劲。

师：骆驼铃铛的事，其实是英子在问爸爸，对吗？

生：对。

师：那我们也说三个字。

生：问爸爸。

师：问爸爸什么？

生：问爸爸骆驼的铃铛有什么用。

师：简练点——三个字。

生：问骆驼。

师：问骆驼？莫名其妙！

（学生笑）

师：应该是问什么？

生（齐）：问铃铛！

师：剪驼绒的事。英子去剪驼绒，这件事真的发生了吗？

生：没有。

师：可见，只是一个想法而已，在"剪驼绒"前面加一个字——

生：想！想剪驼绒！

师：看看，学咀嚼，问铃铛，想剪驼绒——这就是英子以前爱做的傻事！

学咀嚼——傻看，问铃铛——傻问，想剪驼绒，这是——

生：傻想！

师：整个一个傻孩子！我们再来观察，读读每一组的两排词语，对比一下，你有什么发现？

生：我发现，每一组的第一排词语都是讲骆驼的，第二排是讲英子的。

师（眼睛放光）：厉害！你这眼神！不得了！重大发现！课文就是这样，一边写骆驼，一边写——

生：英子。

师：也就是课文里的"我"。我现在发现，你们既有敏锐的感觉，又有一双善于发现的眼睛——这还得了！再来听听你们读书，看看你们是不是能有精彩的朗读？

四、读一份"傻心"

1. 傻看。

（1）我站在骆驼的面前，看它们咀嚼的样子：那样丑的脸，那样长的牙，那样安静的态度。（注意停顿节奏，稳）它们咀嚼的时候，上牙和下牙交错地磨来磨去，大鼻孔里冒着热气，白沫子沾在胡须上。（较长的停顿）我看得呆了，自己的牙齿也动起来。（稍慢，注意停顿）

（2）我把鼻子顶着金鱼缸向里看，金鱼一边游一边嘴巴一张一张地在喝水，我的嘴也不由得一张一张地在学鱼喝水。（语气变化）有时候金鱼游到我的面前来，隔着一层玻璃，我和鱼鼻子顶牛儿啦！（语气变化）（稍快，注意连接和抑扬顿挫）（这两句读出不同，但是都表现作者的"呆"和"入迷"，突出"傻"劲，读出"趣"）

2. 傻问。

（1）师生对读。

"我"："为什么要系一个铃铛?"

"爸爸"："骆驼很怕狼，戴上了铃铛，狼听见铃铛的声音，就不敢侵犯了。"

（摸孩子的头）

"我"："不是的，爸！它们软软的脚掌走在软软的沙漠上，没有一点点声音。您不是说，它们走上三天三夜都不喝一口水，只是不声不响地咀嚼着从胃里倒出来的食物吗？一定是拉骆驼的人，耐不住那长途寂寞的旅程，才给骆驼戴上了铃铛，增加一些行路的情趣。"

"爸爸"（想了想，笑笑）："也许，你的想法更美些。"（做点头思考状，加上手势）

（对话读出父亲的温和、宽容和爱）

（2）生生对读。

夏天来了，再不见骆驼的影子，我又问妈妈："夏天它们到哪儿去?"

"谁?"

"骆驼呀!"

妈妈回答不上来了，她说："总是问，总是问，你这孩子!"（读出母亲的嗔怪，包含着浓浓的爱）

（3）补充。（先分组对读，再展示表演对读）

A. 我越想越不放心，忽然跑到妈妈面前，愣愣地问："妈，我是不是你生的?"

"什么?"妈奇怪地看了我一眼，"怎么想起问这话?"

"你说是不是就好了。"

"是呀，怎么会不是呢？"停一下妈又说，"要不是亲生的，我能这么疼你吗？像你这样闹，早打扁了你了。"

我点点头，妈妈的话的确很对，想想妞儿吧！"那么你怎么生的我？"这件事，我早就想问的。

"怎么生的呀，嗯，"妈想了想笑了，胳膊抬起来，指着胳肢窝说，"从这里掉出来的。"

说完，她就和宋妈大笑起来。

B. 我忍不住又问妈："妈，贼偷了东西，他放在哪里去呢？"

"把那些东西卖给专收贼赃的人。"

"收贼赃的人什么样儿？"

"人都是一个样儿，谁脑门子上也没刻着哪个是贼，哪个又不是。"

"所以我不明白！"我心里正在纳闷儿一件事。

"你不明白的事情多着呢！上学去吧，我的洒丫头！"

妈的北京话说得这么流利了，但是，我笑了："妈，是傻丫头，傻，(shǎ) 傻，不是私丫（sǎ）洒。我的洒妈妈！"说完我赶快跑走了。

（体会我在父母面前的自在和天真）

五、品一种"离情"

师：有人说，《城南旧事》就是一首别离的笙歌。书中的每一个人最后都离开了英子——可怜的失去孩子的疯女子，为了弟弟无奈行窃的小偷，美丽的兰姨娘，不幸的宋妈，甚至自己深爱的父亲……我们来走进英子的两次离别——

1. 出示：（配上音乐，老师读）

宋妈打点好了，她把一条毛线大围巾包住头，再在脖子上绕两绕。她跟我说："我不叫醒你妈了，稀饭在火上炖着呢！英子，好好念书，你是大姐，要有个样儿。"说完她就盘腿坐在驴背上，那姿势真叫绝！黄板儿牙拍了一下驴屁股，小驴儿朝前走，在厚厚的雪地上印下了一个个清楚的蹄印儿。黄板儿牙在后面跟着驴跑，嘴里喊着："得、得、得、得。"驴脖子上套了一串小铃铛，在雪后清新的空气里，响得真好听。

师：这一段描写怎么样？

生：很好。

师：是啊，人物有声音有动作，栩栩如生。你读读这些文字——"那姿势真叫绝！""驴脖子上套了一串小铃铛，在雪后清新的空气里，响得真好听。"你读出了什么？

生：我觉得很美。

生：我觉得很轻松。

师：对啊，文字好像很轻松。可是你再读读这句话——"英子，好好念书，你是大姐，要有个样儿。"什么感觉？

生：这句话是告别的。

师：是啊，是告别！是永远的告别，永别！宋妈是英子的奶妈，多年没有回家，失去了自己心爱的儿子小栓子！她把英子从小带大，今天却是永别！就是这样，这段文字，我们开始读，只会觉得轻松，但是细细品味，就会品出——

生：心酸。

生：苦涩。

生：沉重。

……

师：我们一起，用心来体会英子故作轻松背后的哀伤。再来读这一段话。

（学生齐读，体会文字里的故作轻松和沉重、好玩与哀伤）

2. 师：送别宋妈，英子还可以故作轻松，可是，14岁那年，爸爸走了，爸爸的花落了，英子的童年的梦戛然而止——

出示：（配上音乐，学生读）

我把小学毕业文凭，放到书桌的抽屉里，再出来，老高已经替我雇好了到医院的车子。走过院子，看那垂落的夹竹桃，我默念着：爸爸的花儿落了。我已不再是小孩子。

师：小学毕业那年，爸爸走了，夹竹桃谢了，爸爸的花落了。从这段话中你读出了什么?

生:伤心。

生:难过。

师:除了伤心,还有什么?读读这句话:"走过院子,看那垂落的夹竹桃,我默念着:爸爸的花儿落了。我已不再是小孩子。"

生:我读出了英子的坚强。

师:父亲去世时,留下了妈妈和英子姐弟7人。后来,英子放弃了上大学的机会,进入一所中专,为的是早日工作,帮助妈妈养大弟妹。后来弟妹们回忆,他们从来没有孤儿寡母的感觉,因为大姐撑起一把大伞为他们遮风挡雨。你们还不知道的是,英子长大后到了台湾,她又撑起了台湾文学和教育的两把大伞,很多作家都得到过她的帮助。比如写《桂花雨》的琦君成名之前就曾经住在她的家里。台湾很多年的国文阅读教材也是英子编写的。但是,在英子的晚年,她最难忘的还是童年的人和事。

六、抒一份"怀念"

1. 写片段——梦回时往事依依。

师:同学们,《城南旧事》这本书里,点点滴滴都是英子的回忆。英子的一生中发生过很多大事,但是,留在她记忆深处的永远是这些童年中的琐碎小事。她的记忆那么清晰——骆驼的样子、父母的对话、自己的幻想……恍如昨日。她把自己的情感都藏在一个孩子的眼睛里,把一个孩子的傻、一个孩子的真,都藏在她慢慢成长的心里。

几十年过去了,又一个夜里,冬阳、骆驼队、爸爸、妈妈……又来到英子的梦里,童年又重临她的心头。梦里,会有怎样的细节,怎样的琐事,又是怎样的让她魂牵梦绕?我们来想象一下,动笔来写一写她的琐忆。(板书:琐忆)

醒来时,她已经泪湿枕边……

2. 共交流——心交汇,你言我语。

3. 看视频——《再回首》,我心依旧。

师:正像同学们所写的,英子的梦里都是城南旧景,都是故土难忘,对于童年,她不禁频频回首。

(播放视频《再回首》)

师:最后,我们一起读——

师生齐:英子的心,还是七十二年前的那颗心,把家人和朋友紧搂在心上,到老不变。——林海音

板书:

```
        冬阳  童年  骆驼队

  傻事                    哀愁

        琐  忆
```

语文课上学"吵架"

——《鹬蚌相争》教学实录与点评

点评：崔云宏　山西省教科院小学语文教研员
时间：2016 年 7 月 15 日
地点："首届十大青年名师"颁奖活动现场
学生：三年级

一、破题——寓言事假道理真

1. 破题。

师：今天，我们学习的课文是一个成语故事，也是寓言故事，名字是
——

生：鹬蚌相争，渔翁得利！

（教师板书）

师：这个故事是真的还是假的？

生：真的！

师：真的？真的有一只鹬和一只蚌在吵架？

生：假的！

师：是啊，故事是假的。那么，什么是真的？

生：道理是真的。

师：对了，故事是假的，道理是真的。寓言就是这样，借虚构的故事，

告诉我们真实的道理。

2. 读文。

师：请两位同学读课文，分别读写"鹬蚌相争"和"渔翁得利"的段落。

（朗读过程中：1. 正音：壳儿、不禁；2. 弄清楚文章的起止：1～3 自然段写"鹬蚌相争"，第4自然段写"渔翁得利"）

二、解词——读悟联系上下文

1. "查、猜"——理解"威胁""毫不示弱"。

（1）理解"威胁"和"毫不示弱"

师：我考考大家，"威胁"是什么意思？

生：威胁就是用别人的弱点来胁迫对方。

师：对了。换个词语就是——

生：胁迫。

师：谁还能说？

生：逼迫。

生：要挟。

生：吓唬。

生：吓（xià）。

师：那个字在这里不读 xià，读 hè。你再读。

生：恐吓（hè）。

……

师：胁迫、逼迫、吓唬、恐吓……这就是"威胁"。我们读到一个新的词语时，根据自己的理解，给它换个词语，就明白新词语的意思了。谁来说说"毫不示弱"的意思？

生：不甘示弱。

师：这两个词语的意思有一点点差别。你知道吗？

生：……

师：差别在哪个字上？你一定可以发现！

生："毫不示弱"的"毫"字！

师：对啊。意思有什么差别？谁知道"毫"的意思？

生：毫就是一点点。

师：毫不示弱就是——

生：一点点也不示弱！

师：毫不犹豫就是——

生：一点点也不犹豫。

师：毫不动摇就是——

生：一点点也不动摇。

师：鹬"威胁"蚌，蚌服气吗？

生：不服气。

师：蚌示弱吗？

生：不示弱。

师：同学们真棒！弄懂了这两个词语的意思。你们是怎么弄懂的呢？是课下查了字典的，还是自己猜的？

生：查的。

生：猜的。

师：查的同学值得表扬，因为他们特别认真，懂得利用字典来学习。猜的同学也要表扬，因为你们语言的感觉太好了，那么准确！查和猜，都是理解词语的好方法。

2. 联系课文语句，聚焦关键词语——理解"威胁"和"毫不示弱"。

师：还有一种方法理解词语，那就是联系上下文。大家看，假如我们想理解"威胁"的意思，应该联系哪些语句？

生：应该联系鹬"威胁"蚌的话。

师：对。理解"毫不示弱"，应该联系——

生：蚌说的话。

出示：鹬用尽力气，还是拔不出嘴来，便威胁蚌说："你不松开壳儿，就等着瞧吧。今天不下雨，明天不下雨，没有了水，你就会干死在这河滩上！"

河蚌毫不示弱，得意扬扬地说："我就这样夹住你的嘴不放。今天拔不出来，明天拔不出来，吃不到东西，你也会饿死在这河滩上！"

师：请大家现在仔细默读鹬和蚌的对话，鹬的话里哪些词句最能表现"威胁"？蚌的话里，哪些词句最能表现它的"毫不示弱"？拿起笔来圈一圈，画一画。

（学生自己默读圈画）

师：谁来汇报？

生：我觉得有一个词语能表现威胁，就是"干死"。

师：对！用死来威胁蚌。不松开就干死你！蚌怎样回击呢？

生：蚌说"饿死你"！

师：一个"干死"，一个"饿死"。都是以死威胁！你们的眼光真准！还有别的发现吗？

生：我觉得"今天不下雨，明天不下雨"也是威胁。

师：蚌怎么还击？

生：蚌说："今天拔不出来，明天拔不出来。"

师：还有一个词语，平常很多人都喜欢用它威胁别人。哪个词语？

生：等着瞧吧！

师：对啊。鹬说让蚌等着瞧。蚌也有一个词语，特别任性——

生：就这样。

师：我们看，鹬说，你等着瞧吧。蚌说——

生：我就这样夹住你不放。

师：鹬说，今天不下雨，明天不下雨。蚌说——

生：今天拔不出来，明天拔不出来。

师：鹬说，没有了水，干死你。蚌说——

生：吃不到东西，饿死你。

师：鹬说一句，蚌对一句。鹬威胁一句，蚌还击一句。这叫什么？

生：对嘴。

生：顶嘴。

生：毫不让步。

生：针锋相对。

生：以牙还牙，以眼还眼。

……

师：这就叫作——

生：毫不示弱！

3. 朗读对话——读出"威胁"和"毫不示弱"。

师：抓住这些词句，你们理解得真好！但是，光理解还不行，还要会朗读。我们来读一读，看看它们俩是怎样争吵的。

（学生练习分角色朗读）

师：请两位同学分别做鹬和蚌，来读给大家听。

生（扮演"鹬"）：你不松开壳儿，就等着瞧吧。今天不下雨，明天不下雨，没有了水，你就会干死在这河滩上！

（该生声音较高，语速较快）

生（扮演"蚌"）：我就这样夹住你的嘴不放。今天拔不出来，明天拔不出来，吃不到东西，你也会饿死在这河滩上！

（该生声音较平，语速平缓）

师（对"蚌"）：你肯定吵不过它！说不定得"干死"！（学生笑）声音那么小，速度那么慢，吵架都不会？再来！

生（扮演"蚌"）：我就这样夹住你的嘴不放。今天拔不出来，明天拔不出来，吃不到东西，你也会饿死在这河滩上！

（"蚌"的声音提高，语速加快，有点像"吵架"的语气了）

（学生鼓掌）

师（进一步指导）：要想真的读好，还要把最有"威胁"和最"毫不示弱"的地方特别突出一下。谁再来试试？

（请两位同学再次朗读对话，除了音调、语速，还特别突出了"等着瞧""干死""就这样""饿死"等关键词语。鹬和蚌"争吵"的场景活灵活现）

三、研读——细思"吵架"有玄妙

师：理解了词语，朗读了课文，我们还要进一步研究一下。研究"吵架"的话里到底藏着什么奥秘。或者说，怎样吵架才能吵得好。我们再次把目光聚焦到鹬和蚌的对话上。在鹬的这几句话里，最有力、最解气、最具杀伤力的是哪个词语？

生：干死！

师：蚌的话里呢？

生：饿死！

师：干死、饿死。这样的话，都是什么话？

生：骂人的话。

生：诅咒的话。

生：解气的话。

生：解恨的话。

……

师：对了。这是人在气头上说的——

生：气话。

师：人在愤怒时放的——

生：狠话。

师：所以，吵架的话一般都是说狠话、气话。（板书：狠话）

师：我们再来看。你们把鹬和蚌的对话放在一起，就像刚才一样——对照起来，你们就会发现，它们的话是——

生：针锋相对。

生：针尖对麦芒。

生：一一还击。

师：吵架的话还都是——针锋相对。（板书：针锋相对）

师：进一步观察，看看它们的话的内容，你还有什么新的发现？

生：我发现它们都是抓住对方的弱点来攻击对方的。

师：是啊！蚌的弱点是——

生：离不开水。

师：所以鹬说——

生：今天不下雨，明天不下雨，没有了水，你就会干死在这河滩上！

师：鹬的弱点是——

生：要吃东西。

师：所以蚌说——

生：今天拔不出来，明天拔不出来，吃不到东西，你也会饿死在这河滩上！

师：吵架的话还要——抓住弱点。（板书：抓住弱点）

师：还有一个最重要的特点你们可能不容易发现。我来提醒你们一下。大家逐句看鹬和蚌的话，他们的话都是由好几个小句子组成的。每个小句子都有几个字？最多的只有几个字？（学生逐句来看，边看边思索）

师：我现在问你们，吵架的话一般是这样的（伸开手臂，做出"很长"的意思），还是这样的（两只手做手势，做出"很短"的意思）？

生：这样的！（做出"很短"的样子）

师：也就是说，吵架一般用长句子还是短句子？

生：短句子！

师：我们课文上写的对话实际上还长了点。有的课文里是这样写的——

出示：鹬说："今天不下雨，明天不下雨，太阳晒死你！"

蚌说："今天不放你，明天不放你，你也活不成！"

师：看看，长句还是短句？

生：短句！

师：再看看文言的。

出示：鹬曰："今日不雨，明日不雨，即有死蚌！"

蚌曰："今日不出，明日不出，即有死鹬！"

师：长句？短句？

生：短句！

师：是啊！短句子吵架多带劲啊！简短有力，杀伤力强。就像打拳，一拳接着一拳。如果用长句子，你一句还没说完，人家骂你五句了，怎么吵得过人家？

（学生笑）

师：所以，吵架还要用——短句。（板书：短句）

师：我们来总结一下吵架的奥秘。

生（看板书）：狠话、短句、抓住弱点、针锋相对！

四、写话——篓中"再辩"法为凭

1. 想象情景，篓中"吵架"。

师：鹬和蚌争持不下，最后都筋疲力尽，都被渔夫不费吹灰之力捉住了。可是，故事还没有结束。到了渔夫的篓子里，鹬和蚌还会说什么呢？它们如果争吵，又会怎样吵架？渔夫听到它们的争吵，会说什么呢？我们来想象——篓子里的"吵架"！

出示：鹬和蚌被渔夫捉进了篓子里。鹬说："都怪你！都怪你！_____ _____！"蚌说："都怪你！都怪你！_____ _____！"渔夫说："你们啊，太傻了！_____！"

师：要想写好这段鹬和蚌的吵架的话，我们要做到哪几点？

生：狠话、短句、抓住弱点、针锋相对！

师：渔夫对它们说的那句话，我建议要告诉它们一个道理。写一句很有哲理的话，好吗？

生：好！

（学生自己想象写话）

2. 鹬蚌"再争"，修改对话。

师：我们先来读读自己写的鹬和蚌的争吵的话。谁来读？（对学生）再次明确一下要求——狠话、短句、针锋相对。看看他写的是不是这样。

生：鹬说：都怪你！都怪你！如果不是你非要夹住我的嘴，我就不会被渔夫捉进篓子里了！蚌说：都怪你！都怪你！如果不是你非要啄我的肉，我也不会被渔夫捉到篓子里了！

师（对学生）：先来看看，他写的对话里表达得最好的一点是什么？

生：针锋相对。

师：对了。鹬和蚌的话是针锋相对的，很好。但是，你写的话略微显得长了点。我帮你改一下鹬的话：都怪你！都怪你！不是你夹我嘴，我就不会进篓子了！你自己改一下蚌的话。

生：都怪你！都怪你！不是你啄我肉，我也不会到篓子里了！

（学生鼓掌）

师：谁再来读？

生：鹬说：都怪你！都怪你！夹住我的嘴不放，害得我被捉了！

蚌说：都怪你！都怪你！非要啄我的肉，害得我也被捉了！

师：又短又狠，针锋相对！真好！但是，你们发现没有，这几个同学都是只写了两句话。看看课文里，人家说了多少话？吵了半天呢！那么多短句子，吵起来多带劲！

（学生笑）

生：鹬说：都怪你！都怪你！为什么要跟我吵呢？现在，我们都被抓住了，肯定会先吃你！蚌说：都怪你！都怪你！是你要吃我的肉，我难道就这样被你吃掉？为什么你要啄我呢？

师（对学生）：怎么样？

生：好像句子太长。

生：不针锋相对。

师：是啊，你看你，都吵架吵进大篓子里了，还老问人家为什么，傻乎乎地讲道理，多没劲啊！我来看看鹬的话。（师略一沉思）你改成这样：都怪你！都怪你！跟我吵，跟我吵！肯定先吃你！这样带劲吧？你改蚌的话！

生（修改）：都怪你！都怪你！吃我肉，吃我肉！肯定先吃你！

（学生鼓掌）

师：提高一下要求。请两个同学一组，来对着干。一个同学说鹬的话，短、狠、针锋相对；另一个同学毫不示弱，还击他！敢吗？

生：敢！

生（鹬）：都怪你，都怪你，夹我嘴啊，夹我嘴啊，以后看你还夹不夹！

生（蚌）：都怪你，都怪你，啄我肉啊，啄我肉啊，以后看你还啄不啄！

生（鹬）：都怪你，都怪你，叫你夹我嘴，叫你夹我嘴，现在你也进了别人的嘴！

生（蚌）：都怪你，都怪你，叫你啄我肉，叫你啄我肉，现在你成了别人的肉！

生（鹬）：都怪你，都怪你，非夹我嘴，还想饿死我？现在你成了河鲜了！

生（蚌）：都怪你，都怪你，非啄我肉，还想干死我？现在你成了烤鹬了！

生（鹬）：都怪你，都怪你！夹我嘴啊，夹我嘴啊，这下，你开心了吧？

生（蚌）：都怪你，都怪你！啄我肉啊，啄我肉啊，这下，你也开心了吧？

师：真精彩！我们都自己动手，修改一下自己写的对话。记住：短句、狠话、针锋相对！

（学生自主修改吵架的话，围绕习作要求，修改成"狠话""短句""针锋相对"的话）

3. 渔夫教诲，字字千金。

师：渔夫会说什么呢？谁来读读。

生：渔夫说：你们啊，太傻了！如果你们不争来争去，相互让一让的话，就不会被我捉住了！

师：他这句话里有一个特别关键的词语，是什么？

生：争来争去。

生：让一让。

师：对了。把这两个词语写到黑板上。

（学生上台板书：争来争去、让一让）

生：渔夫说：你们啊，太傻了！你们这样吵架，最后还不是被我得到好处了吗？你们两败俱伤啊。

师：太棒了！关键词语是什么？

生：两败俱伤。

（上台板书：两败俱伤）

师：争来争去，被别人得到好处，这叫作——他人得利。写上去。

（板书：他人得利）

生：渔夫说：你们啊，太傻了！不知道"二虎相争，必有一伤"的道理吗？

（板书：二虎相争，必有一伤）

生：渔夫说：你们啊，太傻了！不知道谦让，不知道"退一步，海阔天空"吗？

（板书：谦让、"退一步，海阔天空"）

（指导学生抓住句子中的关键词，一一板书在黑板上）

4. 连说寓意，句句意深。

师（请一位学生上台当"渔夫"）：你看着板书，跟他们讲一番道理。开始！

生（渔夫）（看着板书）：你们啊，太傻了！只知道争来争去，不懂得谦让，不懂得遇事让一让，不懂得"退一步，海阔天空"，不知道"二虎相争，必有一伤"。你们争到最后，两败俱伤，结果让他人得利！

（学生鼓掌）

师：这个渔夫，太会讲道理了！其实，《鹬蚌相争》这个故事就是讲了一个道理，告诉我们，遇到事情不要——

生：争！

师：要——

生：让！

五、巧结——道是无心却有心

师：课就上到这里。还有什么问题吗？

生（突然）：什么是鹬？什么是蚌？

师：你不知道？哦，这样吧，我画给你看——

（鼓师擦掉黑板上刚才学生板书的关键词语，开始简笔画鹬和蚌。顺便让学生了解鹬的特点：嘴长、腿长；蚌的特点：两片硬壳，中间有肉）

师（问该生）：你知道鹬和蚌什么样子吧？

生：知道了。

师：那我们最后再一起看着板书，把寓意说一遍。（教师回头指黑板，却忽然发现刚才为了画鹬和蚌，已经把学生写的词语都擦掉了）

（学生哄笑）

师（灵机一动，指着刚才提问的学生）：都怪你！都怪你！非问我，非问我，现在都擦掉了吧？

生（略一愣，马上反应过来）：都怪你！都怪你！谁叫你全擦的，谁叫你全擦的，现在没有了吧？

（全场大笑）

师（竖大拇指）：真牛！太棒了！现学现用啊。今天这节课，我们学会了一样本领——

生：吵架！（学生笑）

师：以后写吵架的话，我们要——

生：用狠话、短句，针锋相对！

师：下课！

点 评

张老师执教的《鹬蚌相争》一课，以"感悟语言、实践语言"为目标，精当选择教学内容、巧妙设计教学活动，引领学生体悟语言运用的规律、习得语言运用的方法、尝试语言运用的实践、品评语言运用的玄机，教学活动轻松活泼、质朴生动，教学过程开合有度、承转自然，是一堂极具特色的语文课。细细琢磨，其可圈可点之处主要表现在以下几个方面。

一、内容选择精当

就《鹬蚌相争》这篇寓言的教学而言，选择什么内容来教，不同的教师会有不同的选择。这本是极为正常的事情。但如何能够在这种不确定的情形中，保持定力，抓住本质，选择出最值得教的东西来教，却非一般教师能为之。张老师《鹬蚌相争》教学内容的选择就慧眼独具，极为精当：其一，有关寓言的文体知识。这是学习此类文章无法绕开的内容，因为"教材无非是个例子"，通过这个"例子"的学习，要使学生能够举一反三、触类旁通。倘若教寓言而不让学生对寓言的文体特点有所了解，就会削弱寓言教学的价值。张老师深谙此理，不仅把其作为教的内容，还教得轻松自然。他不是简单地告诉，而是通过问题引发学生的思考，即时追问促使学生得出结论，经由实践操练升华学生的认知。其二，选择"吵架"的内容来教。《鹬蚌相争》是一篇寓言故事。课文字数不多，篇幅有限，内容浅近，只要抓住故事细致思忖，寓意亦不难理解。如果按照一般的做法，识字、解词、读文、释义也未尝不可，但终不免失之于平淡。正所谓，内容人人理解，意义只有少数人可以获得，形式对于大多数人而言都是秘密一样，本课的鹬蚌相争，就其内容来说，说的都是"狠话"；就其话语表达来看，说的均为"短话"；就双方的"相争"而言，更像是在"吵架"，针锋相对、互不相让。这是本则寓言语言方面的最大特色，也是学生学习"吵架"的经典案例。因此，从学习语言文字运用的角度出发，教学本课，除让学生明白故事、读懂寓意之外，还应该让学生了解文本的语言特色，并尝试学以致用。这可能正是张老师教学本课，确定在"语文课上学'吵架'"的理性思考，同时亦是这堂课独特价值之所在。

二、活动设计巧妙

语文课堂是一种认知实践活动。精彩的语文教学往往是靠一系列饶有情趣的"活动"作为支撑的。因其"活动"有趣，所以能够吸引学生的积极参与；因其"活动"有效，故而可以使课堂充满生机和活力。张老师的课堂就是这样的。比如对于"吵架"语言内容与形式的认识，张老师就是通过一系列"活动"来实现的——"读"的活动，抓关键词句，读出鹬蚌互不相让、针锋相对的意味；"写"的活动，展开想象，进行读写迁移，写出鹬蚌篓中二次"吵架"的情形；"说"的活动，角色体验，说出鹬蚌精疲力竭之时的相互埋怨、指责……再比如，对《鹬蚌相争》寓意的揭示，张老师没有进行分析讲解，更没有进行空洞的说教，而是另辟蹊径，巧妙地将其融入说写

"渔夫的教诲",让学生在一个开放的话语情境中,与鹬、蚌以及整个故事进行深度对话,从中发掘出寓言所蕴含的道理。《鹬蚌相争》一课的教学,由于有了这一系列的活动,所以无论是知识的建构,还是意义的发现,或者实践的体验,学生都是轻松愉悦地完成的。而这,恰恰彰显出了"活动"之于教学所具有的独特魅力。

三、语言实践充分

语文课程是一门实践性很强的课程,应致力于培养学生的语文实践能力。学生的语文实践能力不是凭空就有的,也不是靠教师教形成的,而是靠大量的语文实践练出来的。离开语文实践,语文能力的形成和培养就可能成为一句空话。这就像学习开车,学习者必须亲自实践、反复历练一样。以张老师《鹬蚌相争》教学中引导学生感悟和实践"吵架"来说,其经历大致有三个层次。第一个层次,重在语言理解,解构语言运用的密码。教学中,张老师紧扣鹬蚌相争的两个对应语段,通过抓"威胁""毫不示弱"这一组词语的对比,品鹬蚌相争过程中你来我往、针锋相对的语言表达。联系文言文《鹬蚌相争》的相关内容,研鹬蚌相争句式的长短,从读的角度,使学生初步认识、理解鹬蚌"吵架"语言的玄妙——狠话、短话及其针锋相对的特点。第二个层次,强调语言运用,尝试语用实践。由读到写,仿写模拟,创设情境引导学生在情境中想象写话。所练写的内容是鹬蚌在篓中的又一次"吵架",旨在引导学生于实践中进一步加深对"吵架"狠话、短话、针锋相对等语言特点的体验。第三个层次,突出语言的锤炼,放大语言的交际功能。这一环节,张老师先引导学生反思、研判自己所写内容是否具备"吵架"的特征;接着在角色扮演、师生互动中引领学生多维感受"吵架"的语言特点;最后让学生动手修改自己的练笔,进一步落实"吵架"的基本要求。这样,由语言的理解到语言的运用,再到语言的修正和重构,使学生完整地经历了一个语言学习运用由"知"到"行"到"品"的过程,丰富了学生的实践体验,提升了学生的语用能力,发展了学生的语言智慧。其中,我们可以清晰地看到学生由不会到会、由不能到能、由刻意模仿到生动创造的变化过程,足见张老师此一环节的设计是下了一番功夫的。

四、语文味道醇厚

一堂语文课,其语文味道浓淡与否,关键在于能否体现语文课程学习语言文字运用的本质,彰显语文课程听、说、读、写学语文、用语文之个性。之所以这样说,是因为语文课程的核心任务是学习语言文字的运用，而听、说、读、写不仅是语文的基本能力，更是学语文、用语文的基本手段。考量张老师《鹬蚌相争》的教学，在这些方面表现得尤为突出。先看其教学目标的设定，只有两个目标：感悟语言、实践语言。用心琢磨，这两个看似非常简单的目标其实一点也不简单：前者聚焦"感悟语言"，旨在在研读鹬蚌相争的相关内容基础上，把握文本语言表达上的特点；后者指向"实践语言"，希冀通过情境中的想象写话，进行语言模拟，落实语言的学习运用。两者虽然各有侧重，却共同地统一于语文课程的核心目标——学习语言文字运用中。再观其教学的过程，四个板块，从"破题"初识寓言，到"读词"带动全篇，到"研读"领悟"吵架"玄妙，到"写话"尝试语言实践，整个过程紧紧围绕语言的学习运用，有对"吵架"内容结构的感悟，有对"吵架"语言现象的辨析，有对"吵架"话语形式的模仿，有对"吵架"思想内核的探究，融听、说、读、写于一体，汇理解、运用于一炉，用语文的办法解决语文的问题，从而使课堂教学散发出浓浓的语文的味道。

最后，张老师《鹬蚌相争》一课教学，上得大气，上得厚重，上得智慧，可供推崇的地方还有许多。只是张老师将《鹬蚌相争》的寓意归结为不"争"和"让"，并戛然而止，似乎还有进一步研究之必要。窃以为必要的"争"还是需要的，一味地"让"也不是解决问题的根本办法。特别是在错综复杂的矛盾斗争中，更要警惕真正的敌人，三思而行，才能避免让第三方得利。细细想来，有时课堂不以句号而用问号做结，或许更余韵悠长。

《桂花雨》教学实录与点评

点评：魏星　特级教师　无锡市梁溪区教研室主任
时间：2016 年 4 月 9 日
地点：湖北宜昌"名师优课"活动现场
学生：四年级

一、酝情——"乡愁"引入，概说全文

1. 初知"乡愁"。

师：先考考大家。我来背一节小诗，看谁可以听一遍就背下来。

> 小时候
> 乡愁是一枚小小的邮票
> 我在这头
> 母亲在那头

师：谁来背一背？

（学生背）

师：请听第二节——

> 长大后
> 乡愁是一张窄窄的船票
> 我在这头
> 新娘在那头

（学生背）

师：第三节——

> 后来啊
> 乡愁是一方矮矮的坟墓
> 我在外头
> 母亲在里头

（学生背）

师：最后一节——

> 而现在
> 乡愁是一湾浅浅的海峡
> 我在这头
> 大陆在那头

（学生背）

师：大家一起来读一读这首诗。（出示全诗）

师：你们猜猜，这首诗的名字是什么？自始至终提的最多的词是——

生：乡愁。

师：猜对了。那么，你们知道乡愁的名字叫什么吗？

（学生静默）

师：同学们，乡愁的名字叫遥远，遥远的名字叫思念，思念的名字叫记忆，记忆的名字叫梦回！

（板书：梦回）

2. 认识作者。

师：同学们，《乡愁》的作者是台湾著名诗人余光中先生，他离开大陆几十年，写了许多表达乡愁的诗歌和散文，被称为"乡愁诗人"。（出示余光中的图片及介绍）

师：《桂花雨》这篇散文的作者琦君和余光中先生有着相似的经历，也有着同样的情感。她1949年离开大陆到了台湾，之后整整52年没有踏上故乡的土地。52年啊，她日夜思念的就是故乡，就是家乡的桂花！（出示琦君图片及介绍）

3. 概说全文。

师：同学们读过课文了，根据你们的理解，谁来说说几十年来想到故乡、想到桂花，作者都会勾起怎样的回忆？（先说"仿佛＿＿＿＿＿＿，"再读课文相关语句）

出示：

几十年来，每每想到故乡，每每想到桂花，仿佛＿＿＿＿＿＿＿＿＿＿

＿＿＿＿＿＿＿＿＿＿＿＿＿＿＿＿＿＿＿＿＿＿＿＿＿＿＿。

生：几十年来，每每想到故乡，每每想到桂花，仿佛看到桂花的样子——桂花树的样子笨笨的，不像梅树那样有姿态。不开花时，只见到满树的叶子；开花时，仔细地在树丛里寻找，才能看到那些小花。

生：几十年来，每每想到故乡，每每想到桂花，仿佛闻到桂花的香味——桂花的香气，太迷人了。桂花盛开的时候，不说香飘十里，至少前后十几家邻居，没有不浸在桂花香里的。

师：真好。在描写桂花香味的这段话中，有一个字特别要引起我们的注意。哪个字？

生：浸。

师：给"浸"换一个字？

生：泡。

师：为什么换"泡"字？

生：泡说的是整个都在水里，每一部分都在水中。浸也是差不多的意思。

师：是啊，但是"浸"比"泡"更狠、更给力。浸是"泡"了很长时间了，已经深入到了每一个地方。课文中是"浸"在水里吗？

生："浸"在桂花香里。

师：门前屋后，十几户人家，都浸在桂花香里。一起读一读这句吧。

生：桂花盛开的时候，不说香飘十里，至少前后十几家邻居，没有不浸在桂花香里的。

师：继续我们的发言。

生：几十年来，每每想到故乡，每每想到桂花，仿佛看到我缠着母亲摇花的样子——摇花对我来说是件大事。所以，我总是缠着母亲问："妈，怎么还不摇桂花嘛！"母亲说："还早呢，没开足，摇不下来的。"

生：几十年来，每每想到故乡，每每想到桂花，仿佛回到童年摇花的情景——可是母亲一看天空阴云密布，云脚长毛，就赶紧吩咐人提前"摇桂花"。这下我可乐了，帮着在桂树下铺竹席，帮着抱桂花树使劲地摇。桂花纷纷落下来，落得我们满头满身，我就喊："啊！真像下雨！好香的雨啊！"

生：几十年来，每每想到故乡，每每想到桂花，仿佛看到母亲的样子——母亲洗净双手，撮一撮桂花放在水晶盘中。

生：几十年来，每每想到故乡，每每想到桂花，仿佛听到父亲的诗句——父亲点上檀香，炉烟袅袅，两种香混合在一起。于是父亲诗兴发了，即时口占一绝："细细香风淡淡烟，竞收桂子庆丰年。儿童解得摇花乐，花雨缤纷入梦甜。"

生：几十年来，每每想到故乡，每每想到桂花，仿佛又想起桂花糕的味道——桂花摇落以后，全家动员，拣去小枝小叶，铺开在竹席上，晒上好几天太阳。桂花晒干了，收在铁罐子里，加在茶叶中泡茶，做桂花卤，过年时做糕饼。全年，整个村庄都沉浸在桂花香中。

师：这一段描写中，你们又注意到哪个词？

生：沉浸。

师："浸"和"沉浸"有不同吗？你们看，闻香味的时候，浸在香气里的只是前后左右的十几户人家，而尝滋味的时候，是——

生：整个村庄。

师：闻香味的时候，浸在香气里的只是桂花盛开的一段时间，而尝滋味的时候却是——

生：全年。

师：闻香味的时候，仅仅是鼻子中嗅到香味，而尝滋味的时候不光是鼻子闻到，还有——

生：嘴巴尝到。

生：舌头感觉到。

生：吃到肚子里。

师：对啊，这滋味不但入口，而且入心啊。你们说"浸"和"沉浸"，哪个词语更狠、更给力？

生（笑）："沉浸"更狠。

师：我们就来"狠狠地、给力地"读读这段话。

生（齐）：桂花摇落以后，挑去小枝小叶，晒上几天太阳，收在铁盒子里，可以加在茶叶里泡茶，过年时还可以做糕饼。全年，整个村子都沉浸在桂花的香气里。

生（继续发言）：几十年来，每每想到故乡，每每想到桂花，仿佛又听到母亲的话——外地的桂花再香，还是比不得家乡旧宅院子里的金桂。

……

师：同学们说得真好！是啊，每当作者回想起桂花，眼前仿佛浮现桂花的样子，鼻中仿佛闻到桂花的香味，口中仿佛尝到桂花的味道，耳中又仿佛听到母亲思乡的话语。但最让她魂牵梦萦的还是那一场——

生：桂花雨。

| 点评 |

这一部分教学，是一个理解和表达融合的训练。它的目的有两个：一是基于学生对课文的初步认识，围绕"回忆桂花"的主题，让学生对自己的初读结果进行梳理汇报，汇报内容概括全文；二是在汇报的同时，又对文章的梗概和内在联系进行认识。语文的训练，一定要是整体的、融合的，效果是多重的，而不是单一的、点的训练。这也是教者一贯的观点。

二、悟情——边读边悟，品味细节

1. 读中悟情。

师：让我们把目光聚焦到这场桂花雨的描写，感受这难忘的"摇花乐"吧。请同学们自由读这段文字。

出示：摇花对我来说是件大事。所以，我总是缠着母亲问："妈，怎么还不摇桂花呢？"母亲说："还早呢，花开的时间太短，摇不下来的。"可是母亲一看天上布满阴云，就知道要来台风了，赶紧叫大家提前摇桂花。这下，我可乐了，帮大人抱着桂花树，使劲地摇。摇呀摇，桂花纷纷落下来，人们满头满身都是桂花。我喊着："啊！真像下雨，好香的雨啊！"母亲洗净双手，撮一撮桂花放在水晶盘中，送到佛堂供佛。父亲点上檀香，炉烟袅袅，两种香混合在一起，佛堂就像神仙世界。于是父亲诗兴发了，即时口占一绝："细细香风淡淡烟，竞收桂子庆丰年。儿童解得摇花乐，花雨缤纷入梦甜。"

师：谁来读给大家听？（指名2~3名同学读课文，指导读得流利准确）

师：这几位同学的朗读，似乎还少了点什么。对了，好像少了点感觉，是什么感觉呢？

生：没有读出"我"摇花前的着急。

生：我"缠着"妈妈耍赖读得不够。

生：摇花时的欢乐还没读好。

生：母亲和父亲的样子读得很平淡。

师：是啊，在这个场景中，有"我"、有母亲、有父亲，三个人物，虽然描写有多有少，但是都有不同的表现。先来看看"我"的表现——摇花前，用一个字概括"我"的表现，是什么？

生：缠。

师：不是一次啊，是"总是缠"。这是说摇花前"我"的心情很——

生：急切。

师：开始摇花了，"我"什么表现？

生：铺竹席，抱住树使劲摇。

师：好啊，是"铺""抱""摇"。我倒要看看你们理解作者没有，我请一个同学来表演一下这几个动作。

（学生在表演过程中体会"我"的急切。"我"是个孩子，哪里会帮忙？只是手忙脚乱，胡乱帮忙而已！忽然听到母亲"摇桂花"的命令，是何等兴奋啊）

师：呵呵，"铺"是乱铺，"抱"是胡抱，"摇"是瞎摇啊。急不急？

生：太急了。

师：这里是"太急"。后面的喊呢？

生：乱喊。

生：猛喊。

……

师：是啊，大喊、乱喊、猛喊，真是太兴奋了！这样吧，还是来读，通过你的朗读，读出"我"的缠，"我"的摇，"我"的喊，也就是"我"的急切和兴奋。

生：摇花对我来说是件大事。所以，我总是缠着母亲问："妈，怎么还不摇桂花呢？"（读出"缠"母亲的语气）母亲说："还早呢，花开的时间太短，摇不下来的。"可是母亲一看天上布满阴云，就知道要来台风了，赶紧叫大家提前摇桂花。这下，我可乐了，帮大人抱着桂花树，使劲地摇。（读出"我"的急切）摇呀摇，桂花纷纷落下来，人们满头满身都是桂花。我喊着："啊！真像下雨！好香的雨啊！"（三个叹号："啊！"——感叹；"真像下雨！"——看到花雨；"好香的雨啊！"——闻到花香。读出兴奋、做梦的感觉。）

师：来看看对母亲和父亲的描写吧。你们读一读，觉得应该怎样读？读出什么感觉？说说你的看法。

生：母亲很细致。

师：何以见得？

生：母亲先是"洗净双手"，然后"撮一撮"桂花，还放在水晶盘中。

师：我先问问你，这两个"撮"读音一样吗？意思呢？

（交流：两个"撮"字读音都是"cuō"，第一个是动词，"抓、捏"的意思；第二个是量词，指用两三个手指可以捏起的很少的量）

师：先洗手，再轻轻地撮，还放在水晶盘中去敬佛。用一个词语说母亲，她很——

生：虔诚。

师：父亲呢，怎么样呢？

生：父亲是个诗人。

生：父亲很开心，诗兴大发。

师：花香、檀香，两种香混在一起，佛堂就像神仙世界。父亲很——

生：陶醉。

师：对了！要读出父亲摇头晃脑的"陶醉"的样子。我们来读，读出母亲的虔诚、父亲的陶醉——

生：母亲洗净双手，撮一撮桂花放在水晶盘中，送到佛堂供佛。父亲点上檀香，炉烟袅袅，两种香混合在一起，佛堂就像神仙世界。于是父亲诗兴发了，即时口占一绝（什么是"口占一绝"？为什么会"口占一绝"？把诗句和场景联系起来理解，读出父亲陶醉的感觉）："细细香风淡淡烟，竞收桂子庆丰年。儿童解得摇花乐，花雨缤纷入梦甜。"

师：如果把整个段落连起来读，我们边读边想象，就能看到在这场缤纷的桂花雨中每个人忘情的表现。

（指导朗读全段）

｜ 点评 ｜

读是目的也是手段，读是过程也是方法。全段教学，以读开始，以读结束。但是，仅仅是在读吗？

是在品味细节——三个人不同的忘情的表现。注意，同是忘情，但表现不同，"我"的"急切兴奋"、母亲的"虔诚"、父亲的"陶醉"，每个人的行为和身份是那样切合，又是那样真切！

是在品味语言——"缠""铺""摇""撮"，字里行间所表现的情感、所具有的语言张力学生都在读中一点点感悟！

是在品味情感——这桂花雨带给我和父母的、带给读者的，不仅仅是快乐，还有亲情乡情，这都融在真情投入的朗读中了。

读是主线，各种训练融于其中。这还是整合的训练。

2. 读中悟法。

师：同学们，在这场难忘的桂花雨中，作者对每一个人、每一个细节都记得清清楚楚！几十年来，从不曾忘怀！所以，作者在原文中写有这样一句话——

（出示：桂花，真叫我魂牵梦萦）

（音乐声起）

师：然而，美好的时光总是走得太快。1949 年离开故土，一别就是 52 年！正如余光中先生说的——一湾浅浅的海峡，让回家似乎成了一个永远的梦。

琦君只好用自己的笔，写下对故乡和童年的回忆，写下对父母和师长的怀念，写下自己的思乡之情。

她怀念家乡的一草一木——"我们从大陆移至来此，匆匆几十年。生活上早已能适应，而心灵上又何尝能一日忘怀于故土的一事一物。水果蔬菜是家乡的好，鸡鱼鸭肉是家乡的鲜。当然，风景是家乡的美，月是故乡明。"

她怀念故乡的父母师友——"每回我写到我的父母家人与师友，我都禁不住热泪盈眶。我忘不了他们对我的关爱，我也珍惜自己对他们的这一份情。像树木花草似的，谁能没有根呢？我常常想，我若能忘掉亲人师友、忘掉童年、忘掉故乡，我若能不再哭，我宁愿搁下笔，此生永不再写。然而，这怎么可能呢？"

想到故乡，她终于忍不住喊出——

生（齐）："故乡，我们哪一天回去？家乡味，我们哪一天能再尝呢？昨夜梦魂又飞归故里，可是短梦醒来，泪水又湿透枕边。美丽的家园啊！它依旧是海天一角，水阔山遥！"

三、抒情——想象"梦回"，再现"摇花"

1. 迁移写作。

师：同学们，我在想，这几十年的岁月，思乡的人是如何熬过的？每一个夜晚，她如何梦回？我想，故乡的桂花雨、刻骨铭心的摇花乐一定常常进入作者的梦中。今夜，她又做梦了，梦中的桂花雨是怎样的情景呢？作者、母亲、父亲又都会有怎样的表现呢？拿起我们的笔吧，展开想象，记下每一个细节。

（学生迁移"场面和细节描写"的方法，写《梦回"桂花雨"》）

2. 交流指导。

3. 总结全文。

师：同学们，我们欣慰的是，琦君这位老人，在52年的等待之后，在她的有生之年终于回到了故乡。2001年，她终于踏上祖国的土地。而此时，她已经85岁高龄了。你们猜猜，面对日思夜想的故乡，老人说了什么？（生静默）

师：她只是喃喃地念出了这样一首诗——

少小离家老大回，乡音无改鬓毛衰。

儿童相见不相识，笑问客从何处来！

师：下课！

—————— 总　评 ——————

通向言语的深处

《桂花雨》，一个多么有意味的题目。张学伟老师的这节课，也教得情真意切、意味深长。张老师基于文本，并适度拓展文本语境，把课上到了言语的深处、情感的深处、生命的深处。

教学从"乡愁"开始，"乡愁的名字叫遥远，遥远的名字叫思念，思念的名字叫记忆，记忆的名字叫梦回"；接着不蔓不枝，直接触摸作者的心灵，以"几十年来，每每想到故乡，每每想到桂花，仿佛……"为话题，以读书为经线，以词句的敲打、品味为纬线，带动了整个文本的解读，"香"和"乡"有机地融合在一起。不知不觉地，学生转换了角色，与作者一起体验，一起记忆，一起思念。此时，《桂花雨》意象的美、语言文字的美以及情感的美，让学生沉醉其中。最后，以"梦回桂花雨"，让学生尽情表达内心的感动。

在这个过程当中，学生经历好几次转换，逐渐建构起"桂花雨"的文化解读："形"的感知——感悟摇花的形象；"情"的影射——体验摇花的快乐；"意"的揣摩——探究摇花所承载的"乡愁"；"境"的沉浸——沉浸在摇花的意境当中。

学生面对的文本有两种存在：一是"已说的话语"——我们当作知识在学习的东西，学习字词的读音、写法，学习句子的组成方式，学习这种语言中的俗语、成语及表达形式，并通过这样的学习进入文本的意义之中；另一种是"能说的话语"，一种"活"的、"创生"中的话语，就像一眼喷涌着的活泉，引导着学生参与其中，建构自己的独特体验与阅读经验。张学伟老师活化文本，把文本当作一种"能说的话语"，引导学生不断创生意义、有效迁移，把课教得风生水起、摇曳多姿。从这节课中，我们看到了一种教学追求。

——择高处立。这个高处就是"主题"。这节课紧扣"乡愁"展开，在整体语境下进行语言文字的训练。教学这样的散文，教师习惯上让学生东找一句，西找一句，零敲碎打，却美其名曰"文本细读"。任何一次语文学习都不应是孤立的存在，都应根植于文本的整体语境和文化语境之中。张老师深谙其道，以文本的意为重心，韵情、悟情、抒情，整个教学浑然一体。品味细节也是基于整体语境的品读，丝毫没有切割文本的感觉。

——就平地坐。这个平地就是"语言"。这节课没有凌空蹈虚的感觉。我特别欣赏的是，张老师的这节课，非常重视语言文字的运用。在扎实的语言文字的运用中，"乡愁"这一主题落地扎根。这节课安排三次语言训练，以"每每想到桂花，仿佛……"整体把握文本，进而拉动语言感悟；接着深入文本的深处、细处进行品读训练；最后以"梦回桂花雨"回归整体。整堂课以文解文，以心契心，以言传言，须臾不离文本的语言。

这就是一种有根基的教学，是语文教学的"回家"之旅。张老师坚守着语文教学的优秀传统，以"语文的方式"教出"语文的味儿"。这种味儿不是强加给学生的，而是让学生充分活动。有时表现在对文本的静思默想中，有时表现在学生摇头晃脑的吟诵中，有时体现在教师绘声绘色的讲解中，有时体现在学生言语交锋的对话中，有时体现在物我两忘的体验中，有时又体现在文思泉涌的言语表达中。

维特根斯坦曾指出："每一个记号就其本身而言都是死的。是什么赋予了它以生命呢？——它的生命就在于使用。"德国思想家伽达默尔说得更直接："语言的本质在于语言的应用。"而我们的课程标准更是强调："语文是一门学习语言文字运用的综合性、实践性课程。"张老师的语文课指向了语言文字的运用，特别强调了三项语用：一是积极语用，即站在儿童学，用语言的立场去设计教学，让学生积极主动地去读，去写。三个教学板块清晰、简单，给学生留下充足的空间，力求做到以最轻松的方式让学生获得最有分量的收获。二是全语用，阅读和写作融为一体，输入性言语的学习与输出性言语的学习融为一体。三是深度语用，充分调动学生的思维、情感，使整节课充盈着温度，也显现出深度和厚度。

——向宽处行。即体现"大阅读"的思想。以余光中的诗开始，以贺知章的诗结束，中间插入琦君的介绍，张老师的课堂向四面八方打开。2013年诺贝尔文学奖获得者爱丽丝·门罗曾经这样来比喻小说："小说就像一座房子，让你透过窗子看到外面的世界。"张老师不断引导学生发现窗户，不仅让学生读出了文章写了什么，更是引导发现表达的方式；不仅让学生读懂了这篇文章，还引导学生拓宽、丰富"乡愁"这一言语图式。这节课展示很多的"触点"和"接口"，使学生语言的活性本能地得到滋养、得到培植、得到发展。

正是由于上述的追求，使得张老师的课磅礴、大气，有一种畅快淋漓的感觉。从教学审美的角度看，张老师的课体现整体美，"乡愁"统摄全局，一以贯之，它既是这节课的主题，也是这节课的课眼；二是具备多元化，体现丰富美，张老师构建了一条多元的、动态的、内涵丰富的、富有情感和生命力的，融听、说、读、写、思于一体的教学主线，它既能包含阅读内容的丰富性和多元性，也能完成教学的同时获得知识、培养能力、发展智力、激发兴趣、陶冶情操、形成完美人格丰富而多元的任务；三是具有层进性，体现动态美。三个板块具有层进性，处在一个由具体到抽象，由感性到理性，由简单到复杂，由个别到一般的动态进程中。教学环节之间的节点清晰，能看到起点，也能看到终点，以最接近学生的起点走向最远的终点，整个教学流程就像一弯淙淙流淌的小溪，流淌得非常舒服、自然。每个板块的教学，都注意贴近学生，唤醒学生的感觉，在对话中生成教学内容。

通向言语的深处，把课上到学生心里，这是多么美好的课堂境界。感谢张老师的精彩演绎，让我们看到了动人的语文气象。

循叙事之"径"　走实践之"路"

——《爬天都峰》教学实录与点评

点评：吴忠豪　上海师范大学教授
时间：2019 年 7 月 24 日
地点：青岛市李沧区广水路小学
学生：四年级

一、破题——小小题目有秘密

师：同学们，语文学习有两种能力特别重要：一种能力叫朗读，考查的是你对文章语言的感受能力；另一种能力叫发现，考查的是你的思考能力。我听说，咱们班同学朗读和思考能力都很强，对不对？

生：对！

师：我们的发现，从题目开始。有人说，一篇文章的题目就像一个窗口，就像文章的眼睛，通过《爬天都峰》这个题目，你们知道了什么？

生：我觉得它主要写了作者去游天都峰的事。

生：爬山的事情是课文的内容。

师：也就是说，我们看课题知道了，课文是写爬天都峰这件事情。

师：这是我们的第一个发现。再来看这个题目，这件事情发生的地点是在哪里？

生：天都峰。

师：这件事情主要写主人公在——

生：爬。

师：你们看，像这样，"爬"加上"天都峰"，就把事件和地点合到一起组成了一个题目。假如我们游览北京的故宫，就可以起一个题目叫——

生：游故宫。

师：假如我们去登山东的泰山，就可以起一个题目叫——

生：登泰山。

师：假如我们到上海的城隍庙逛一逛，就可以起一个题目叫——

生：逛城隍庙。

师：谁再来说一个类似的题目？

生：爬水晶山。

生：游金山寺。

生：游花果山。

……

师：我这里有一个题目，我一直都搞不懂——（出示：《望湖楼醉书》）

生（齐声）：《望湖楼醉书》。

师：谁写的？

生（齐声）：苏轼。

师：这首诗写的是什么？

生：作者那天在望湖楼喝醉了，看到了西湖的美景，写下了一首诗，所以叫《望湖楼醉书》。

师：对了。你们看，地点加上事件也组成了一个题目。

| 点评 |

根据题目预测课文内容，训练的是学生的预测能力。张学伟老师以课题为例，引导学生举一反三，认识到写这类作文可以用这样的方式命题。于是学生提出了游故宫、登泰山、逛城隍庙、爬水晶山等一系列题目，这是一种命题能力的训练。这种顺手牵羊式的引入课题的方式，花费的时间很少，却极大地激发了学生的学习兴趣，语文含量也很高。看似很随意，但反映出张学伟老师强烈的语文意识和精心的设计。

二、理序——记事三步须牢记

师：我们先来回顾一下我们学过的《麻雀》这篇课文，老师这里有个提示——

（出示：小麻雀 坠地——猎狗 逼近——老麻雀 以死相救——猎狗 后退
　　　　　起因　　　　　　　经过　　　　　　　结果）

生：事情的起因是刚出生的小麻雀坠了地，经过是猎狗慢慢逼近，老麻雀以死相救，结果是猎狗被吓得往后退。

师：一件事情，开头的这一部分是——

生：起因。

师：中间两部分、特别重要的是——

生：经过。

师：最后的结尾是——

生：结果。

师：今天我们学习的这篇课文是《爬天都峰》，同学们自己打开书读读这篇课文，想一想课文先写了什么，再写了什么，又写了什么，最后写了什么？

（生自由朗读，师巡视）

师：有谁想说一说？

生：这件事情起因是假日里爸爸带"我"去黄山爬天都峰，经过写的是"我"碰见一位老爷爷，并和他一起爬天都峰，结果写的是"我"和爸爸，还有老爷爷都爬上了天都峰峰顶。

生：事情的起因是假日里爸爸带"我"去黄山爬天都峰，经过是"我"和一位白发苍苍的老爷爷，还有爸爸一起攀登天都峰，结果是"我"和爸爸，还有老爷爷都爬上了天都峰，"我"还学会了从别人身上汲取力量。

师：我们一起来看，课文的开头，小作者看到天都峰，她敢爬吗？

生：不敢。

师：我们总结成四个字是"峰高难爬"。

师：后来她遇到了一位老爷爷，年纪很大，一老一小相约爬山。再后来他们奋力爬到峰顶，还有一番谈话。

（出示　　峰高难爬——老少约定——奋力爬山——峰顶谈话

　　　　　　起因　　　　　　经过　　　　　　结果）

师：就一件事情来说，"峰高难爬"是——

生：起因。

师："老少约定"和"奋力爬山"是——

生：经过。

师："峰顶谈话"是——

生：结果。

| 点评 |

　　本单元的语文要素是把一件事情写清楚。学生学习了课文《麻雀》，知道了写一件事情必须把事情的起因、经过、结果写清楚。张学伟老师先出示课件，回顾《麻雀》这篇课文的起因、经过、结果，然后再顺藤摸瓜，引导学生自己梳理《爬天都峰》这篇课文的起因、经过、结果。从学生的交流中可以看出，理清事情的过程并不难，难的是如何准确地概括起因、经过、结果。学生说事情的起因是"假日里爸爸带我去黄山爬天都峰"，与张学伟老师课件中出示的"峰高难爬"差异很大；还有学生概括的结果是"爬上天都峰"，张学伟老师课件出示的是"峰顶谈话"。教师概括的起因、结果明显都比学生准确。这里似乎缺少一个比较过程，如果张学伟老师因势利导，引导学生发现差异，辨析差异，深入认识怎样概括起因、经过、结果才能更加准确，这对提高学生思维的正确性以及培养学生的概括能力都有积极的意义。这么好的课堂生成资源没有很好地利用，真有点可惜！

三、读悟——动作语言"活"起来

师：你们的发现能力太强了！现在展示一下你们的朗读能力。朗读是一个人学习语文最重要的本领之一。书中有一段话是写天都峰的，我们来看这一段。

（出示：我站在天都峰脚下抬头望：啊，峰顶这么高，在云彩上面哩！我爬得上去吗？再看看笔陡的石级，石级边上的铁链，似乎是从天上挂下来的，真叫人发颤！）

师：同学们自己练习读一读。把这山好高好陡啊，"我"不敢爬的感觉读出来。

（生自由朗读）

生（齐读）："我站在天都峰脚下望：啊，峰顶这么高，在云彩上面哩！"

师：这一句中有一个字是我们必须读好的，是哪个字？

生：啊。

师：一眼看去，天都峰那么高、那么陡，该怎么"啊"？

生（拉长音）：啊——

生（似乎感叹）：啊！

师：你们是在赞美吗？（生笑）山那么高，出乎了小作者的意料，几乎要吓住她了，你们竟然还要赞美？这个"啊"是这样的吗？

生（语音转弯，表示惊讶）：啊？

师：对了。山太高了，出乎小作者的意料。大家一起"啊"一遍——

生（齐声）：啊？

师：你再接着读。

（生投入地读完全段）

| 点评 |

　　课文这一段描写了天都的高，写得很精彩。张学伟老师引导学生反复朗读，读出天都峰的高。特别是抓住"啊"字的读法，抓得恰到好处。习作单元的课文是否需要训练朗读？我认为完全有必要。朗读是一种最有效的语言输入方式，是学习语言、培养语感的重要手段。学生在吸收语言的同时，也潜意识地获得了文章的写作方法，积累了表达经验。如果在学生读熟课文、读出情感的基础上，因势利导让学生口头说说天都峰的高，那么学生对课文这段精彩的描写会有更深、更具体的体会。朗读是语言吸收、语言输入，说话是语言输出，涉及语言建构，学生在表达实践中对语言建构的方法会有更加真实的体会。

师：我们再来读另一段，这一段写的是什么？

（出示：我奋力向峰顶爬去，一会儿攀着铁链上，一会儿手脚并用向上爬，像小猴子一样……爬呀爬，我和老爷爷，还有爸爸，终于爬上了天都峰顶。）

生：这一段写爬山。

师：刚才那一段写"峰"。这一段写"爬"。假如老师这样读——

（师故意读得很快，很轻松）

师：你们觉得老师读得好吗？

生（齐声）：不好。

生：太快了。

生：一快就没有爬山难的感觉了。

生：一快就感觉爬这个天都峰好容易啊！

师：好，我们要读出爬山的"难"，大家自己练习读一读。

生（每个字咬准，但语速较快）：我奋力向峰顶爬去，一会儿攀着铁链上，一会儿手脚并用向上爬，像小猴子一样……爬呀爬，我和老爷爷，还有爸爸，终于都爬上了天都峰顶。

师：好像有点"难"的感觉了，好，不错！还可以再表现得艰难一些，速度要稍微慢一点。

（该生投入，注意节奏和停顿，再读）

| 点评 |

这段教学还是采用朗读的方法。张学伟老师故意读得很快，读得很轻松，学生立刻发现这样读不出爬山的艰难，然后就对如何读出爬山的难有了比较具体的认识。如何指导学生读出感情？张学伟老师关注的是对学生课文情感的正确把握，而没有过分强调重音、停顿、节奏等朗读技巧。其实指导朗读时关注情感的正确把握，相比朗读技巧的指导，对小学生读好课文更有帮助。

师：有一个字特别难写难记。假如想记住这个字，该怎么记？（师板书：攀）

生：可以把它们看作几个字一起来记："木XX木大手"。

生：上面两个"木"就是"林"字，下面是"大手"。

师：林中间的"XX"是什么？好像是树下面长着什么？

生：草。

师：你要攀登的话呢，要伸出你的手，抓住木头或者草，然后才能向上。这个字叫什么？

生：攀。

| 点评 |

攀字难写，张学伟老师特意在指导朗读的过程中停下脚步，引导学生分析字形，帮助学生记忆。学习生字、理解新词，是每篇课文教学都应该重视的基础工作，此处张学伟老师的"刻意"值得点赞。

师：刚才我们读的是动作。还有两部分呢，分别是两段——

生：对话。

师：下面我们来读对话，也就是人物的语言。

（出示：忽然听到背后有人叫我："小朋友，你也来爬天都峰？"

我回头一看，是一位白发苍苍的老爷爷，年纪比我爷爷还大哩！

我点点头，仰起脸，问："老爷爷，您也来爬天都峰？"

老爷爷也点点头，说："对，咱们一起爬吧！"）

师：读对话，关键要进入角色。老爷爷的语气要像老爷爷，小朋友的语气要像小朋友。来，我们一起合作读。

师：忽然听到背后有人叫我——

生：小朋友，你也来爬天都峰？

师：嗯？这个小朋友很矮的，（用手比画）很矮很矮的，所以她来爬山，老爷爷很不敢相信的——

生（突出了"你也来"，表现出奇怪的语气）：小朋友，你也来爬天都峰？

师：我回头一看，是一位白发苍苍的老爷爷，很老很老，年纪比我爷爷还大哩！（做捋胡须状）我点点头，仰起脸，问——

生（突出奇怪的语气）：老爷爷，您也来爬天都峰？

师：不行，老爷爷似乎还不够老。再读！

生：（重读"您也来"）：老爷爷，您也来爬天都峰？

师：对呀，读书就要把这个语气、人物的内心活动揣摩出来。这一段是"老少约定"，我们再来读"峰顶谈话"。

（出示：

在鲫鱼背前，爸爸给我和老爷爷照了一张相，留作纪念。老爷爷拉拉我的小辫子，笑呵呵地说："谢谢你啦，小朋友。要不是你的勇气鼓舞我，我还下不了决心哩！现在居然爬上来了！"

"不，老爷爷，我是看您也要爬天都峰，才有勇气向上爬的！我应该谢谢您！"

爸爸听了，笑着说："你们这一老一小真有意思，都会从别人身上汲取力量！"）

师：老爷爷拉拉我的小辫子，笑呵呵地说——

生：谢谢你啦，小朋友。要不是你的勇气鼓舞我，我还下不了决心哩！现在居然爬上来了！

师：好的，几个地方读得尤其好，"你的勇气鼓舞我""我还下不了决心哩"。（重音在"你""我"）读得特别好。

师：下面读"我"的话——

生："不，老爷爷，我是看您也要爬天都峰，才有勇气向上爬的！我应该谢谢您！"

师：应该突出哪几个字？

生（突出"我"和"您"）："不，老爷爷，我是看您也要爬天都峰，才有勇气向上爬的！我应该谢谢您！"

| 点评 |

　　这一段朗读着重在语气的指导，要读出奇怪和坚定的语气，要读出开心和感谢的语气。语气最能表达人物的情感。教师适当点出朗读的重音，这样的指导简洁明了，应该说很到位。其实这两句话的重音可以有不同的理解和处理方法，比如老爷爷的这句话，强调"谢谢你啦""要不是""居然"等，也能表达老爷爷当时的情感。如果教师的指导再开放一些，让学生自由发挥，通过不同的读法比较，让学生自己去发现、体会，怎样才能更好地读出语气，这样的指导对学生读好课文是否更有帮助？

师：读得真好。刚才我们既读了爬山的动作，又读了"我"和老爷爷的两组对话。你要想把文章写好，第一，要把人物动作写出来，第二，把人物的语言写出来。这篇文章既有动作又有语言，比较生动。

生：让人物说起来，让人物动起来。（课件出示）

| 点评 |

　　这个环节教师有意识地将朗读与表达方法的体会结合在一起。先是分段朗读，分别体会文章让人物动起来，让人物说起来的写作方法。至于课文如何让人物动起来，如何让人物说起来，只是点到为止，没有过多展开，因为这不是这个单元的教学重点。可见张学伟老师对这篇课文的语文要素的把握相当准确。

师：刚才是朗读之旅，下面是发现之旅。我们再来对比，《麻雀》和《爬天都峰》这两课有什么异同？你们又有什么发现？

[出示：(小麻雀)坠地 ── (猎狗)逼近── (老麻雀)以死相救── (猎狗)后退
　　　　　起因　　　　　　　　经过　　　　　　　　　　结果

　　　峰高难爬 ──　　老少约定 ── 奋力爬山 ──　　　峰顶谈话
　　　　　起因　　　　　　　　经过　　　　　　　　　　结果　　]

生：相同之处是两件事情里面的人物都遇难了。

师：遇难？这些人物都不行了？（生笑）哦，我明白了，你说的遇难是指遇到困难了吧？

生：对。

师：具体说说。

生：小麻雀遇到的困难是掉在地上，没法回去。

师：无法归巢。

生：小朋友遇到的困难是天都峰太高，很难爬上去。

师（竖大拇指）：这个发现太重要了！

生：我发现了一个相同点——它们都有起因、经过、结果。

师：写事的文章都有这样的过程。

师：刚才那个同学讲得很好。这两篇文章有个共同的特点，那就是人物都遇到了困难。小麻雀遇到的困难是它坠到地上无法归巢，"我"的困难是峰高难爬。这两件事的起因有一个共同点——在开始的时候就在我们的脑海中留下一个什么符号？

生：问号。（师板书：起因　　?）

师：我们就在想——小麻雀会不会得救呢？"我"能不能爬上天都峰呢？这就是问号。最后的结果是小麻雀得救了，我也爬上了天都峰，这时候用什么符号？

生：句号。（师板书：结果　　。）

师：也可以是——

生：感叹号。（师板书：结果　　!）

师：我们再来研究课文的经过，经过部分是最精彩、最重要、最详细的部分。假如《麻雀》这篇课文中间不写小麻雀遇到猎狗，不写老麻雀舍命救它，你们觉得怎么样？《爬天都峰》这篇课文出现了一个老人和一个小孩，他们一出现我们就特别担心，后来课文写了老少约定——一起爬山，这样一来故事就显得特别曲折，有起伏和波折。（师板书：经过 ~ ~）

（出示：起因？事出有因　　经过~~过程波折　　结果。结果合理）

| 点评 |

　　小学生写一件事情，最难的是经过部分写不清楚。张学伟老师以《麻雀》和《爬天都峰》这两篇课文为例，抓住难点，重点引导学生认识事情的经过部分怎样写清楚，这样可以为接下来的写作迁移做好铺垫。这样的指导很有针对性。

四、迁移——"初试身手"我炫艺

师（指着板书）：这就是写作的奥秘。下面让我们来练习练习。

1. 共同设计：《小胖学滑轮》

师：一双滑轮鞋，一个小男孩，你会产生什么疑问？

生：他会不会滑呢？

生：他能学会滑轮吗？

师：这是最后的结果。你们看到了什么？

生：小男孩学会了滑轮，还滑得特别好。

出示：

师：假如让你来写，中间会有怎样曲折的过程？

生：小胖学滑轮遇到了困难，摔破了胳膊，在那里哭个不停。他的爸爸对他说："爱迪生失败了多少次才成功发明了电灯啊，而你就失败了几次，只要你坚持就可以学会。"

师：或者还可以讲《第八次》的故事。

生：小胖摔倒了之后，旁边有一些会轮滑的人在那边嘲笑小胖，说："胖子还学什么轮滑？"小胖心里很不服气，说："我偏要学给你们看。"然后就很刻苦地练习，最后果然学会了。

师（竖大拇指）：这个故事有波折——小胖遭到嘲笑，他下决心一定要学会滑轮！最后他果然学会了。我为这位同学的这个设计点赞。

生：小胖也有可能在遇到困难之后，不想学轮滑了，把轮滑鞋扔在一边，不管了。但他看到他的朋友，会轮滑的都在参加轮滑比赛，他就又重新开始练习轮滑。

师：用一次滑轮比赛作为文章线索，激励他学会滑轮。不错的主意。

生：还可以设计一个瘦瘦的小男孩。他这个胖胖的小男孩不会滑，就有一个瘦瘦的小男孩教会他。

生：我想是有另一个更胖的男孩，和小胖一起学。两个人相互打赌，约定，然后一起战胜困难，最后成功。

师：这叫作一对励志的胖子！（生笑）

生：还可以有一个比他更胖的男孩，还是一个陌生人，但是人家是会滑的。他看到小胖在一边摔倒了，就去安慰他，并且告诉他自己滑轮滑的诀窍。还告诉他自己学滑轮时遇到的一些困难，最后小胖终于学会了。

师：好的，很棒啊！这样一写，前面有问号，中间有波折，后面还有句号。在这个过程中你一定要让人物干什么？

生：对话，做动作。

2. 布置作业:《赛场风云》《奶奶的生日》

①《赛场风云》

师:好的,老师这里还有两幅图,是课本上"初试身手"的内容。第一幅图是《赛场风云》。你们来写的话,你一般会写赛场上的运动员们的——

生:动作。

师:旁边加油的这些同学要写他们的——

生:神态。

生:声音。

师:然后我们可以选一个同学做主角,要让他遇到困难,过程要有波折。

②《奶奶的生日》

师:第二幅图的内容是家人给奶奶过生日,你们应该能看到人物的动作,能看到人物是在说话。图片上人物的身份大家能看出来吧?他们都是谁?

生:奶奶、爸爸、妈妈、哥哥、妹妹。

师:然后你们看,每个人都有不同的动作,每个人都有各自的神情。

师:我们写的时候有三个要求。第一个要求,想象:让人物说起来;第二个要求,想象:让人物动起来;第三个要求,想象:让故事有波折。

师:今天我们学了两个本领,第一个本领是写故事的时候一定起因有疑问,过程有波折,事情有结局。第二种本领是让人物说话,让人物有动作。

| 点评 |

通过这篇课文的学习，学生对如何把一件事写清楚有了更清晰的认识，特别是如何把事情的经过部分写清楚，对让故事有波折有了初步的体会。张学伟老师再设计一组练习，从扶到放，让学生尝试着把一件事情写清楚。这样的设计有助于学生将学到的知识转化为技能，非常合理，也符合学生的认识规律。只是最后张学伟老师对本次习作提出的三个要求：让人物说起来，让人物动起来，让故事有波折。似乎拔高了本次习作的要求。按照这个习作单元提出的语文要素，这次习作重点还是围绕着把一件事情写清楚，最多再加上"特别是写好事情的经过部分"，这样是否更加符合本单元的教学目标，对提高小学生的习作水平更有帮助？

总 评

统编版语文教材每一册都编写有习作单元。习作单元的课文怎么教？张学伟老师的这堂课给我们做了很好的示范。

首先，每篇课文的教学目标必须与单元语文要素保持一致，不能另起炉灶。其实《爬天都峰》这篇课文可以学习的写作方法有很多，比如描写天都峰陡峭的这一段非常精彩，可以让学生学习怎样把山的特点描写具体；再比如课文中人物语言描写非常生动，可以让学生学习如何通过语言描写表达人物的思想情感等，这些写作方法都值得小学生学习。但是这个单元的语文要素是把一件事情写清楚，具体讲就是写一件事情，必须写清楚事情的起因、经过、结果。教学内容非常明确。因此张学伟老师对课文如何把天都峰又高又陡的特点描写具体，如何让人物动起来、让人物说起来，只是点到为止，没有过多展开。可见教师在教学习作单元课文时要有所取舍，无论是讲读课文，还是习作例文，都必须围绕单元重点目标展开教学，不能各自为政，自拉自唱。

其次，要区分清楚每篇课文所承担的教学任务，要形成梯度。第一篇讲读课文的重点是学习认识一件事情的写作方法，认识事情的起因、经过和结果。这一篇课文是跟进学习，不能重新开始学，要在新授课的基础上，复习巩固或迁移运用学到的写作方法。这节课的第二板块，张学伟老师先出示课件回顾《麻雀》这篇课文的起因、经过、结果，然后再引导学生通过自读课文，自己梳理爬天都峰这件事情的起因、经过、结果。学生通过对爬天都峰这件事情过程的分析梳理，丰富了认识，对如何把一件事写清楚有了更加清晰的理解。这样设计教学抓住了两篇课文之间的内在联系，准确地区分出两篇课文之间不同的教学任务，形成了明显的教学梯度。

再次，习作单元的课文重点应该聚焦写作方法的学习，但生字词语教学、课文朗读等基础性教学目标也不能忽视。张学伟老师在设计这堂课时专门设计了朗读训练板块，花了不少时间让学生读好天都峰的高，读好爬山的难，读好老少约定和峰顶交谈时的人物对话。引导学生通过朗读体会课文的写作方法，使学生在熟悉课文语言的同时，也潜意识地获得了文章的写作方法，积累了表达经验。其实无论是低年级还是中、高年级，无论是阅读单元的课文还是写作单元的课文，只要是语文教材中的课文都应该将朗读作为最基本、最重要的教学方法，通过朗读熟悉课文语言，培养学生语感。于永正老师说："书面语言是怎么学来的？是读。语感是怎么培养的？还是读。在这方面花时间是值得的。"于永正老师不仅是这样说的，也是这样做的。他的语文课，第一课时除了让学生学会生字词语，就是花大把时间引导学生反复朗读课文，通过各种方式的朗读让学生读懂课文、读熟课文。严格要求，一丝不苟。张学伟老师这堂课对课文朗读训练的重视，应该点赞。

最后，聚焦单元目标，设计运用写作方法的练习。张学伟老师在最后"初试身手"这个板块，利用图画引导学生共同编写"小胖学滑轮"这件事情的过程，特别是要想象出事情的曲折经过。学生在张学伟老师的指导下，通过想象编出六种不同的学滑轮的经过。这说明学生初步学会了把一件事写清楚这个写作方法。教师们都知道，理解一种写作方法与在实践中运用写作方法不是一回事。运用写作方法的难度相比理解要大得多，必须靠学生亲身实践才能真正学会。理解了但不会运用，其实不是真正的理解，只有学会运用才是真正的理解。学生通过这个练习可以为接下来"写一件事"的习作做好充分的方法上的准备，能在很大程度上提高下次习作的写作质量。

可以讨论的是，编写"小胖学滑轮"这个板块，学生只是编出了事情的经过，比如，"小男孩学滑轮遇到了困难，摔破了胳膊，在那里哭个不停，然后他爸爸对他说：'爱迪生失败了多少次才成功发明了电灯啊，而你就失败了几次，只要你坚持就可以学会的'"，仔细分析就会发现其中缺少事情的起因和结果。在其他几位学生的发言中这种情况也普遍存在。如果教师在学生交流的基础上，进一步要求学生再把事情的起因、结果补充完整，可能会与这堂课的教学目标更加贴近。至于在事情的过程中是否要写人物的动作、语言等，其实教师无须特别强调。学生能写最好，写不出也不必强求，因为这不是这堂课的重点，教师别指望一堂课能完成所有写作方法的指导。因此我建议删去最后的作业布置，把时间用在编好小胖学滑轮这件事上，把重点放在将事情的起因、经过、结果说清楚上。这样可以使这堂课的目标更加集中，重点更加突出，学生会更有收获。

教学设计

抓住矛盾，体会文字背后的复杂情感

——《彭德怀和他的大黑骡子》教学设计

文本的教学解读

好的文学作品往往需要透过语言的表象去体会背后的含义。这篇文章是很有特点的，它最显著的一点就是——课文中对彭德怀的描写有多处看似矛盾的地方，而这些细节正好引导学生体会人物外在表现背后的复杂的情感。这正是这个文本最有价值的地方（其他课文中很少有这种精彩的"矛盾"的细节）本设计紧紧抓住这个生长点，对课文中的细节进行品味、揣摩、想象，进而体会人物的情感。最后又拓展一篇同样具有"矛盾"细节的文章——《父亲的打》，让学生自主阅读，进一步体会表达的效果。这是此设计的初衷所在。

设计意图

品味细节，体会人物的行为、语言背后的矛盾心理。

教学过程

一、扣住字眼体会题目

师：这篇文章的题目是《彭德怀和他的大黑骡子》，常常有人说成《彭德怀和大黑骡子》。这两个题目有什么差别？

学生思考，交流。

| 设计意图 |

　　题目中"他的"突出了彭德怀和大黑骡子的深厚感情，突出了在过草地的艰苦条件下，大黑骡子对彭德怀无比重要，也表现了彭德怀杀大黑骡子的不舍和无奈。

二、引导体会"无奈决定"

　　师：文章往往是由一堆细节组成的。一般的文章里，细节所表现的人物情感往往是一致的。但是，今天这篇文章里却有许多矛盾的，甚至让人费解的地方。例如——

　　片段1：爱骡如亲

　　这匹从江西出发时就跟随彭德怀的大黑骡子，一路上又驮伤病员，又驮粮食和器材，每天它背上都堆得像小山似的。有时彭德怀抚摸着大黑骡子念叨着："你太辛苦了，连一点料都吃不上。"说着，就把自己的干粮分出一些，悄悄地塞进大黑骡子的嘴里，一直看着它吃完。

　　1. 学生自读。

　　2. 引导学生关注"大黑骡子"的细节——"又驮……又驮""每天""背上都堆得像小山似的"，体会大黑骡子的任务重，很辛苦。

　　3. 引导学生关注"彭德怀"的细节——"抚摸""念叨""分出干粮""悄悄塞进""看着吃完"。（大黑骡子是他最亲的伙计，彭德怀愿意分出自己宝贵的粮食给它吃。这个细节与之后"含泪杀骡"的细节形成鲜明的对比）

　　4. 指导朗读。注意彭德怀心疼大黑骡子的语气，朗读时注意停顿和想象。

　　片段2：下令杀骡

　　彭德怀（把饲养员喊了来）问："总共还有几头牲口？"

　　老饲养员回答："连你的大黑骡子还有六头。"

　　彭德怀（命令）："好，全集中起来，杀掉吃肉！"

　　老饲养员（着急）："什么，杀掉？你不出草地啦？"

　　警卫员（急忙围拢过来，大声）说："军团长，大黑骡子可不能杀呀！"

　　彭德怀（平静地对警卫员们）说："部队现在连野菜也吃不上了，只有杀牲口解决吃的，或许能多一些人走出草地。"

老饲养员（流着眼泪）说："可是你怎么走出草地？别的可以杀，大黑骡子一定要留下，它为革命立过功。"

彭德怀（拍着老饲养员的肩膀）说："你们能走，我也能走。雪山不是已经走过来了吗？草地又算得了什么！大黑骡子是为革命立了功，这次就让它立最后一次大功吧！"

大家（仍在请求）："还是把大黑骡子留下来吧！"

彭德怀（有些不耐烦了，大声）说："邱南辉，传我的命令，让方副官长负责杀骡子！"

1. 指导学生读出坚决的语气，故意显出彭德怀的"无情"。

2. 添上细节："深情地望着拴在不远处的大黑骡子""彭德怀背过脸去"，让学生由这些细节来体会彭德怀"有情"，体会他内心的复杂和矛盾。

彭德怀（把饲养员喊了来）问："总共还有几头牲口？"

老饲养员回答："连你的大黑骡子还有六头。"

彭德怀（命令）："好，全集中起来，杀掉吃肉！"

老饲养员（着急）："什么，杀掉？你不出草地啦？"

警卫员（急忙围拢过来，大声）说："军团长，大黑骡子可不能杀呀！"

彭德怀 **（深情地望着拴在不远处的大黑骡子，平静地对警卫员们）**说："部队现在连野菜也吃不上了，只有杀牲口解决吃的，或许能多一些人走出草地。"

老饲养员（流着眼泪）说："可是你怎么走出草地？别的可以杀，大黑骡子一定要留下，它为革命立过功。"

彭德怀（拍着老饲养员的肩膀）说："你们能走，我也能走。雪山不是已经走过来了吗？草地又算得了什么！大黑骡子是为革命立了功，这次就让它立最后一次大功吧！"

大家（仍在请求）："还是把大黑骡子留下来吧！"

彭德怀（有些不耐烦了，大声）说："邱南辉，传我的命令，让方副官长负责杀骡子！"

彭德怀背过脸去。

3. 想象说话：彭德怀深情地望着拴在不远处的大黑骡子，他在心里默默念叨着：_____。

| 设计意图 |

    这里有两个教学环节，环环相扣。一是发现细节。显示彭德怀的"无情"，进而抓住细节，让学生体会他的"有情"。这样，人物复杂的心情和作者高明的表达就呈现出来。二是想象细节。抓住彭德怀的"深情一望"和"默默念叨"，使人物的心理活动能够活化再现，这处空白的填补使设计有了张力。

三、自主体会"艰难杀骡"

师：看来大黑骡子也必须杀掉了——为了救许许多多的战士，为了大家能够走出草地！我们来揣摩"杀骡"的这部分描写。

枪声没有响，谁也不愿意开枪。

十分钟过去了，没有谁下得了那个狠心。六头牲口都好像预感到了什么，集体嘶叫了几声，又都默默地低下了头。

二十分钟过去了，仍然没有听到枪声。

"副官长，快开枪！你不向它们开枪，我就要向你开枪！"彭德怀双手叉在腰间怒吼道。

手提机枪的方副官长把六头牲口向远处牵了牵，枪口对准了它们，大家都闭上了眼睛。

枪声响了。

彭德怀向着斜倒下去的大黑骡子，缓缓地摘下军帽……

这天晚上，草地篝火旁多了些生机。彭德怀推开警卫员端来的一碗肉汤，发火道："我吃不下，端开！"

1. 自主朗读，品味细节。

2. 交流体会：通过"叉腰""吼道""缓缓地摘下军帽""推开""发火""吃不下"等细节体会彭德怀的复杂难受的心情。

3. 展示朗读。

4. 想象说话：彭德怀缓缓地摘下军帽，他在心里默默念叨着：（　　　　）

| 设计意图 |

再次想象，彭德怀向他的战友大黑骡子的最后告别。

四、迁移阅读

师：很多文学作品里也有类似的矛盾细节，请大家自己阅读下面这篇文章，请你关注文章中的"矛盾细节"，体会其中的含义。

父亲的打

阎连科

我每每想起我父亲，都是从他对我的痛打开始的。

我记得的第一次痛打是我七八岁的当儿。那时候，每年的春节之前，父亲都会千方百计存下几块钱，换成一沓儿簇新的一角的毛票，放在他的苇席下，待到了初一那天，发给他的儿女和正月来走亲戚的孩娃们。可是那一年，父亲要给大家发钱时，那几十、上百张一毛的票儿却没有几张了。那一年，我很早就发现那苇席下藏有新的毛票儿。每天上学时，我总是从那席下偷偷地抽走一张，在路上买一个烧饼吃。

从初一到初五，父亲没有给我脸色看，更没有打我和骂我，他待我如往年无二，让我高高兴兴过完了一个春节。可到了初六，父亲问我偷钱没有。我说没有，父亲便厉声让我跪下了。反复问我偷没有，我都说没有，父亲便狠力地朝我脸上捆起耳光来。我的脸又热又痛，到了实在不能忍了，我才说那钱确实是我偷的，全都买了烧饼吃掉了。然后，父亲就不再说啥儿，把他**的头扭到一边去**，不看我，可等他**再扭头回来**时，我看见他**眼里含着的泪**。

| 批注 |

一个"扭"，是父亲下意识的掩饰，但"眼里含着的泪"让我们窥见他严厉外表下的内心世界，那是对儿子的心疼，也有一个父亲无奈的辛酸。

第二次，仍是在我十岁之前，我和几个同学到人家地里偷黄瓜。仅仅因为偷黄瓜，父亲也许不会打我的。主要是因为我们其中还有人偷了人家那一季卖黄瓜的钱。那钱是人家一年的口粮，不把钱还给人家，人家一家就无法度过那年的日子。

父亲知道后，也许认定那钱是我偷的，毕竟我有前科。他让我跪在院落的一块石板地上，先噼里啪啦把我痛打一顿后，才问我偷了人家的钱没有。我说没有，父亲就又噼里啪啦地朝我脸上打，直打得他没有力气了，才坐下直盯盯地望着我。那一次，我的脸肿了。因为心里委屈，夜饭没吃，我便早早地上了床去。睡到半夜父亲却把我**摇醒，好像求我一样**问："你真的没拿人家的钱？"我朝父亲点了一下头。然后父亲就拿手去我脸上**轻轻摸了摸**，又把他的脸**扭到一边**，看着窗外的夜色和月光。一会儿他就出去了，坐在院落里，**孤零零地坐在我跪过的石板地上的一张凳子上**，望着天空，让夜露潮润着，直到我又睡了一觉起床小解，父亲还在那儿**静静地坐着没有动**。

| 批注 |

"摇醒，好像求我一样问""轻轻摸了摸，又把他的脸扭到一边"——又是"扭"！让学生体会父亲的复杂的心情。"坐在我跪过的石板地上的一张凳子上。"想象父亲的心理活动。

第三次，父亲是最最应该打我的，应该把我打得鼻青脸肿、头破血流的，可是父亲没打我。那时我已经十几岁，到乡公所里去玩耍，看见一个乡干部屋里的窗台上放着一个精美铝盒的刮脸刀，我便把手从窗缝伸进去，把那刮脸刀盒偷出来，回去对我父亲说，我在路上拾了一个刮脸刀。

父亲不是一个刨根问底的人，我也不再是一个单纯素洁的乡村孩子了。到后来，那个刮脸刀，父亲就长长久久地用将下来了。每隔三朝两日，我看见父亲对着刮脸刀里的小镜刮脸时，心里就特别温暖和舒展，好像那是我买给父亲的礼物一样。多年后，我当兵回家休假时，看见病中的父亲还在用着那个刮脸刀架在刮脸，心里才有一丝说不清的酸楚升上来。我对父亲说："这刮脸刀你用了十多年，下次回来我给你捎一个新的吧。"父亲说："不用，还好哩，结实呢，我死了这刀架也还用不坏。"

听到这儿，我有些想掉泪，也和当年打我的父亲一样，**把脸扭到了一边去**。

| 批注 |

我也是"扭"！这个细节值得学生再次品味。

两年后，我的父亲病故了。回家安葬完了父亲，收拾他用过的东西时，我看见那个铝盒刮脸刀静静地放在我家的窗台上，黄漆脱得一点都没了，铝盒的白色在锃光发亮地闪耀着。

算到现在，父亲已经离开我二十四五年了。我不停地想念他。而每次想念父亲，又似乎都是从他对我的痛打开始的。我没想到，活到今天，父亲对我的痛打，竟使我那样感到安慰和幸福。可惜的是，父亲最最该痛打、暴打我的那一次，却被我遮掩过去了。而且时至今日，我都还没有为那次真正的偷盗而懊悔，只是觉得父亲要是在那次我真正的偷盗之后，能再对我有一次痛打就好了。在父亲的一生中，要能再对我痛打十次、八次就好了。觉得父亲如果今天还能如往日一样打我、骂我，我该有何样的安慰、幸福啊。

这篇文章是由学生自主阅读的。他们"寻找细节——品味细节——想象细节"，最后拿父亲的"扭"和"我"的"扭"做对比，人物的情感得到升华，形象更加凸显。这里整个的过程，都是学生自主完成的。寻找细节，学生自读；细节想象，学生设计；细节对比，自主交流。有了前面教师导读的精心设计，这里一切水到渠成，达到了"自能读书"的效果。

五、自由抒写

为《彭德怀和他的大黑骡子》画一幅画或者为"大黑骡子"写一段墓志铭。

| 设计意图 |

这是对主题的进一步深化，也是理解和表达的融合。

向晏子学习"反驳"的艺术

——《晏子使楚》教学设计

文本的教学解读

学会表达、学会说话，是一个人需要毕生学习的一项本领。《晏子使楚》正是一个学习说话（反驳）的经典文本。面对楚王的三次侮辱和刁难，晏子绵里藏针，巧妙回击，维护了自己和国家的尊严。课文中对晏子三驳楚王的描写相当精彩，从中不难领略晏子这位政治家、外交家的机智灵活及论辩、反击技巧。他遇到侮辱时，首先是临危不乱，以退为进（接过对方的逻辑），然后以其人之道还治其人之身，言语不露痕迹，恰到好处，使楚王无话可说。楚王让其从小门入，意在给他一个下马威。晏子则毫不畏惧，据理反击："使狗国者，从狗门入。"将"狗"之辱还给楚王。楚王讥笑晏子不堪使命，晏子则回答："贤者使使贤王，不肖者使使不肖王，婴最不肖故直使楚矣。"接过楚王话题，将"不肖"之诬回敬楚王。针对楚王诬齐人"善盗"，晏子引用化橘为枳的故事。说明橘生淮南为橘，生于淮北为枳，叶徒相似，味实不同，原因在于水土不同。然后采用类比推理，指出齐人在齐不盗，入楚则盗，正是楚之社会环境使然。

文中所塑造的晏子形象，临大节而不辱，出妙语而制胜。需要提醒的是，作为使者，晏子的反驳并不是不留情面、语言犀利、针锋相对，而是"谈笑间，樯橹灰飞烟灭"。其思维的敏捷，论辩的严密逻辑性以及作为政治家、外交家的气量风度，均给读者留下难以磨灭的印象。晏子高超绝妙的讲话艺术，是最值得学习的语言秘诀。

本设计以品析晏子的语言为主要教学活动,以"怎样巧妙反驳"为学生的生长点,依据文本,层层深入,力图把感悟和实践相结合,和学生一起领略、学习说话的艺术。

设计意图

1. 在故事里朗读体会,感受角色,体会晏子的机智。
2. 在语言里反复品析,感悟秘妙,体会反驳的艺术。

教学过程

一、读题目

1. 晏子。

(1) 介绍"子"是古代对有学问、有智慧、有操守的男子的尊称。如:孔子(孔丘)、孟子(孟轲)、孙子(孙武)、老子(李耳,老聃)。读好"子"的读音——老子、孙子、孔子

(2) 出示。晏子,名晏婴,字平仲,春秋时著名的政治家、外交家,为齐国上大夫四十余年。聪明机智,能言善辩,内谏齐王、外捍国威。孔子赞曰:"救民百姓而不夸,行补三君而不有,晏子果君子也!"

晏子的功绩是很高的,但是他的个子很矮。史书上说他"不足六尺",按现在的尺寸,只有大约一米四左右。

2. 楚——春秋时诸侯国中的强国;齐——曾经的霸主,到晏子时已逐渐势微。

3. 使:访问。

4. 概括课文:本文写晏子出使楚国,写了几件事?面对什么样的情况?他是怎么做的?最后结果如何?

(先师生共同说,完成板书,然后让学生看着板书概述内容)

板书:

```
楚王（侮辱）            晏子（反击）
    入城
    会见
    赴宴
```

| 设计意图 |

　　这个环节,对题目的解读比较详细,因为牵涉课文故事的背景,所以必须多讲几句。学生不难找到这些资料,可以自己先预习查找,课上交流。教师做必要的引导。最后的概括既是对全文的梳理,也是引入正文的开始。

二、读词语

1. 出示几个词语。

2. 学生在课文中寻找关于这几个词语的描写的语句。

张袂成阴:大伙儿把袖子举起来,就是一片云。

挥汗成雨:大伙儿甩一把汗,就是一阵雨。

比肩继踵(摩肩接踵):街上的行人肩膀擦着肩膀,脚尖碰着脚跟。

3. 根据课文理解,解释"袂""踵"的意思。袂——衣袖;踵——脚跟。

4. 师(质疑):三个词语都是说人多。当楚王说:"齐国没有人了吗?"为什么晏子马上严肃反驳楚王,说齐国人很多?

(春秋时候,人口多是国家强盛的标志之一。晏子这是适时地维护国家的尊严)

三、读课文

1. 入城——读出语气。

楚王知道晏子身材矮小,就叫人在城门旁边开了一个五尺来高的洞。晏子来到楚国，楚王叫人把城门关了，让晏子从这个洞钻进去。晏子看了看，对接待的人说："这是个狗洞，不是城门。只有访问'狗国'，才从狗洞进去。我在这儿等一会儿，你们先去问个明白，楚国到底是个什么样的国家？"接待的人立刻把晏子的话报告给楚王。楚王只好吩咐大开城门，把晏子迎接进去。

（1）读出语气：指导学生读好晏子的话，怒而不发、绵里藏针。想象一下，如果是张飞，遇到这样的侮辱，会怎么办？对比出晏子的沉着和风度。帮助学生读出语气。

（2）引导学生理解晏子的话的含义：三段论——访问狗国，钻狗洞。（大前提）如果今天我钻狗洞。（小前提）楚国就成了狗国。（结论）

2. 会面——读出神情。

晏子见了楚王。楚王对他瞅了一眼，冷笑一声，说："难道齐国没有人了吗？"晏子严肃地回答："这是什么话！我国首都临淄住满了人。大伙儿都把袖子举起来，就能够连成一片云；大伙儿都甩一把汗，就能够下一阵雨；街上的行人肩膀擦着肩膀，脚尖碰着脚跟。大王怎么说齐国没有人呢？"楚王说："既然有这么多人，为什么打发你来呢？"晏子装着很为难的样子说："您这一问，我实在不好回答。撒个谎吧，怕犯了欺君之罪；说实话吧，又怕大王生气。"楚王说："实话实说，我不生气。"晏子拱了拱手说："敝国有个规矩：访问上等的国家，就派上等人去；访问下等的国家，就派下等人去。我最不中用，就派到这儿来了。"说着他故意笑了笑，楚王也只好陪着笑。

（1）读出神情：抓住楚王"瞅了一眼，冷笑——陪着笑"；晏子"严肃——装为难——拱手——故意笑了笑"来导读。

（2）对比：楚王的"冷笑"——嘲笑，看不起晏子。"陪笑"——尴尬无奈。晏子的"故意笑"——反驳成功，略带嘲讽。

（3）学生自己理解晏子的话的含义：三段论——上等国，上等人；下等国，下等人。（大前提）我是最下等的人，来了楚国。（小前提）楚国是下等国。（结论）

3. 赴宴——演出神韵。

一天，楚王安排酒席招待晏子。正当他们吃得高兴的时候，有两个武士押着一个囚犯，从堂下走过去。楚王看见了，问他们："那个囚犯犯的什么罪？他是哪里人？"武士回答说："犯了盗窃罪，是齐国人。"楚王笑嘻嘻地对晏子说："齐国人怎么这样没出息，干这种事情？"楚国的大臣们听了，都得意扬扬地笑起来，他们以为这下晏子可丢了脸的。哪知晏子面不改色，他站起来说："大王怎么不知道哇？淮南的柑橘，又大又甜。可是这种橘树一种到淮北，就只能结又小又苦的枳，还不是因为水土不同？同样的道理，齐国人在齐国能安居乐业，好好地劳动，一到楚国，就做起盗贼来了，也许是两国的水土不同吧。"楚王听了，只好赔不是说："我原来想取笑大夫，没想到反倒让大夫取笑了。"

（1）这个环节放手让学生先分角色读，再合作"表演"。注意指导学生表演的关键点，依次是：楚王"笑嘻嘻"，大臣"得意扬扬"，晏子"面不改色"，楚王"赔不是"。

（2）理解晏子的话的含义：三段论——南橘北枳，水土不同。（大前提）齐民楚盗。（小前提）楚国是盗国。（结论）

四、品语言

1. 分析"反驳"——巧妙。

（1）师：对比晏子的三次反驳，你有什么发现？结合板书讲一讲。

板书：

	楚王（侮辱）	晏子（反击）
入城	狗洞	狗国
会见	下等人	下等国
赴宴	齐——盗人	楚——盗国
将计就计		

（2）师生交流：晏子以退为进，以其人之道还治其人之身，反驳得楚王哑口无言，真是巧妙！

2. 质疑"锋芒"——不妙。晏子这样针锋相对地反驳楚王，很解气，但是，真的巧妙吗？

（1）分析晏子身负"联楚抗晋"的方针，有人质疑。齐国有人进言给齐王："晏子身负齐国联楚抗晋之大计，语言却大有不逊，不妥，不妥。"你怎么看？

（2）分析每段话中的"锋芒"在哪里。

A. 只有访问"狗国"，才从狗洞进去。我在这儿等一会儿，你们先去问个明白，楚国到底是个什么样的国家？（暗指"楚国是狗国？"）

B. 我最不中用，就派到这儿来了。（暗指"楚国是下等国？"）

C. 齐国人在齐国能安居乐业，好好地劳动，一到楚国，就做起盗贼来了，也许是两国的水土不同吧。（暗指"楚国是盗贼国？"）

3. 体会"锋芒"——妙处。

师：既然这样有锋芒，容易得罪楚王，把事情搞砸，晏子为什么还要说这些话？请你再次默读全文，找出根据。

（1）"使臣"代表国家，应不辱使命，"侮晏即辱齐，敬晏即尊齐"。

（2）楚王意欲侮辱晏子，一再挑衅，极端无礼。

（3）再析晏子话中"锋芒"，真的是"针锋相对"吗？体会晏子语言中的"留有余地"（三段论推理中，并没有直接说出结论）

①只有访问'狗国'，才从狗洞进去。我在这儿等一会儿，你们先去问个明白，楚国到底是个什么样的国家？（未明言楚国为狗国）

②我最不中用，就被派到这儿来了。（未明言楚国为下等国）

③齐国人在齐国能安居乐业，好好地劳动，一到楚国，就做起盗贼来了，也许是两国的水土不同吧。（未明言楚国为盗贼国）

感悟：**晏子反驳柔中带刚，绵里藏针，有理有节，留有余地。**

（板书：有理有节）

板书：

```
        楚王（侮辱）            晏子（反击）

入城      狗洞                狗国？

会见      下等人              下等国？

赴宴      齐——盗人          楚——盗国？

将计就计                      有理有节
```

| 设计意图 |

　　这个环节的思辨过程，是设计中的难点。从体会到"巧妙"，到意识到"不妙"，再到品析出"很妙"，这是一个深入浅出、来来回回的过程。学生对语言的感觉，对问题的认识，学生的思维正是在这样的过程中逐步提高和加深的。

五、拓展

列举两个周恩来总理的例子来引导学生进一步体会"反驳"的智慧。

　　举例1：一次，周恩来接见的美国记者不怀好意地问："总理阁下，你们中国人为什么把人走的路叫作马路？"他听后没有急于用刺人的话反驳，而是妙趣横生地说："我们走的是马克思主义之路，简称马路。"这个美国记者仍不死心，继续出难题："总理阁下，在我们美国，人们都是仰着头走路，而你们中国人为什么低头走路，这又怎么解释呢？"

　　（1）学生自己猜测周恩来总理怎样回答。

　　（2）出示答案：

　　周总理笑着说："这不奇怪，问题很简单嘛，你们美国人走的是下坡路，当然要仰着头走路了，而我们中国人走的是上坡路，当然是低着头走了。"

　　举例2：有一次，周恩来和一位美国记者谈话时，记者看到总理办公室里有一支派克钢笔，便带着几分讽刺，得意地发问："总理阁下，你也迷信我国的钢笔吗？难道中国连一支钢笔都造不出来吗？"

（1）学生自己猜测周恩来总理怎样回答。

（2）出示答案：

周恩来听了风趣地说："这是一位朋友送给我的。这位朋友对我说：'这是美军在投降签字仪式上用过的，你留下做个纪念吧！'我觉得这支钢笔的来历很有意义，就留下了贵国的这支钢笔。"美国记者的脸一直红到了耳根。

让学生说说自己知道的"巧妙反驳"的例子。

古诗可以这样"玩"

——《游园不值》教学设计

文本的教学解读

教学的最高境界是"玩中学"。学生最厌烦的教学方式就是板着面孔的说教。在实际教学中，影响学生最终学习效果的，一是师生间的关系。师生间的情感在学习过程中不仅起到润滑剂的作用，还应是激发学生学习的源动力，"亲其师信其道"绝不只是说说而已。二是教师的智慧。教师的眼光，教师的视野，教师的思维方式，教师的行为习惯无不影响着学生的发展。那么，怎样才能使教学过程能够"促进情感，增长智慧"呢？这就聚焦到一个字——"玩"。教师设计什么样的活动，能带动全体学生"玩"？在"玩"的过程中，如何落实教学目标？如何让学生"玩"出味道，"玩"出内涵，"玩"出语文，"玩"得高效？这是很考验教师的智慧和设计能力的。这节课，以"玩"为主线，以"用"为落脚点，试图向"玩中学"的境界迈出一小步。

设计意图

1. 以"玩"的状态读古诗，在朗读中再现诗境。
2. 从"用"的角度编故事，在表达中活化诗情。

教学过程

一、"玩读"《所见》——古诗可以这样读

1. 出示《牧童骑牛图》。

2. 师：同学们，这幅图的内容画的是你们熟悉的一首古诗。谁来猜猜是哪一首古诗？

生：《清明》。

师：你怎么知道？

生：因为有牧童。

师：你把《清明》背给大家听。

生：清明时节雨纷纷，路上行人欲断魂。借问酒家何处有，牧童遥指杏花村。

师：你再仔细看看这幅图，至少有两个地方和《清明》这首诗不符。

生（仔细看图）

师：谁来帮帮他？

生：好像天气不对啊。《清明》写的是雨天，清明时节雨纷纷，下着小雨呢，而图上是晴天。

师：对。这是第一个不同。还有吗？你们看，借问酒家何处有，图上只有一个牧童啊，问路的诗人呢？有吗？

生：没有。

师：季节不对，人物不对，那么，故事肯定也不对。这幅图上是一个牧童骑着黄牛。

生：是《所见》吧！

师：《所见》？你来背给大家听。

生：牧童骑黄牛，歌声振林樾。意欲捕鸣蝉，忽然闭口立。

师：什么故事？什么剧情？

生：就是有一个牧童骑着黄牛在林中唱歌，后来看到一只蝉，他想捉蝉。

师：想捉蝉，他怎样了呢？

生：他不敢再唱歌了，赶紧闭嘴。

师：是啊，怕惊动了蝉。是这首诗吗？

生齐：是！

师（出示《所见》诗句）：请大家一起来读这首小诗。

（生齐读）

师：我再请两位同学来读，大家注意听，听他们读这首诗的感觉对不对。

（指名两个学生读）

师：他们读的感觉对吗？

生（不知怎样回答）

师：读诗，好的朗读是可以让人马上明白诗的意思的。这样吧，今天，我教你们一种读法，让你们只要一读这首诗，诗的意思听者马上就会知道。而你们，根本就不用去硬记什么诗意，只要会读，意思立刻明白。想学吗？

生：想。

师：你们看，这首诗前两句——一个牧童骑着黄牛在唱歌，他的歌声在林间回荡。小牧童开心吗？

生：开心。

师：那就要用开心的语气去读。另外，歌声在林间回荡，怎样才能读出歌声久久回荡的感觉？

生：应该把声音拉长来读。

生：应该声音会越来越弱，从高到低。

师：声音拉长，越来越弱，渐渐消失。是吗？

生：是。

师：谁来试着读一读？

（指导学生读出渐行渐弱的"歌声回荡"的感觉。前两句朗读声音缓慢，拉长，渐弱渐无）

师：后两句呢？忽然看到了鸣蝉，想要捉它。怎么读？

生：读出"忽然"的感觉。

生：读的时候速度要快点，急促一些。

师：谁来读一读？

（指名几个学生读）

师：还要再急促、突然一些。如果加上手势就更好了。

（指导学生朗读时加手势——突然捂嘴，用急促的语调读）

师：有趣吗？连起来读全诗！

（生朗读）

师：这样玩着读诗，还用得着硬记诗的意思吗？

生：（笑）不用。

| 设计意图 |

　　这一段教学，为下面的教学做了铺垫。没有这一段的"玩读"，学生不会明白这样的读是把诗意理解和表达体会融合在一起，而且读的方式比较自由，完全可以根据自己的理解来读，唯一的要求就是尽量表现诗的内容，不能偏离诗意。只有学生有了这一段的"玩"，才能很快进入下一阶段对《游园不值》的"玩读"。所以说，这一段"铺垫"是不可缺少的。

二、猜读会意——我们也来玩着读

师：但是今天，我让你们学的这首诗可没有这么简单。

（出示：《游园不值》全诗，带插图）

1. 学生自由朗读：注意"屐齿、苍苔、柴扉"的读音，注意诗句连贯。

2. 看图猜意。

苍苔——先在图中找（小草）。

屐齿——由"印苍苔"联想，在图中找到木屐（鞋子），进而理解屐齿。

柴扉——看图由小扣进而找到柴扉（柴门。理解"扉"：门扇。组词"扉页""心扉"）

怜——爱惜、心疼。

| 设计意图 |

　　如何理解字词？图文结合，利用图画来理解字词是一种好办法。只是，在实际教学中，我们往往忽视了插图的作用，造成了资源的浪费。这值得关注。

3. 玩读诗句。

应怜屐齿印苍苔——

　　学生表演读：高抬脚，轻放下，小心翼翼，不忍踏上小草。语气中要有"小心翼翼"之意。

小扣柴扉久不开——

　　学生表演读：小扣柴扉久久不开时，诗人有些心急（可以做皱眉、挠头、摸胸口等焦急的动作），但又很有耐心，一会儿又举手轻叩柴门。朗读时注意停顿，"久不开"要读出"焦急而有耐心"的情感。

春色满园关不住，一枝红杏出墙来——

　　体会作者刚想离去，忽然发现"墙头一枝杏花"时心中的惊喜。朗读时语速加快，表现"惊喜"之情。

4. 表演读全诗——让人物活起来。

5. 体会诗人的"怜惜——焦急——耐心——惊喜"（怜——急——喜）的情感变化。

| 设计意图 |

　　这一段教学着重是"放"，让学生自己"玩读"。自己读、展示读、交流读，这样，学生就越读越高兴，也越来越能够充分表现诗意。自主学习和合作学习就是这样真实地发生。

三、想象故事——一草一木皆有情

1. 师：同学们，这个故事中有两个人——诗人和主人。诗人来游园，不料柴门紧锁，不能入内。他对小草的怜爱，他的焦急和耐心，他的惊喜和发现，我们都已经知道，而且和他一起感受了。那么，主人呢？他在不在家？假如在家，他为什么不开门呢？他在担心什么呢？这都给我们留下想象的余地。更奇妙的是，这个故事中的"人物"可不止诗人和主人两个。人物、人物，可以是人，也可以是物。你们说，故事中除了诗人和主人，还可以有哪些事？

生：木屐。它可以说话。

生：苍苔、杏花，它们都可以有情感。

生：柴扉也可以发言。

师：对啊。当它们都有了人的情感，都可以说话，可以发言，可以交流，那么，在这个故事中，它们会想什么，说什么呢？我们来展开想象，自己编这个故事，看谁的故事里这些人物最鲜活、最有趣！

2. 学生想象，编故事。

3. 交流指导，让每个人物都"活"在故事里。让人物鲜活，让诗情飞扬！

| 设计意图 |

诗情从哪里来？这个环节给出了答案。激发想象，让每个学生都进入诗中的情景。在学生的心里，让一草一木都活起来，让花草、树木、柴扉、杏花都有自己的情感，都有自己的语言。这，就不仅仅是在理解诗意，也不仅仅是在体会诗情，更重要的是在体验一种思维的方法，或者说是文学创作的方法，那就是"人有其言，物有其情"，这就是把"用"巧妙地融合在教学过程中了。在真实的教学中，学生通过"杏花"和"柴扉""苍苔"的对话，不仅仅进行了联想，更重要的是懂得了"不伤害才是真爱""真爱就要给他自由""爱就是等待""爱是围墙挡不住的""爱的真谛"……情感的熏染就这样默默地发生了。

读懂对话，教好对话

——《"精彩极了"和"糟糕透了"》教学设计

文本的教学解读

这篇课文的特点是有大量的对话。教会学生写对话，是小学阶段一个重要的任务，也是一个不容易完成的任务。教好对话的前提是教师要看懂对话。对话分很多种：《船长》中哈尔威和船员的对话是在危急情况下的对话，简短急促；《陶罐和铁罐》中是两个个性鲜明的人的对话，一个傲慢，一个谦逊；《半截蜡烛》中的对话是敌我双方的对话，谨慎机智；《晏子使楚》中两国之间的交锋，绵里藏针，不露锋芒……这篇文章里的对话，是持不同观点的两个人的争执——妈妈的"精彩极了"和爸爸的"糟糕透了"。这节课的设计围绕对话教学展开，有两个切入点：一个是妈妈和巴迪的对话。妈妈赞扬："巴迪，这是你写的吗？多美的诗啊！精彩极了！"短短的几句话，一个问号，两个叹号，夸张的语气，再加上夸张的动作——"眼睛亮亮""兴奋地嚷着，搂着我""不住地赞扬，高兴得再次拥抱了我"——这就是典型的妈妈式的夸赞！妈妈对孩子的夸赞，从来都是不惜溢美之词的，甚至有些夸张，有些不切实际。文中巴迪的妈妈真是如此。她一定知道这首诗是巴迪写的，也不一定有多出色，但是这毕竟是孩子第一次写诗，所以妈妈很夸张地表达自己的惊喜和赞美。妈妈的爱正是通过夸张的赞扬表达出来的。这就是人物的语言符合人物的身份。第二个切入点是巴迪爸爸和妈妈之间的争吵。这是两个持不同观点的人（关系是夫妻，争执的焦点是孩子的作品，是两种不同形式的爱的表达）的争吵。这样的对话比较典型，正好可以作为学生学习"争执"

的范本。基于此，这节课以"对话"教学为生长点，设计活动，层层推进，以期让学生有所收获。

设计意图

1. 读文学习对话。
（1）对话符合人物身份。
（2）学习一段争执对话。
2. 主题拓展迁移。
（1）多年后，父母接受采访。
（2）主人公的感言。

教学过程

一、读题目

1. 师：谁来读一读题目？——《"精彩极了"和"糟糕透了"》
2. 师：你们有什么发现？（两个引号）
3. 师：同样的一首诗，巴迪的爸爸和妈妈却给出了截然不同的评价。这是为什么？当时又是怎样的场景？我们来读课文。
4. 学生自读课文。

二、理词语

（一）第一组词语
1. 出示。眼睛亮亮   兴奋地嚷着   精彩极了
　　　　　得意扬扬   迫不及待   紧张极了
　　　　　自己判断   并不退让   糟糕透了
2. 学生读词语，发现什么？
（1）三排词语分别写母亲、"我"和父亲的表现。
（2）这三排词语出自巴迪的回忆，是写童年时的一件事，是描述的语言。

（二）第二组词语

1. 出示。

慈祥的母亲	爱的力量	灵感	创作源泉
严厉的父亲	警告的力量	平衡	时常提醒
长大的"我"	谨慎地把握	爱的鼓舞	爱的警示

2. 学生读词语，有什么发现？
（1）三排词语分别写母亲、父亲和"我"的表现。
（2）这三排词语出自巴迪的叙述，是写成年后的思考，是叙述的语言。

| 设计意图 |

　　这个环节，两组词语的学习，完成两个任务。一是凸显文中的三个人物，通过两组词语中他们不同的表现，勾勒出人物的显著区别，使学生对文中的人物有了整体的认识。二是借此理清文章的内容，一部分是"回忆"，以对话为主；另一部分是"思考"，以叙述为主。词语的教学，除了认准字音，理解字义外，还应该承担着其他的任务，这样的环节，起到一石三鸟的作用，体现了整合的效果。

三、学对话

读母亲的话，体会"对话符合人物身份"。
1. 出示。
（1）母亲一念完那首诗，眼睛亮亮，兴奋地嚷着："巴迪，这是你写的吗？多美的诗啊！精彩极了！"她搂着我，不住地赞扬。
（2）母亲说："这首诗不错。"
学生自己读，对比。你们发现什么？
2. 师生讨论：第二句话冷冰冰的，好像是一个陌生人说的话，肯定不是妈妈的赞扬。而第一句很夸张，作者用一个"？"和两个"！"表达母亲的惊喜，这是典型的"母亲式"表扬。妈妈对孩子的赞扬往往夸张，甚至有点夸大事实，这是出自妈妈的爱。
3. 师：生活中，你妈妈夸奖过你吗？她是怎么夸奖你的？说了什么？谁来说一说。

| 设计意图 |

　　这里引导学生链接生活，练习说一段话。在教学中，经常进行"说一段话"的练习很有必要，避免进行只言片语、零打碎敲的训练。

3. 读父母的对话，感受"态度鲜明的争执"。

（1）出示。

父亲（拿起了我的诗）："这是什么？"

母亲（上前说道）："亲爱的，发生了一件美妙的事。巴迪写了一首诗，精彩极了……"

"对不起，我自己会判断的。"

……

父亲（把诗放回原处）："我看这首诗糟糕透了。"

母亲（大声嚷道）："亲爱的，我真不懂你这是什么意思！这不是在你的公司里。巴迪还是个孩子，这是他写的第一首诗。他需要鼓励。"

父亲（并不退让）："我不明白，难道世界上糟糕的诗还不够多吗？哪条法律规定巴迪一定要成为诗人？"

（我再也受不了了！冲出饭厅，跑进自己的房间，扑到床上痛哭起来……）

（2）分角色读，体会人物不同的态度情感——母亲的急切，父亲的冷静；母亲的激动，父亲的坚持。

（3）体会这段对话的特点：通过截然不同的态度来表现人物。

四、读感悟

1. 出示作者感悟部分。

现在，我已经写了很多作品，出版、发行了一部部小说、戏剧和电影剧本。我越来越体会到我当初是多么幸运。我有个慈祥的母亲，她常常对我说："巴迪，这是你写的吗？精彩极了。"我还有个严肃的父亲，他总是皱着眉头，说："这个糟糕透了。"一个作家，应该说生活中的每一个人，都需要来自母亲的力量，这种爱的力量是灵感和创作源泉。但是仅仅有这个是不全面的，它可能会把人引入歧途。所以还需要警告的力量来平衡，需要有人时常提醒你："小心、注意、总结、提高。"

这些年来，我少年时代听到的这两种声音一直交织在我的耳际："精彩极了""糟糕透了""精彩极了""糟糕透了"……它们像两股风不断地向我吹来。我谨慎地把握住生活的小船，使它不被哪一股风刮倒。我从心底里知道，"精彩极了"也好，"糟糕透了"也好，这两个极端的断言有一个共同的出发点——那就是爱。在爱的鼓舞下，我努力地向前驶去。

2. 交流。抓住关键词语，理解父亲和母亲对"我"的不同的影响，也要体会到"我"从对父亲的不理解到感谢，知道"我"的逐步成长。这一部分，朗读要充满深深的"感激"之情。

五、迁移运用

师：几十年后，巴迪已经成为一位著名的作家。

1. 在一次颁奖大会上，记者采访了巴迪的父母。他的父母会说什么？（人物的语言要符合身份和性格）

（1）教师做记者，学生做父母，现场进行采访。

（2）学生把采访的过程写下来。

2. 假如巴迪根据自己的经历，进行了一个主题演讲《我的成长》，请你帮他写一写：

尊敬的各位嘉宾，朋友们：

……今天，站在这里，我觉得自己无比幸运。我首先要感谢（

　　　　　　　　　　）我还要感谢（　　　　　　　　　　　　　　　）

最后我想告诉大家的是（　　　　　　　　　　　　　　）

| 设计意图 |

这两个拓展练习，既落实了这节课的生长点——学会对话，又兼顾了文章的主题。拓展不离开文章的语境，学生想象就不会偏离主题。这是笔者的教学设计里一直提倡的。

走近有血有肉的孔子

——《论语·人》教学设计

文本的教学解读

这篇教学设计是《论语》的导读课。学生喜欢怎样读《论语》，学生喜欢怎样的孔子？他们眼里的孔子是怎样的？我们怎样才能使学生亲近伟人，进而亲近伟大的作品？这些问题，都应该进入我们教师的视野，引起我们的思考。毫无疑问，真实的孔子是有血有肉的，是有喜怒哀乐的、个性鲜明的活生生的人。而《论语》，也是充满人生智慧和生活气息的经典著作。透过《论语》、透过孔子与学生的对话，我们可以看到鲜活的生活场景，可以看到孔子和弟子们深邃的思考和妙趣横生的对话，甚至可以想象他们的神情和心境。我始终觉得，它还原了鲜活的孔子，让孔子走近学生身边，让学生知道他是个"有故事"的人，这对学生读《论语》，甚至对学生进一步了解历史人物都是有好处的。因为，"还原人物"本来就是一种很好的阅读学习方法。

设计意图

读《论语》，读得有趣有味，读出《论语》背后鲜活的人物。

教学过程

一、读《论语》，知评价

1. 师：在历史的长河中，能一直"活着"的人是很少的。但是，有一个人，他好像非常遥远，却和我们的心非常贴近。他从两千多年前的春秋走来，却一直活在每一个炎黄子孙的心中。2000 年，世纪之交，有一位诗人这样写道——

你立于滔滔而过的河岸

世界和你一同黯然

远古的神灯被遗弃在最偏僻的角落

世纪大殿到处是蛛网和黑暗

你把自己变成蜡烛了

在黑暗的时代

你微弱但顽强的光辉在风中艰难地闪耀

我

在几千年后的一个漆黑的夜里

遥遥地望你

衰弱的老人啊

你的智慧之灯依然不熄

在每一个世纪的窗口闪亮

2. 师：我想，不用说，大家都已经猜到诗中的人物是谁了。（出示孔子画像及简介）让我们穿越时空，先来读一读他的这些发人深省的话语吧。

二、读语句，知学问

1. 出示《论语》中大家熟悉的语句。

天行健，君子以自强不息。

2. 君子的学问。

师：他一生都在努力践行做一位君子。他说，做君子，首先要有好的学问——

学而时习之，不亦说乎？有朋自远方来，不亦乐乎？人不知而不愠，不亦君子乎？

（1）学生读。指名解释："说""乐"的读音，"愠"的读音及意思。

句意：学习了，然后经常去温习知识，难道不愉快吗？有朋友从远方而来，难道不愉快吗？别人不了解我，我也不怨恨（恼怒），难道不是一个道德上有修养的人吗？

（2）师总结。温习功课，是一种快乐；朋友来了，热情招待，也是快乐；别人不理解自己，甚至误解自己，一点也不恼怒，坚信"清者自清"。这是孔子给我们的贴心教导。

（3）学生再读这段话。

学而不思则罔，思而不学则殆。

（学生齐读。指名读、解释：读书却不思考，越学越糊涂；思考却不读书，会产生害处）

师：这是说思考有多么重要。且读且思啊！

三人行，必有我师焉。择其善者而从之，其不善者而改之。

（学生齐读。指名读、解释：几个人走路，一定有值得我学习的人。选择他的优点向他学习，借鉴他的缺点进行自我改正并告诉他人）

师：每个人都有让我们可以学习的地方，虚心向每一个人学习，取长补短。

知之者不如好之者，好之者不如乐之者。

（学生齐读。指名读、解释：知道学习的人不如喜欢学习的人，喜欢学习的人不如以学习为快乐的人。让学生猜一句最重要的教育名言——"兴趣，是最好的老师。"孔子两千多年前就说过了！）

（4）师：以上几句话说的是学习的快乐、学习和思考、学习的对象以及兴趣的重要。你们有什么要说的？就这几个观点发表意见，或者结合自己的学习经历谈谈看法。

| 设计意图 |

　　课外阅读，边读边悟，学生适时地发表自己的意见，联系自己的生活，这样，就觉得孔子的话和自己贴近了。这也是学与思结合的实际表现。

三、析言辞，懂"君子"

师：孔子说，做真君子，还要有好的品行——

人而无信，不知其可也。

（做君子的第一条要义是信守承诺。人无信誉，不知能干什么。补充：君子一言，驷马难追。千金一诺）

师：做君子的第二条要义也很简单——

己所不欲，勿施于人。

（君子不强人所难——自己做不到的事，不要强加在别人身上）

师：君子还有一个特征——

君子坦荡荡，小人长戚戚。

（君子光明磊落、心胸坦荡；小人则斤斤计较、患得患失。所以君子襟怀坦荡，小人计较个人得失）

师：君子的坚守——

三军可夺帅也，匹夫不可夺志也。

（三军可以剥夺主帅，匹夫不可剥夺志向。告诉我们每一个人无论贵贱，都有自己的原则和操守）

师：孔子总结自己的一生——

吾十有五而志于学，三十而立，四十而不惑，五十而知天命，六十而耳顺，七十而从心所欲不逾矩。

（我十五岁时立志于学习；三十岁时做事符合礼仪；四十岁时掌握了各种知识，不迷惑；五十岁时了解自然的规律，知道顺其自然；六十岁时一听别人言语，不用多想，便能明白；到了七十岁时便随心所欲，任何念头都不会越出规矩。)

| 设计意图 |

　　这里学生逐条读，然后粗知其意即可。重点是从中发现，孔子对自己的要求很高：信义为本，仁善为根。孔子是一位仁慈宽厚，对自己要求很高的、可爱的老人。

四、读故事，识弟子

师：孔门弟子三千，贤者七十二人。

1. 出示颜回图片及简介。（颜回是"三好学生"，孔子内定的"衣钵传人"）

（1）子曰："一箪食，一瓢饮，在陋巷，人不堪其忧，回也不改其乐。贤哉回也!"

（"箪食"读音。人皆"忧"，只有颜回"自得其乐"，他眼中是这些外在的东西吗？不，这就是真境界）

译文：孔子说："颜回，贤德啊，吃的是一小筐饭，喝的是一瓢冷水，住在穷陋的小房中，别人都受不了这种贫苦，颜回却仍然不改变向道的乐趣。颜回，贤德啊!"

（2）师：孔子有一次误会了颜回——故事《颜回"偷"米》。

　　有一次，孔子在陈、蔡两国之间的路上断了粮，跟随的弟子都饿得走不动路了。弟子子路向孔子抱怨道："难道君子也有穷困的时候吗？"孔子说："君子在穷困的时候能安守节操，小人穷困了就会为所欲为。"

　　后来，他最得意的弟子颜回好不容易找到一点儿米，便赶紧埋锅做饭。饭快熟的时候，孔子看到颜回从锅里抓出一把米饭送入口中。等到颜回请孔子吃饭时，孔子假装说："我刚刚梦见了父亲。我想用这干净的米饭来祭祀他。"颜回连忙说："不行，不行，这饭不干净，刚才烧饭时有些烟尘掉到锅里，我觉得弃之可惜，便抓出来吃掉了。"

　　孔子这才知道颜回并没有偷吃，心中不由感慨万分，便对弟子们说："我们相信自己的眼睛，以为眼睛看到的就是事实，但眼睛不一定可信；我们依靠自己的内心，以为内心的判断一定正确，但内心也不一定可靠。你们一定要记住，了解一个人实在不容易啊！"

学生读这个故事，然后读：

孔子曰："所信者目也，而目犹不可信；所恃者心也，而心犹不足恃。弟子记之，知人固不易矣。"

师："三好学生"颜回和孔子之间也发生过这样的误会。再看看孔子和其他弟子的故事——

2. 出示子路图片及介绍。（孔子最喜欢的学生）

（1）子曰："由，诲女知之乎！知之为知之，不知为不知，是知也。"

译文：子路啊，告诉你对待学问的态度吧！知道就是知道，不知道就是不知道，这样才是真正的智慧。

师：这是在干什么？

（训诫子路。仿佛看到孔子生气的样子）

（2）子曰："道不行，乘桴浮于海。从我者，其由与？"子路闻之喜。子曰："由也好勇过我，无所取材。"

译文：孔子说："如果我的主张行不通，我就乘上木筏子到海外去。能跟从我的大概只有仲由吧！"子路听到这话很高兴。孔子说："仲由啊，好勇超过了我，其他没有什么可取的才能。"

师：这是在干什么？

（嘲讽子路。拿子路开玩笑，善意的讽刺。孔子的另一面——幽默）

（3）宰予昼寝，子曰："朽木不可雕也，粪土之墙不可圬也！于予与何诛？"

译文：宰予白天睡觉。孔子说："腐朽的木头无法雕刻，粪土垒的墙壁无法粉刷。对于宰予这个人，责备还有什么用呢？"

师：这是干什么？

（责骂宰予。孔子有些恼羞成怒，骂得比较重）

师：这三个学生怎么样？

（孔子的这三个学生，一个好学沉稳，一个直爽性急，一个贪玩好睡）

师：孔子对他们怎么样？孔子有几张面孔？

（有表扬，有批评，有嘲笑，还有咒骂）

多样的学生，多面的孔子。

五、读经历，知孔子

1. 孔子的真实——《两小儿辩日》。

孔子东游，见两小儿辩斗，问其故。一儿曰："我以日始出时去人近，而日中时远也。"一儿以日初出远，而日中时近也。一儿曰："日初出大如车盖，及日中则如盘盂，此不为远者小而近者大乎？"一儿曰："日初出沧沧凉凉，及其日中如探汤，此不为近者热而远者凉乎？"孔子不能决也。两小儿笑曰："孰为汝多知乎？"

师：这个孔子如何？真是可爱：知之为知之，不知为不知。

2. 孔子的率真。

师：孔子还直接明码标价跟学生要学费呢——

孔子云："自行束脩以上，吾未尝无诲焉。"

译文：孔子说："只要自愿拿着十余干肉为礼来见我的人，我从来没有不给他教诲的。"

师：你看到一个怎样的孔子？

（直率，不作假）

3. 孔子的坚强。

师：就是这位正直博学、直爽可爱，和我们一样有着喜怒哀乐、有血有肉的圣贤，到了晚年，却连遭厄运——

孔子 67 岁时，妻子去世；69 岁时，唯一的儿子孔鲤去世；71 岁时，他最欣赏并寄予厚望的弟子颜回去世。孔子悲痛至极，哀叹道："天丧予！天丧予！"72 岁时，忠心耿耿的子路牺牲，孔子不食肉糜。公元前 479 年，孔子病重，子贡来看他，他说："赐！尔来何迟也？尔来何迟也？"

（体会孔子晚年的孤独坚强）

4. 孔子的伟大。

师：300 多年后，《史记》的作者司马迁这样评价孔子——

高山仰止，景行行止。虽不能至，然心向往之。

1600 多年后，宋代思想家朱熹这样评价孔子——

天不生仲尼，万古如长夜！

师：我常常揣想这样一幅场景：孔子和他的弟子们，一群颠沛流离、居无定所，却简单执着的读书人，在春秋的时空里，气宇轩昂地屹立于天地之间，他们守护着自己的激情与梦想，承担着一个民族的价值，写下"任重而道远"的使命和感叹！

2000 多年后，让我们再来读这样的诗句——

你立于滔滔而过的河岸

世界和你一同黯然
远古的神灯被遗弃在最偏僻的角落
世纪大殿到处是蛛网和黑暗
你把自己变成蜡烛了
在黑暗的时代
你微弱但顽强的光辉在风中艰难的闪耀

我
在几千年后的一个漆黑的夜里
遥遥地望你
衰弱的老人啊
你的智慧之灯依然不熄
在每一个世纪的窗口闪亮

读读演演，说说比比

——《寒号鸟》整合阅读教学设计

文本的教学解读

《寒号鸟》是一篇传统课文，也是一篇用对比手法写的童话。课文的显著特点是：①两个形象的对比。寒号鸟和喜鹊对待搭窝这件事的不同态度和最终的不同结果，其实就是教育学生对待生活应该采取什么样的态度。这种对比的表现手法在儿童作品中经常会用到。②相似段落的对比。文中喜鹊两次劝告寒号鸟，描写的句式和语气内容等都是大致相似的，这需要学生认识，并通过朗读来对比、感受句式的相似，以及表达情感的差别。

教学中，既要入文——读好这篇课文，完成单篇的教学任务，识字、读书、说话，一个都不能少；也要出文——认识这一类课文，为学生的阅读开阔一个比较大的视野，让学生从一篇课文"看到"一类课文，力图使他们的阅读达到举一反三、事半功倍的效果。

这是这篇设计的初衷。

设计意图

1. 多音字：两个常用的多音字"号"和"缝"的认识和运用。

2. 朗读：读好两组对话，对比异同。

3. 说话：两个练习——利用词语概括内容，补充课文内容。

4. 整合：认识这类有相似段落的故事类课文的特点，拓展几篇故事给学生阅读。

教学过程

一、看图说话——原来这是寒号鸟

1. 出示寒号鸟的两幅图：一幅飞行图——张开"翅膀"滑行。一幅静止图——浑身都是毛。

2. 师：有什么要说的吗？

（学生质疑：这是寒号鸟？这是鸟？翅膀呢？羽毛呢？……）

师介绍：寒号鸟，也就是飞鼠，它的"翅膀"其实就是前腿和后腿之间连着的皮毛，就像鸭子足上的蹼。有时候，它会从高处向低处滑翔，看上去就像是鸟在飞了！它的家在峭壁上的小洞里。传说，夏天的时候，它浑身的毛最漂亮。它特别骄傲，甚至觉得凤凰也不如它漂亮。于是它天天叫着："凤凰不如我！凤凰不如我！"到了深冬严寒的时候，它浑身的毛就脱落了，只好躲在窝里，喊着那句话——"哆啰啰，哆啰啰，寒风冻死我，明天就做窝。"因为它一到冬天就叫，所以人们叫它"寒号鸟"。

3. "寒号鸟"这个名字中哪个字是说它在叫？（号）

二、读词说文——概括故事有妙招

1. 多音字。

师出示两个多音字：号、缝。

号的两个音组词：háo——号叫、哀号、号哭；

hào——长号、短号、信号、吹号、口号。

缝的两个音组词：féng——缝补、缝衣，缝扣；

fèng——门缝、裂缝、缝隙、墙缝……

| 设计意图 |

　　学生利用自己的经验来组词，这是一种积累。尽量让学生多组词语没有坏处。需要提醒的是，学生交流的过程中，教师要认真听，有说得不正确的要及时纠正。

因为学生第一次学习的印象是相当牢固的，一旦出现错误，也是不易纠正的。

2. 两组词。

教师出示：一堵石崖　一道缝　　不听劝告　　得过且过

　　　　　东寻西找　衔回枯草　天气暖和　　赶快做窝

（1）学生读准字音，注意"衔"的读音。

（2）你有什么发现？第一组词语是说寒号鸟，第二组是说喜鹊。

3. 学习概括。

师：谁能用上刚才的两组词语，结合课文来说说故事讲的是什么。

| 设计意图 |

　　学生用上几个词语都行，关键是两个角色（喜鹊和寒号鸟）都要说到，另外要做到语句通顺，有头有尾，故事完整。

三、对比读文——两组对话有异同

1. 师：书中写了喜鹊和寒号鸟共几次对话？画出来读一读

2. 出示两组对话——

寒号鸟却只知道出去玩，累了就回来睡觉。

喜鹊说："寒号鸟，别睡了，天气暖和，赶快做窝。"

寒号鸟不听劝告，躺在崖缝里对喜鹊说："傻喜鹊，不要吵，太阳高照，正好睡觉。"

冬天说到就到，寒风呼呼地刮着。喜鹊住在温暖的窝里。寒号鸟在崖缝里冻得直打哆嗦，不停地叫着："哆啰啰，哆啰啰，寒风冻死我，明天就做窝。"

第二天清早，风停了，太阳暖暖的，好像又是春天了。

喜鹊来到崖缝前劝寒号鸟："趁天晴，快做窝，现在懒惰，将来难过。"

寒号鸟还是不听劝告，伸伸懒腰，答道："傻喜鹊，别啰唆，天气暖和，得过且过。"

寒冬腊月，大雪纷飞。北风像狮子一样狂吼，崖缝里冷得像冰窖。寒号鸟重复着哀号："哆啰啰，哆啰啰，寒风冻死我，明天就做窝。"

3. 引导关注提示语及对话的内容，读出两次对话的层层递进。这个导读的过程尤其重要，简要操作如下：

（1）学生自己读第一组对话，然后同桌分角色练习读。

（2）学生推选出两个同学来分角色读，其他同学听，看看他们读得像不像"喜鹊"和"寒号鸟"的口气。然后，师生一起商量，再读。"喜鹊"要读出"着急"的语气，而"寒号鸟"则是满不在乎，最后在窝里"不停地叫着"，读出"哆嗦寒冷"的感觉。

（3）学生自己读第二组对话，想一想，第二组的描写和第一组有什么不同？

（4）关注："来到崖缝前劝寒号鸟""还是不听劝告，伸伸懒腰""重复着哀号"这些地方的不同，然后与同桌分角色练习读对话。

（5）再次推荐同学分角色读。这次"喜鹊"要"来到崖缝前劝寒号鸟"，距离更近了，说明"喜鹊"更替"寒号鸟"着急了；而"寒号鸟"则"还是不听劝告，伸伸懒腰"，甚至有点不耐烦了；最后，"寒号鸟"临终前的哀号越来越微弱，直至气绝。

| 设计意图 |

通过细致具体的导读，再现人物，再现场景，学生的语感就是在朗读和对比中逐渐形成的。

四、补白说话——故事主旨见分明

两个补白练习（学生选一个说话）

1. 寒号鸟在寒冬的夜里冻死了……早上，喜鹊来叫它的邻居起床，却再也叫不醒寒号鸟了。它对寒号鸟说：（　　　　　　　　　　　　　　　　　）

参考句式：

（1）"寒号鸟啊寒号鸟，你_____。"

（2）"寒号鸟啊，你千不该万不该_____。"

(3)"寒号鸟，现在你一定后悔了吧，＿＿＿＿＿＿＿＿＿＿＿＿＿。"

……

2. 寒号鸟在寒冬的夜里冻死了。喜鹊发现寒号鸟留给了大家几句话：

＿＿＿＿＿＿＿＿＿＿＿＿＿＿＿＿＿＿＿＿＿＿＿＿＿＿＿＿＿＿＿

参考句式：

(1)"朋友们，我现在真后悔啊，＿＿＿＿＿＿＿＿＿＿＿＿＿＿＿。"

(2)"喜鹊，对不起，＿＿＿＿＿＿＿＿＿＿＿＿＿＿＿＿＿＿＿。"

(3)"朋友们，你们一定要记住一个道理：＿＿＿＿＿＿＿＿＿＿＿。"

……

| 设计意图 |

　　这里的说话，围绕着"懒惰""做事不知道及早准备""不听劝告"几个要点来说。学生分开自由说，最后可以请学生综合起来说。指导学生说话时，既要注意要点，也要关注语言是否清晰和通顺。

五、整合拓展——这类故事有雷同

1. 师：总结课文的两段对话怎么学。（对比、朗读）

2. 出示《小蝌蚪找妈妈》和《小壁虎借尾巴》两篇学过的课文。

3. 和《寒号鸟》这篇课文相比，你们发现了什么？

（两篇学过的课文这些故事都有相似的段落：小蝌蚪遇见——鲤鱼妈妈——乌龟妈妈——青蛙妈妈；小壁虎向——小鱼——老牛——燕子借尾巴。相似段落，相似描写，很多故事都有这样的手法）

4. 课下请学生读《三只小猪》《小猴子下山》《青蛙看海》等故事。

| 设计意图 |

　　这部分内容是作为备用内容出现的，根据学生的实际情况采用。整合教学力图使学生对这类故事文本有一个比较清晰的认识，扩大学生的视野，让他们站得高远一点，看得清晰一点。

"凤辣子"讲话耐琢磨

——《凤辣子初见林黛玉》教学设计

文本的教学解读

经典的文本可以有多个角度的解读。这一版《凤辣子初见林黛玉》的教学设计是基于学生学习语言、学习说话设计的。在《红楼梦》里,王熙凤是一个复杂的人物,这自不必说。然而,本设计是从"凤辣子"的"说话"切入的。在原著中,凤辣子是个见风使舵、八面玲珑的人,她自然比较"会说话",根据不同的场合、不同的对象,她会选择比较合适的内容和方式来表达。初见林黛玉,又是一个特殊的场合,也是凤辣子第一次出场,作者用了很多笔墨铺垫渲染,对凤辣子语言的描写也是入木三分。所以,拿这样的资源,让学生品析鉴别,从中悟得说话的技巧,我觉得还是有价值的,因此,做了这样一个尝试,也算是从语用的角度来设计名著导读的一次尝试吧。

特别说明的是,学习凤辣子说话的某些技巧,不牵涉对人物的评价。在实际教学的过程中,品悟语言时也涉及凤辣子的"假和变""得与失",这是我们要区分,甚至是批判和摒弃的。但这个设计的核心还是抓住"说话的对象、场景、分寸"来设计的,让学生从中学到说话的技巧,从中受益——这是这节课设计的基本出发点。

设计意图

1. 通过对王熙凤的外貌、动作、语言的描写,认识人物性格。

2. 体会王熙凤的语言得失，学习说话的艺术。

3. 创设语境，练习"有对象有分寸"地说话。

教学过程

一、破题

1. "初见"——初次见面，你觉得我怎么样？

（学生就教师的外貌、动作、声音等畅所欲言，说说"初见"的印象。发现学生说话中合适和不合适的地方，相机引导学生说话要注意场合和对象。）

2. 认识家族主要人物关系：

贾母、王熙凤、林黛玉的关系：凤辣子是贾母的孙媳妇，林黛玉是贾母的外孙女，林黛玉称呼凤辣子表嫂。贾母被称为老祖宗，是家庭至高无上的长辈。探春、惜春、迎春是贾母的嫡亲的孙女。贾宝玉是贾母唯一的孙子。林黛玉和探春、惜春、迎春是表姐妹，和贾宝玉是表兄妹。老祖宗的外孙女、嫡亲的孙女之间的差别。

二、入文

这部分教学是读文，目光聚焦到凤辣子身上，学生边读、边品、边悟。

1. 外貌——看其相。出示：

这个人打扮与众姑娘不同，彩绣辉煌，恍若神妃仙子：头上戴着金丝八宝攒珠髻，绾着朝阳五凤挂珠钗；项下戴着赤金盘螭璎珞圈；裙边系着豆绿宫绦双鱼比目玫瑰佩；身上穿着缕金百蝶穿花大红洋缎窄裉袄，外罩五彩刻丝石青银鼠褂，下罩翡翠撒花洋绉裙。一双丹凤三角眼，两弯柳叶吊梢眉。身量苗条，体格风骚，粉面含春威不露，丹唇未启笑先闻。

（1）读词语（读准字音）。

攒珠髻　挂珠钗　璎珞圈　玫瑰佩　窄裉袄　银鼠褂　洋绉裙

丹凤三角眼　柳叶吊梢眉　粉面含春威不露，丹唇未启笑先闻

（2）读句子（词语放到句中读，读好句子）。

（3）读析。

师：凤辣子的外貌（衣着和长相）给你留下什么印象？

衣着：彩绣辉煌——金丝、赤金、豆绿、大红、石青（深蓝）

（感觉——色彩浓烈、珠光宝气）

长相：丹凤（三角）眼，柳叶（吊梢）眉。身量苗条，（体格风骚），粉面含春威不露，丹唇未启笑先闻。

（感觉——美丽冷漠，冷面美人）

（4）品读：师生对读。

2. 动作——观其行。

王熙凤的神态动作：笑先闻（笑声）——笑道——用帕拭泪（哭）——转悲为喜（笑）

（1）笑先闻：人未到笑声到。她迟到还大笑——非比他人，其他人个个皆敛声屏气，恭肃严整。

（2）笑道：对林黛玉表现出亲热。

（3）用帕拭泪——转悲为喜（忽哭忽笑——假装、表演）

3. 语言——听其言。

（1）"天下真有这样标致的人物，我今儿才算见了。况且这通身的气派，竟不像老祖宗的外孙女儿，竟是个嫡亲的孙女。怨不得老祖宗天天口头心头，一时不忘。只可怜我这妹妹这样命苦，怎么姑妈偏就去世了。"

师：这句话夸了几个人？谁听了会感觉舒服？

（夸贾母——通身的气派；夸林黛玉——这样标致的人物；夸探春、惜春、迎春——竟像是嫡亲的孙女。一句话说得八面玲珑、一石三鸟）

（2）"妹妹几岁了？可也上过学？现吃什么药？在这里不要想家。要什么吃的，什么玩的，尽管告诉我。丫头老婆们不好了，也只管告诉我。"

师：这句话在问什么？在表现什么？

（不是真问，是说给贾母听，说给大家听，显示自己的权威）

|设计意图|

　　这一部分的教学是设计的重点，分三个层次：看其相，观其行，听其言。这几步的教学深入到文字，其实已经把凤辣子的"人"，也就是作者对凤辣子描写的文字的奥秘感悟出来了。当然，重点还在最后一步"听其言"，就是要品悟凤辣子语言的滴水不漏、一石三鸟、八面玲珑。她的话照顾到周围很多人的情绪，兼顾了场合、对象和说话的内容，是值得借鉴学习的。

三、品悟

1. 师总结：王熙凤的语言——一石三鸟，注意说话的对象和分寸。

2. 放视频：周恩来智劝毛泽东。

　　雪地里，毛泽东身着单衣，不停抽烟，正在为杨得志部队还没有赶到阻击地点，不能及时将出城的敌人堵在城外消灭而生气。屋内，朱德等人面面相觑。周恩来独自出来劝说毛泽东。

　　周恩来：这么大的雪，没有引起主席的诗兴吗？

　　毛泽东（忽感意外，一怔）：我不要作诗，我要……骂人！

　　周恩来：骂人到屋里也可以骂嘛！（示意警卫员）把我的棉大衣给主席披上。

　　毛泽东（气消了些）：故意穿那么少，想骗我回屋？

　　周恩来：杨得志正在急速行军，估计快有消息来了，还是回屋吧！

　　毛泽东听话地回到房间。

2. 师：这一段视频中，周恩来的哪句话说得好？

（1）切合情景和人物：毛泽东是诗人，下雪适合作诗。

（2）切入情感和事件：披棉衣，等消息。

|设计意图|

　　再次以"周恩来智劝毛泽东"的故事，深化"说话注意对象和分寸"的教学目标。这样就让学生的目光从课本转向了生活，知道我们所学的语文本领是可以在生活中加以运用的。

四、迁移——联系生活拓展说话（说话的对象和分寸）

1. 为自己说话（学生角度）——父母因为自己的学习与自己吵架，自己该怎么说？

2. 替家长说话（家长角度）——自己做事拖拉，父母会责骂。如果你是父母，你会怎样说？

3. 替校长教育（从教师角度）——两个学生发生矛盾。假如你是校长，会怎样调解？

| 设计意图 |

选取学生熟悉的场景，让学生尝试运用所学到的说话技巧。学到的知识只有用起来才会真正地掌握。学以致用，才能让"知道""悟到"变成"得到"。

语言，是个性的标志

——《猴王出世》教学设计

文本的教学解读

我们的教材历来都有把古典名著的经典章节选作课文的传统，如今的统编教材也不例外。那么，小学生面对古典名著，该怎么读？教材中的古典名著选篇应该承担着怎样的语文任务和使命？这是一个值得我们思索的问题。

近年来，小学生的"名著导读"已成为一个热议的话题。甚至，有些中学教师认为，小学生压根就不应该读四大名著。理由是，四大名著的语言是古典白话，内涵又比较复杂深刻，学生理解起来难度较大，不如到初中再读。还有一条理由是，引导小学生读四大名著，就是抢了中学老师的饭碗。

小学生读四大名著很难吗？先请问，古典白话比文言文更难吗？小学教材中不是增加了很多文言文吗？尽管短小，但是却是正宗的文言文。四大名著虽然很长，但是有鲜活的人物、曲折的情节，语言是相对好懂的古典白话，小学生只是"看看热闹"行不行？在看热闹的同时，熟悉这种古代的语言，不是有利于今后的阅读吗？又有人说，古典名著艰深的思想内容难以看透，那么请问，成年人又有几个真正看懂了四大名著的精髓？很多经典作品，是需要一辈子去读的，少年读有少年的情怀，中年读有中年的见解，老年读有老年的滋味……至于说什么"经典导读"是中学老师的"一亩三分地"，是"自己的饭碗"，不允许别人染指，更是无稽之谈。这种话最好少说，以免人家笑掉大牙。

那么，回过头来看，名著的篇章进入教材，到底应该承担怎样的任务？我觉得至少有两大任务：一是作为名著的一个小窗口，激发小学生的兴趣，引导他们去阅读原著。二是在阅读的过程中，学生熟悉了这种相对浅显一些的古典白话，对将来文言文的阅读学习是很有帮助的。

基于此，《猴王出世》一课设计有两大构想：一是激发学生读《西游记》的兴趣，让学生感受到《西游记》里人物的有趣可爱，情节的离奇生动，课下愿意自主阅读原著；二是让学生感受古典白话的凝练和节奏，喜欢或者愿意接近，至少不排斥这种语言。这是我讲解这一类课文的初衷，也是底线。

设计意图

1. 熟读课文：熟悉文白夹杂的古典白话，读懂故事，了解情节。（这个环节中，读通、读熟课文要花大力气）

2. 走近人物：把握孙悟空的语言特点：短话、重复、急促，体现他好动、机智、有趣的个性特点，使学生初步感受名著"人有其声口"的高超艺术境界。

3. 想象迁移：创设语境，让学生代"孙悟空"说话，进一步强化"个性语言表现人物"的表达特点。

教学过程

一、读课文，明情节

1. 学生自己"啃读"课文，注意读准字音，读好节奏。

2. 师生交流，读通难读的段落。

（1）盖自开辟以来，每受天真地秀，日精月华，感之既久，遂有灵通之意。内育仙胞，一日迸裂，产一石卵，似圆球样大。因见风，化作一个石猴。那猴在山中，却会行走跳跃，食草木，饮涧泉，采山花，觅树果；与狼虫为伴，虎豹为群，獐鹿为友，猕猿为亲；夜宿石崖之下，朝游峰洞之中。

（2）他瞑目蹲身，将身一纵，径跳入瀑布泉中，忽睁睛抬头观看，那里边却无水无波，明明朗朗的一架桥梁。他住了身，定了神，仔细再看，原来是座铁板桥。桥下之水，冲贯于石窍之间，倒挂流出去，遮闭了桥门。却又欠身上桥头，再走再看，却似有人家住处一般，真个好所在。石猴看罢多时，跳过桥中间，左右观看，只见正当中有一石碣。碣上有一行楷书大字，镌着"花果山福地，水帘洞洞天"。

（3）那些猴有胆大的，都跳进去了；胆小的，一个个伸头缩颈，抓耳挠腮，大声叫喊，缠一会儿，也都进去了。跳过桥头，一个个抢盆夺碗，占灶争床，搬过来，移过去，正是猴性顽劣，再无一个宁时，只搬得力倦神疲方止。石猴端坐上面道："列位呵，'人而无信，不知其可'。你们才说有本事进得来，出得去，不伤身体者，就拜他为王。我如今进来又出去，出去又进来，寻了这一个洞天与列位安眠稳睡，各享成家之福，何不拜我为王？"众猴听说，即拱伏无违。一个个序齿排班，朝上礼拜，都称"千岁大王"。自此，石猴高登王位，将"石"字隐了，遂称美猴王。

| 设计意图 |

以上段落较长，生字较多，注意读好断句、节奏。读好了，意思自然就明白了。

二、读动作，猜人物

（一）出示

1. 他食肠大，口又大，一则是听见童子吃时，便觉馋虫拱动，却才见了果子，拿过来，张开口，毂辘的圆囵吞咽下肚。

2. 那猴在山中，却会行走跳跃，食草木，饮涧泉，采山花，觅树果；与狼虫为伴，虎豹为群，獐鹿为友，猕猿为亲；夜宿石崖之下，朝游峰洞之中。

（二）讨论并读好这两段话：猪八戒和孙悟空的描写各应该怎样读？怎样表现人物性格

│ **设计意图** │

猪八戒的描写突出有趣——八戒平时反应迟缓，但是看见吃的会迫不及待；孙悟空"猴性十足"——动作敏捷，建议语速可以稍快一些，读得比较有节奏，表现"跳跃"的感觉。

（三）对比段落

1. 出示自己写的一段话。

那石猴在山里生活得自由自在，他自己已经会行走，也会奔跑跳跃。他饿了就吃点野草，找点野果，渴了就喝点山里的泉水。有兴致的时候，他还采采野花，把树枝、树叶编成衣服、帽子穿戴起来。每天，他都和山上的野兽作伴。白天在洞里洞外玩耍，夜里就睡在能遮挡风雨的山崖下面。

出示课文中描写。

那猴在山中，却会行走跳跃，食草木，饮涧泉，采山花，觅树果；与狼虫为伴，虎豹为群，獐鹿为友，猕猿为亲；夜宿石崖之下，朝游峰洞之中。

2. 对比这两段话，你有什么发现？

│ **设计意图** │

自己"创作"一段，然后和原文做对比，这个方法可以推广。因为教师适时的"创作"一定是有针对性的，一定是包含着明确的教学指向。这种"创作"是基于教学目标和教学实情的，一般会取得比较好的效果。此处，学生对比发现：教师的描写和课文的文字大概意思相同，但是教师写的一段文字语句较长，节奏感不强，句式不整齐，不足以表现石猴的活泼好动。而课文中的描写，文字短促、整齐、节奏快，很好地体现了孙悟空的猴性。这个设计，旨在让学生体会古典白话的凝练和节奏。

3. 教师总结：语言的形式，比如句子的长短和节奏都是可以表现主题和人物的。

三、读语言，识人物

（一）出示

1. "妖怪！吃俺老孙一棒！"

2. "善哉善哉！有劳施主了！""悟空，你心无善念，妄动杀生，还是回你的花果山去吧！"

3. "师父和师兄都被抓了，咱们还是分了行李，你回你的流沙河，我回我的高老庄吧！""我刚才吃得快，没尝出味道来，还是让我再吃一个吧！"

4. "大师兄，师父和二师兄被妖怪抓走了！"

（二）读每一组语言，猜猜这是哪个人物

1. 孙悟空：读出孙悟空的气势。

2. 唐僧：读出唐僧对施主（客气）和对悟空（严厉）的不同语气。

3. 猪八戒：读出猪八戒的贪吃和畏难。

4. 沙僧：沙僧的标志性语言。

师总结：《西游记》中的人物特点鲜明，一听每个人的语言就可以判断出人物身份。师徒四人的语言各具特点。

| 设计意图 |

　　这个环节，既是为下面的聚焦语言做了铺垫，也是对作品特点和人物特点的高度概括。

四、品语言，悟特点

（一）出示文中语言描写

众猴（拍手）："好水！好水！原来此处远通山脚之下，直接大海之波。哪一个有本事的，钻进去寻个源头出来，不伤身体者，我等即拜他为王。"

石猴（应声高叫）："我进去！我进去！"

石猴（喜不自胜，打了两个呵呵）："大造化！大造化！"

众猴（把他围住）："里面怎么样？水有多深？"

石猴："没水！没水！原来是一座铁板桥。桥那边是一座天造地设的家当。"

众猴道："怎见得是个家当？"

石猴笑道："这股水后乃是一座石房。房内有石锅、石灶、石碗、石盆、石床、石凳。中间一块石碣上，镌着'花果山福地，水帘洞洞天'。真个是我们安身之处。里面且是宽阔，容得千百口老小。我们都进去住，也省得受老天之气。"

众猴听得，个个欢喜。都道："你还先走，带我们进去，进去！"

石猴却又瞑目蹲身，往里一跳，叫道："都随我进来！进来！"

| 设计意图 |

这是经过教师整合筛选过的句子，这样出示更加集中，教学的点聚焦了。教学中，教师有权利对教材的内容进行筛选整合。筛选整合，也正是体现教师的智慧和价值所在。需要提醒的是，筛选和整合必须保留文本原意，不能断章取义，更不能曲解文意。

（二）导读发现，感悟语言

1. 学生自己朗读，读好对话，走近角色。（读出众猴活泼急切，石猴自信胆大的不同特点）

2. 分角色朗读（同桌先读，再指名两位同学表演读，最后学生再合作读）。

3. 师：读了这几段话，你有什么发现？

4. 师生交流。

（1）聚焦几处描写。

众猴："好水！好水！……"

石猴："我进去！我进去！"

石猴："大造化！大造化！"

石猴："没水！没水！……"

众猴听得，个个欢喜，都道："你还先走，带我们进去，进去！"

石猴却又瞑目蹲身，往里一跳，叫道："都随我进来！进来！"

（2）发现、总结"猴子"的语言特点：急促、重复。

5. 再次朗读，表现猴子语言急促、重复的特点，体会表达作用，表现石猴好动、机智、有趣的性格特点。

| 设计意图 |

　　这一段的学习是这节课的中心环节。整个过程分三步走：一是学生自读，要求读出对话的特点，尽量突出角色。这是学生自己读书的过程。二是师生交流：有什么发现？这是引导学生把关注点从朗读体会转向发现语言，预计这个过程可能会有难度，因为学生朗读关注内容的比较多，关注语言的比较少，这需要我们在平时的教学中有意识地培养他们关注表达、关注语言的"语文意识"。三是引导发现——出示对话中最能突出语言特点的句子，聚焦学生目光，引导发现语言密码。这三个步骤的教学，是有层次的，逐步推进，不断地根据学情给学生"支架"，把自读自悟和发现交流融合在一起。既有放手让学生自主学习的过程，又有适时的点拨引导，这是教学中最真实的"学"的过程。

五、设情景，重迁移

情景1：

那行者倚在树下往上一看，只见向南的枝上，露出一个人参果，真个像孩儿一般。行者欢喜不尽，暗自夸道：＿＿＿＿＿＿＿＿＿＿＿＿。

（1）学生自己填空——孙悟空会说什么？（注意猴子的语言特点：急切、重复）

（2）出示原文。

行者欢喜不尽，暗自夸道："好东西呀！果然罕见！果然罕见！"

（3）对比发现：原文哪里表现了"急切和重复"？

情景2：

他把金击子敲了一下，那果子扑的落将下来。他也随跳下来跟寻，寂然不见，四下里草中找寻，更无踪影。行者道：＿＿＿＿＿＿＿＿＿＿＿＿

（1）学生自己填空——孙悟空会说什么？（仍然要表现猴子的语言特点：急切、重复）

（2）出示原文

行者道："跷蹊！跷蹊！想是有脚的会走，就走也跳不出墙去。我知道了，想是花园中土地不许老孙偷他果子，他收了去也。"

（3）对比发现：原文哪里表现了"急切和重复"？

情景3：

白骨精变成美貌村姑，拎着罐斋饭，径走向唐僧……悟空正好摘桃回来，他火眼金睛，一下子认出妖精！他指着妖精说：＿＿＿＿＿＿＿＿＿＿＿
＿＿＿＿＿＿＿＿＿＿＿说完，一棒打在妖精身上。……

白骨精又变成老太婆，悟空当头一棒打"死"了她！唐僧不辨真假，连念二十遍紧箍咒。

悟空连连求饶：＿＿＿＿＿＿＿＿＿＿＿＿＿＿＿＿＿＿＿＿＿

第三次，白骨精又变成一个老头，悟空趁他不备，打得他七魂出窍，失了真身。唐僧又错怪悟空，八戒在旁添油加醋。悟空骂八戒：＿＿＿＿＿＿＿
＿＿＿＿＿＿＿＿＿＿＿

唐僧终于还是赶走了悟空。悟空到南海，观音问："悟空，你今遭怎样了？"悟空（两手一摊）：＿＿＿＿＿＿＿＿＿＿＿＿＿＿＿＿

（1）学生自己完成四个填空。每一次孙悟空会说什么？（注意猴子的语言特点——急切、重复）

（2）学生自己修正填空内容。面对不同的情景：遇险、受责、冤枉、诉苦；面对不同的对象：妖精（一个狡猾的对手）、师父（一个是非不分的上级）、师弟（一个经常"火上浇油"的同伴）、菩萨（一个慈悲的长者），孙悟空的交谈语气和交谈内容都会有什么不同？

（3）师生订正填空内容：既符合石猴语言的特点，又切合不同的情景、不同的对象。这是提高了迁移的难度和要求。

| 设计意图 |

以上出示的几个情景，都是选自《西游记》文本中的，这是和课文的语境相契合的。在我们的教学设计中，语境的作用相当重要。贴近文本的语境，语言的拓展点也更加贴合，迁移的效果也更好。简单说，就是学生比较有话说，而且也容易说得好。另外，这几个情景除了贴近文本，也贴近学生，学生多多少少对《西游记》的故事都有所了解，因此选取的几个场景他们应该比较熟悉。但是学生不一定会关注到语言。那么，利用学生比较熟悉的语境，引导学生关注语言、表达语言，这不仅是技巧的习得，也是意识的转向。想要和大家分享的是，选择迁移的情景，第一尽量贴近文本，第二最好贴近学生。

教育随感

阅读，需要两只眼睛

人为什么要有两只眼睛？千百年来，很多人不停地追问。

有人说："一只眼睛看别人，一只眼睛看自己。他人就是自己的镜子。"唐太宗说："以人为镜，可以明得失。"看看别人，对照自己，有则改之，无则加勉，见贤思齐，善莫大焉。

有人说："一只眼睛看外面的世界，一只眼睛看自己的内心。"在今天这个纷繁的世上行走，很多人走着走着，就会迷失自己，忘却初心。所以，时时地审视自己，唤醒自己，也尤为重要。

今天，中国正在开启"全民阅读"的时代。阅读经典，需要两只眼睛。

一只眼睛看传统经典。开天辟地的盘古化生万物，逐日的夸父傲视天地，补天的女娲心怀悲悯，填海的精卫矢志不移……我们有"路漫漫其修远兮"的感叹，也有"对酒当歌人生几何"的追问，还有"笑谈渴饮匈奴血"的豪迈……

传统经典告诉我们：我们是谁，我们从哪里来，我们身上有什么样的基因。于是，我们自信，我们坦然，我们优雅。

一只眼睛看外国经典。《荷马史诗》的热血与柔情，《圣经》故事的美好与智慧，莎士比亚作品中的戏谑和幽默，《老人与海》的激情和悲壮……我们了解中东地区各民族的历史，我们了解世界三大宗教的诞生与发展……

外国经典告诉我们：他们是谁，世界是怎样的，我们该怎样找到自己的位置，我们的未来向哪里去。于是，我们深思，我们执着，我们前行。

阅读一本书，也需要两只眼睛。一只眼睛看"同"。相似的东西让我们思考：为什么是这样？一只眼睛看"异"。不同的地方让我们探索：为什么会这样？

阅读《水浒传》，看到了很多相似的情节：林冲发配、武松发配、卢俊义发配；潘金莲（武大郎妻子）偷情，潘巧云（杨雄妻子）偷情，贾氏（卢俊义妻子）偷情，阎婆惜（宋江外室）偷情；江州劫法场救宋江，大名府劫法场救卢俊义……作者在同一部作品中敢于描写基本相似的情节，这不符合文学创作"避"的原则，而是一题多用，敢于"犯"（"避"就是尽量避开，不写相同的情节；"犯"就是写了相同的情节）。这就使我们很想知道，他是江郎才尽，还是"艺高人胆大，偏向虎山行"？

随着我们的深入阅读，我们发现：同样是发配，三位英雄的表现却大不相同。林冲善良隐忍又不谙世故，"苦苦哀求"而不知人心险恶；卢俊义"默不作声"，认命后悔，不做丝毫反抗；只有武松，刚烈又不失精细，"心中早有打算"，找准机会，击毙杀手，又返回鸳鸯楼，手刃元凶。三人的性格跃然纸上，在读者的心中也自然是百味杂陈，高下立判。

同样是偷情，也各有不同。潘金莲是命运不公，出轨更多是对命运的抗争；潘巧云是顾念旧情，以至于走上不归路；贾氏上当受骗，是无知和愚蠢；而阎婆惜则是水性杨花，得寸进尺，最后自己"作死"……

掩卷长思，感慨者有之，同情者有之，怜悯者有之，唾弃者有之。有人说，幸福的家庭总是相似的，不幸的家庭各有各的不幸。这才是，一支笔几件事，写尽人间百般味。

好的作品，需要好的读者。

好的读者，需要两只好的眼睛。

8个课堂小故事

我的课堂故事之一:"爱着"比"挨着"更近

杭州"千课万人"活动中,我和黑龙江赵钶及台湾一位作家同课异构季羡林先生的《自己的花是让别人看的》。

上课开始,我让学生想象词语"花团锦簇"和"姹紫嫣红"的意境,并描述出来。这是一个有挑战性的题目,学生需要调动头脑中的"库存",还要快速重新整合。几千人的会场,众目睽睽,他们敢吗?他们行吗?我心里也没底。

短暂的准备之后,学生们开始发言了。几个学生说出"密密层层""一团团、一片片",说出"红的似火、白的像雪、黄的如金"……我已经很满意了,夸他们从作家的文章里"偷来"好词好句运用得恰到好处。

这时,一个学生举手发言,说他心中的"花团锦簇":"……一走到街上,一阵花香袭来,要把我醉倒了……"

我不禁一怔:这是讲"花团锦簇"吗?哦!对了!我马上竖起大拇指:"你太棒了!天才!别人都是讲自己看到的,只有你是说闻到的!花香醉人了,可不是太多了嘛!"

台下爆发出掌声,是为我们两个喝彩。

精彩继续。又一个学生说:"……看!一朵朵花,你爱着我,我爱着你……"

我纠正他:"是你挨着我,我挨着你吧?"

他郑重地说:"不!是爱着,不是挨着!"

"为什么?"

"'爱着'比'挨着'更紧、更近!"学生自信地抬起头。哦!我到今天才知道,"爱着"比"挨着"更近!我真想立即拥抱这个学生!

午饭席间,诗人雪野说:这是天然生成的诗句啊,"你挨着我,我挨着你,你爱着我,我爱着你……"是啊,孩子是天生的诗人啊!这偶然邂逅的精彩,也成为我教学生涯中的一朵朵小花,在心里珍存,永远。

我的课堂故事之二:我的地盘你做主

我的挚友、著名特级教师王小毅先生总喜欢讲起我的一个课例,而且他说在他百分之八十的讲座里都会讲到这个例子。现在他研究"让学",就更是如此。其实,那个课例对我自己的教学来说,也是"划时代的"。

2009年,小学语文全国大赛"二十年回眸经典课例展示"活动在重庆拉开帷幕。我执教当年的获奖课《林海》。对了,您猜对了,是重新演绎。一上场,我就领教了一位见多识广的"活跃分子"的锋芒。我先热场,请学生猜:"初次见面,张老师第一个问题会问什么?"学生开始漫无边际地猜测,我也随口应对。反正,热场嘛!这时,"活跃分子"发言了,他信心满满:"老师,我猜,你一定会问重庆有什么好吃的、好玩的。"哦?他那么自信?还一定会问?我准备将他一军。

"你怎么知道我一定会这样问?"我把"一定"两个字咬得很重。

"你是第一次来重庆吗?"他问。

"嗯。那又怎样?"

"第一次来重庆的老师一般都会这样问的嘛!"他的语调显示着自己的"见多识广"。

我可不能被他"震住",继续和他"斗法":"一般人都这样问?你看我像是一般人吗?"

全场人都笑了。他也笑了。我本以为一切笑过就过去了,没想到,他在课堂中间"候着"我呢!课堂上,讲到了大兴安岭的姿态——"这里的岭的确很多，高点儿的，矮点儿的，长点儿的，短点儿的……"我让一个学生站起来朗读。读完后，照例问一句，谁来评价一下他读得怎么样？呵呵，"活跃分子"又来了："我觉得他读得不行。好像不是那个味道……"好一番"长篇大论"，他是抓住话筒就不松手的"麦霸"啊！

看着他得意的样子，我索性再将他一军："光说不练假把式，能说能练真把式。人家不行，要不——你来试试？"我的本意是——他肯定会拿起话筒，自己也朗读一下，然后，我一表扬，这个环节就算过去了。哪知道，他偏不。

"老师，你真的让我试试吗？"

"当然。"

"那我有一个小小的要求，我要用这一段朗读教会大家朗读。"他狡黠地眨着眼睛。

"你的意思是——我歇会儿？讲台让给你？"我不信他真敢这样做。

"Yes！怎么样？老师！"

小鬼！把我逼到了不得不就范的地步啊。可是失控了怎么办？学生教学生，能达到效果吗？我正在犹豫，下面已经响起了雷鸣般的掌声。听课教师们看热闹不嫌事儿大啊！事已至此，我只好答应他了。

只见他拿着话筒，走上讲台，开始像模像样地做起了"先生"："这一段呢，主要是要读出大兴安岭的姿态多。怎么读呢……"

"先生"在一本正经地教，学生在一丝不苟地学。"先生"一会儿一个"跟我读"，一会儿一个"感觉不对"，一会儿自己范读，一会儿指名让同学读，甚至还搞起了两个阵营的朗读比赛！

整个过程，我都"退"在了一个角落，静静地看着他们的"表演"。表面上平静似水，可是我的内心却是波澜起伏。好在"先生"还算给我面子，没忘了我这个真正的先生。教完了，他看着我，示意我过去接过话筒。

我调侃他："教得不错啊，很厉害啊。可是，我对你极不满意。"

"为什么？"他有点诧异，明明自己教得不错嘛！

"为什么？因为你抢了我的饭碗。你们都自己教自己，还要我干什么？这是我的地盘，你做了主，我能高兴吗？"我故意吓他。

他一怔。

我随即问大家："我的地盘他做主——你们猜猜，我是高兴还是不高兴？我是感激他还是生他气呢？"

"高兴！感激！"学生们异口同声地回答。"先生"也开心地笑着。之后的很久很久，他灿烂的笑容常常浮现在我的眼前。

第二天上课的陈金龙告诉我："哥，那天我一到会场，很多人还在议论你昨天的课呢！"小毅兄告诉我，那节课过去很多年了，许多教师还会时常提起。

真的，我们的教就那么重要吗？真的，我们的学生自己就一定做不好吗？让我们，都时时问问自己吧。

我的课堂故事之三：巧用"尴尬"顺利解围

学校教科研活动，我执教《最大的麦穗》。课文写苏格拉底"麦地课堂"的故事：苏格拉底让弟子们去麦地中摘一个最大的麦穗，只许前进不许后退。弟子们东张西望，犹豫不决，最后两手空空。这是一篇典型的"小故事大道理"的课文，课堂的重头戏是让学生联系生活实际来深化主题。

我先举个例子，示范引路："先讲一个著名的人物——马云。十几年前，马云开始互联网创业的时候，他急需资金。他动员很多中国企业家来投资，每个人只需50万元就可以获得巨大的收益。但是，没有一个人相信他，都当他是个笑话。1999年，马云找到日本的孙正义，经过经典的6分钟会谈之后，孙正义决定投资3000万美金给马云，马云最终接受了2000万美金。十几年之后，孙正义已经从马云的阿里巴巴获得了500多亿美金的收益。"学生们听得入了神。

我又开始显摆自己："再说说我自己吧。二十多年前，我在洛阳一所农村小学教书，有一次，校长让我上一节展示课。那是我第一次当众上课啊，是校长硬逼着我上的。谁知道，那天有个重要的专家来听课，她一下子看中了我的课。后来，她推荐我参加市里的比赛，一不小心，哎——拿了个第一名！"学生被我夸张的语气逗乐了。

"后来，我又有机会参加省里的比赛。一不小心，哎！又拿了个第一名！再后来，1997 年又参加全国的比赛，一不小心——"

"哎！又拿了个第一名！"学生急忙接话，笑成一团了。

"没有啊，拿了一等奖！一等奖不分先后哟！"我"一本正经"地纠正。

开始进入正题了，我启发他们："老师讲的两个事例，你觉得有什么不同？"

"一个是正面的，抓住机遇的，就是你自己的例子；一个是反面的，那些中国企业家没有抓住那个最好的机遇。"

"一个是您，我们身边的人；另一个是名人，大人物哦！"

学生们的眼睛真厉害，这些是令人惊喜的发现。随后，他们也开始了对"身边人"和"名人"的关于把握机会的正反两面的例子的"阐述"。

最后几分钟了，我决定把最后一次发言的机会给班里一个从不发言的小女生赵文娟。可没想到的是，任我怎样鼓励劝说，甚至拉她的手，她都死活不肯上台讲话！场面一下子僵住了。

"老师，我来！"课代表石涵主动出来"解围"。"……我想讲刚才上课的事。张老师请赵文娟来讲话，这是个很好的锻炼机会。可是她怎么也不愿意上来讲，丧失了一次重要的机会，错失良机。"谁也没想到，她讲的就是刚才的尴尬场面！"……后来，中央电视台……"后面，她开始"信口开河"地"编故事"了，"中央电视台来选主持人，要求要上课发言好的同学，赵文娟错过了最好的机遇……"全场哄堂大笑，掌声四起！为这个机智女孩的课堂"现挂"（相声术语，指没有预设的随机应变的段子）喝彩！

我注意到，赵文娟也悄悄地笑了！也许，下次她就敢上台当众讲话了呢！摸摸石涵的头，紧握一下她的小手，今天，她为我解围！让我怎么来感谢她？令我骄傲的孩子。

我的课堂故事之四：孩子，你怎么这么"萌"？

近几周外出讲课，总是遇到"萌"孩子出人意料的"奇谈怪论"。情况突如其来，需要教师沉着应对、妙语解颐。

1. "苍蝇老虎一起打"。

教学《景阳冈》一课时,最后我和学生一起谈论了武松的经历:欺男霸女的西门庆,武松打;强抢豪夺的蒋门神,武松打;陷害忠良的张都监,武松还是打……我问学生:"武松的一生是不是只打了一只老虎?"第一个回答的男学生就一语惊人:"我认为武松不是打了一只老虎。现在习主席不是说'苍蝇老虎一起打'吗?那些贪官就是'老虎'。"台上台下人都顿时一怔,继而哄堂大笑。

等他高谈阔论结束,我才插嘴:"你的意思是……?"

他说:"西门庆、蒋门神、张都监这些坏人,比老虎还坏呢!"

我说:"你是说武松不仅打了山上的老虎,还打了人间的……"

"恶虎!"他接口说。

我适时总结:"是啊,这才是真正的'打虎英雄'!这才是《水浒传》中最光彩夺目的英雄形象!"临了,我还不忘调侃他一句:"没想到武汉远离北京,同学们的思想觉悟这么高!"大家都开心地笑了。

2. "我陪领导喝酒呢"。

教学古诗《问刘十九》,我在黑板上板书"雪、炉、酒"三个字,让学生想象:假如是三十年后的你,是一个四十多岁的男人,这时候你会做什么?

学生们有的想象下雪天自己围炉独酌,有的想象与家人团聚饮酒……一个学生突发奇语:"我在陪领导喝酒呢!"全场哗然!学生突然意识到有点儿不对,场面有点儿小尴尬。我赶紧解围:"没事没事,四十多岁的男人陪领导喝酒也没什么不对呀!"我又拍拍他的肩说:"不过,不光要陪领导喝酒,更多的时候陪陪家人和朋友喝喝酒也很好啊。诗人白居易和刘十九不是一边喝酒,一边享受友情吗?"

学生笑了,大家也笑了。我真的吓出一身冷汗。

3. "张冠李戴"。

学习白居易的诗《招东邻》,对比"招东邻"和"邀东邻"其中的差别,学生不解。

我问:"你们校长姓什么?"

一个学生："李！"

另外的学生马上纠正："张！"

我核实："到底？"

学生齐声："张！"

我对刚才那个同学说："你真是张冠李戴啊！"我接着说："今天我第一次到你们学校讲课，是你们校长邀我来的，因为我们还不熟，所以她必须客气地'邀请'。下次，我们成了好朋友，她再想让我来上课，就不是'邀'我来了，而是一打招呼，一招手我就来了！那是什么？"

"招！"学生齐答。

"这说明什么？"我问。

"'招'比'邀'关系亲近！"学生答。

学生懂了！一切迎刃而解。课堂上，经常遇到这样的"窘境"。我想问："孩子，你们为什么这么'萌'？"

我的课堂故事之五：课堂"现挂"，还不点赞？

前几天在江西，执教《鹬蚌相争》，学生是三年级的。我选择的课堂"生长点"是学习运用"争论"的语言。

课堂上，先让学生读懂鹬和蚌"吵架"语言的特点。（1）狠话。鹬说"干死你"，蚌说"饿死你"。什么话狠说什么。（2）短话。短话简洁有力，吵起架来杀伤力强。(3)针锋相对。鹬说："今天不下雨，明天不下雨，干死你。"蚌便说："今天不松开，明天不松开，饿死你。"毫不示弱，句句相对。

读懂这些之后，我让学生运用想象：到了篓子里，鹬和蚌还会怎样争吵？渔夫会说什么？学生进行想象写话。形式是这样的：

鹬说："都怪你！都怪你！（　　　　　）！"

蚌说："都怪你！都怪你！（　　　　　）！"

渔夫说："你们太傻了！（　　　　　）！"

写完后学生们的交流非常精彩：鹬和蚌的话既短又狠，针锋相对；渔夫的话则充满哲理。

于是，我让学生把渔夫话中的关键词都写到黑板上。一会儿工夫，黑板上写满了"谦让、退让、宽容、和睦相处、退一步海阔天空、两败俱伤、他人渔利"等许多词语。我让学生借"渔夫"的口把这些词语尽量都用上，说了一大段话。学生们一个个也说得精彩。顺风顺水，这就该下课了。忽然一个女孩子站起来问："什么是鹬？什么是蚌？"

为了直观一些，我决定画给她看看。黑板上已经写满了字，我索性把黑板擦干净吧。擦完后，我画给她看，直观形象，一目了然。她满意地坐下了。

铃响了，我想让学生一起把"寓意"再说一遍，然后下课。我说："最后，咱们看着黑板上这些词，再说一遍寓意。"这时，我才发现，那些精彩的词语刚刚都被我擦掉了！全场哄堂大笑！这可怎么办？

我忽然灵机一动，指着刚刚坐下的女学生，"指责"她："都怪你，都怪你！非要问我，非要问我，现在什么都没有了吧？"仅仅是几秒钟的时间，聪明的小女孩一下子反应过来了！她马上站起来"反驳"我，针锋相对："都怪你，都怪你！谁让你全擦了，谁让你全擦了，现在还来怪我？"太厉害了，场上场下响起热烈的掌声！

用这样的对话结束课堂，如何？我们师生两个的"现挂"，您还不点赞？

课堂故事之六：熊孩子们，能不闹吗？

课文《负荆请罪》是一个根据故事改编的剧本。既然是剧本，必须要表演。我们先熟悉"台词"——分角色把对话读"活"。

"你们选一个角色，留给我一个角色。你们选谁？"这是我习惯的套路。

"蔺相如！"我就知道，这帮学生喜欢当"一号"。

"为什么让我当廉颇呢？"我故意问。

"廉颇要跪下请罪的！"哄堂大笑。

……

前面的对读都没问题。"蔺相如"们也颇有主角的风度，文雅大度，一副"君子"模样。我模仿廉颇的动作和语气："都是我的错……您用这荆条狠狠地打我一顿吧……""好！"全体同学爆发出雷鸣般的欢呼。随即全班大笑！

只有我一个人愣在那里。

"你们不按台词说啊!"我的辩解多么"苍白无力"!

"早就等着你呢!"又是大笑!

这帮熊孩子,早商量好了呢!我只好自己找台阶:"我无比庆幸啊,我们只是练练台词,动动口而已。要真是表演……我不敢想象。对了,下节课的现场表演取消了啊……"

"不行!"全班集体否决了。

下节课,我将怎样"过关"呢?熊孩子们,咱们不闹了行吗?我在揣想,布置他们仿照课文把《完璧归赵》改成剧本,他们还不定闹出什么花样呢!哼!明天再"收拾"你们!

课堂故事之七:课堂撷忆妙趣横生

1. 学会"说话"。我在武汉,教三年级学生学习《学习园地4》,内容是"学习预测,认识对话"。

课前热场。

我:我来猜猜——教你们语文的一定是位女教师,对吗?

(课前,我看到一位女教师带学生们进场)

生:对!

我:一定是位美女,对吗?

生(笑):对!

我:姓什么来着?

生:shàng!

我:哪个shàng?

生:高尚的尚!

生(一个"不和谐"的声音):和尚的尚!

我(故意对着那个声音的方向):谁?是谁?尚老师是美女,跟和尚有什么关系?

(大家哄笑)

我说：看来，介绍人家名字也是一门学问，要顺便夸人家一下哟！比如，介绍我名字里的"学"字。你介绍"学习很好的学"，我就很开心！可是你如果介绍我的"学"字是——

生："学习很差的学！"

我：又是一个不会说话的！

（又一阵大笑）

我：看来，学会"说话"真不是容易的呢！

2. 又见"抢戏"。教学《寒号鸟》，一开场，我就发现了一位"小才子"。看完寒号鸟的图片，学生议论纷纷：这是鸟吗？羽毛呢？尾巴呢？怎么浑身是毛，像松鼠？一位男生手举得高高的，我请他站起来。二年级的小男孩竟然侃侃而谈：寒号鸟其实是飞鼠，它……

我：你怎么知道的？

生：百度啊，昨天我就查了！

我：哦？这样吧。这节课大家有什么难题就找你，敢吗？

生："敢！"（孩子昂着头）

经过一段讨论和练习，学生终于有滋有味地读完了喜鹊第一次"劝说"寒号鸟的段落。他们把喜鹊的"急切"和寒号鸟的"懒洋洋、漫不经心"读得趣味十足。全班同学都十分投入，放得开了，玩得嗨了。又请了一位同学读了"第二次劝说"。忽然，"小才子"又举手了！

"老师，他读得味道还不对！这次，喜鹊应该更急了！寒号鸟也听得有些不耐烦了！应该是这样的……"说完，他竟然有模有样地教起了同学！十年前重庆教学《林海》那课中的那个男孩再次"出现"！全场充满笑声、掌声、赞叹声。

他教完了，我蹲下身，刮下他的小鼻子，"恨恨地"对他说："'小才子'，竟敢抢我戏？"孩子懂了，开心地笑了。这么牛的孩子，棒棒哒！

3. 谁最"嘚瑟"。教学某课，课堂上要通过朗读来表现一个人物"得意非凡"的样子，几番揣摩，学生仍不得法。有点冷场，陷入僵局。举手的人少了。我说：咱们班平时谁最"嘚瑟"？学生一下子对这个"新鲜词"没反应过来。怎么？你们以为"嘚瑟"不好？"嘚瑟"是自信的表现，说明人家有水平！

刚好瞥见下面第一排听课的吴校长正专注地听着，我来了个"神补刀"："你们知道吗？你们吴校长最喜欢'嘚瑟'的孩子！她希望你们大家都很'嘚瑟'！对了，她恨不得在校门口写个大牌子呢！上面写着——'让每个孩子嘚瑟起来'！"

学生们的热情一下子被点燃，小手林立，争先恐后起来。

下面的校长开心地竖起大拇指……

课堂故事之八：赞美别人是一种美德

四月的一天，在湖南株洲美的学校，我又执教了作文课《钱眼看人生》一课，再次享受到师生共融的幸福快乐。

1. "捧场"还是"砸场"。

上课开始，我知道了学生是六年级一班的。

我（故意地说）：六年级一班？六年级一班的同学水平很一般吗？

生：不一般！

我：好！我们来看看，六年级一班同学的水平是如何得非同一般！

……

哪知道，在我和学生们分享了花钱经历，出示了自己写的一段流水账文字之后，学生们之间竟起了争执。

生：这段文字不好，太简单，像流水账一样。

生：只有粗线条的过程，没有任何描写。

生：要有细节描写才好，要有点儿人物的对话或者心理活动。

……

忽然，有一个男同学为我打抱不平了。

生：你们根本就不知道，张老师是个有文学（素养）的人，他肯定是先弄一个写得不好的给我们看看，然后再给我们看一个好的文章，让我们对比……

下面的教师哄堂大笑。我一下子愣在原地，原来，原来他早已看穿了一切！笑声过后，我只好自我解嘲："我真不知道是应该感谢你还是应该埋怨你，你这是揭我老底啊，你是来捧场的还是来砸场子的……"大家又是一阵笑声。男同学羞涩而又自豪，也笑了。

2. 语文教师杠杠的。

我为学生提供了几幅生活的场景，想努力唤醒学生的生活体验，让他们用自己的笔写下来。巡视时我发现，这个班的学生果然不一般，思考迅速，下笔成文，字迹工整。

我不失时机地"拍马屁"：你们的老师姓什么？

生：谭！

我（竖起大拇指）：谭老师真了不起！我刚才巡视时发现，你们有两点让我非常感慨。第一是你们的字迹，许多同学到了高年级，作业多了，就放松了对书写的要求，但是你们没有。在你们中间，我几乎看不到有字迹潦草的同学！这真是难能可贵啊！

我几乎动情了。

我：第二点是你们写的文字，你们的反应。在这么短的时间内，可以写出这么一大段文字，真不简单！待会儿汇报的时候，假如你还没有写完，怎么办？

生：往下编呗！

我：对了！口头作文，更见功力！咱们开始吧！

3. 小小文学家。

学生开始动笔了，他们从钱的角度切入，从"钱眼""钱的视角"来看世界。片段写好后，我展示了他们的作品：有写快乐的、幸福的，也有写焦急的、辛苦的、伤心的，甚至屈辱的……人生百味，徐徐展开。

女生陈乔写了一张假币的经历：

我是一张钱，不，我不是一张钱，因为我是一张假币……有一天，我的主人拿着我出了门，我听到了他的心跳：我怎么办？这样去骗人吗？我这样是不是太不是人了？……嗯，不管了，估计别人也看不出来……我感觉主人把我搂得紧紧的，他手心里都是汗，我感觉要窒息了……

我望着她，相信她一定读出了我眼里的惊讶和赞美。

我（一字一顿）：我必须郑重地、严肃地、无比认真地向大家推荐陈乔同学。她选了一个有挑战性的题材，更重要的是，在一般的小学生笔下，人物往往是平面的，好人就是好人，坏人就是坏人。但在陈乔同学的笔下，拿假币的骗人者也有心理活动，也有矛盾、纠结和思想斗争，他还有未泯的良知。能用自己的文字展示人性的多面、情感的复杂，这是高中生才有的水平啊……陈乔同学对生活一定有不同寻常的感受。

陈乔的眼里闪着亮光。

场下的掌声经久不息。

赞美的力量是无穷的。赞美别人是一种美德。

名师评说

印象张学伟

孙双金（南京市北京东路小学校长）

和张学伟结缘，是因为我的家乡丹阳。

学伟是河南洛阳人，2005年被我的家乡作为人才引进，到丹阳实验小学从教。学伟的到来，提升了丹阳实验小学的知名度。我本在丹阳师范附小工作，其时已经阴差阳错被南京作为人才引进，来到了南京工作。就这样，我的故乡丹阳成了他的第二故乡，我和学伟就这样成了"老乡"。虽然我们俩只是擦肩而过，但是因为同在小学语文的圈子内，我和学伟的联系就渐渐变得密切。

一、"洪七公"张学伟

我和学伟虽然一个在南京，一个在丹阳，但网络把我们联系在一起。我在微信上几乎天天能看到学伟的身影，听到他的声音。学伟在微信上是活跃分子，经常发一些有特点的信息。他活泼、风趣、幽默，尤其对朋友的信息呼应及时、热情，"大哥""大姐"叫得亲热无比。河南人的豪爽、侠义之风暴露无遗。

学伟的微信名叫"洪七公"，我对这个名字的来历特别好奇，相信大家也感兴趣。学伟兄弟曾专门就这一问题撰文"告知天下"。

学伟说，他有一个好兄弟叫张忠诚，两人气味相投，经常切磋教艺，如胶似漆，曾被网友质疑："你们俩大男人关系这么好，正常吗？难道是'同志'吗？"学伟理直气壮地宣称："是的，我们正是'同志'，真正的志同道合！"

"同志"张忠诚一天心血来潮，自称自己是郭靖大侠。学伟一听，来了精神："你是郭靖，那我是谁？""同志"说："你当然是洪七公喽！"学伟故作谦虚："去去去，洪七公是大侠，顶尖高手，我是洪七公？别骂我啊！"一番戏谑，就此罢手。但是令学伟没有想到的是，"同志"张忠诚还真的要把网名改成"郭靖"，这下可为难学伟了。我们且看看他的心路历程。

我迟迟不敢自称"洪七公"，一是不敢高攀七公的威名，二是不敢做"郭靖"的老师。直到后来，我又一次重读《射雕英雄传》。

郭靖的成才实在是个奇迹，但好像也是必然的结果。郭靖"大学本科"和"研究生"的导师是洪七公，是真正的大师。洪七公的教学简单实用，毫不花哨。同样两个徒弟，教郭靖的是招式简单、厚重实用的"降龙十八掌"，因为他知道郭靖的特点在于"实"，不会偷懒，只会下死劲练，这种少动脑筋、变化少的功夫适合他。教黄蓉的则是一套轻盈灵动、让人眼花缭乱的"逍遥游"，因为黄蓉聪明机智，她的特点是"变"。七公看人下菜，这是什么，这是"因材施教"啊！

周伯通是郭靖的"博导"。他的教学基本理念是"玩中学"和"以赛代练"（在"对打"中熟悉、体会、掌握、提高）。教学亮点一是"平等"，不称师徒，却拜把兄弟，一下子拉近了师生距离，提供了交流平台，让"傻小子"敢于发表自己的见解和体会；二是"创新"，"双手互搏"绝对是打开了郭靖武学的一片新天地，也使他在今后的许多次险境中化险为夷。

一个人，遇到一个好老师是幸运的，连续遇到几个好老师简直就是奇迹，跟中了大奖一样。郭靖如此幸运，再加上勤奋，不成功都不行啊。怪不得忠诚自称"郭靖"，还真有几分相似呢。

我自然不敢妄称"洪七公"，下辈子恐怕也难以望其项背。但真的无比美慕洪七公的境界，大道至简，举重若轻，想想都心驰神往。于是我想，网名为"洪七公"，可以明确自己心中的"榜样"，为自己立一个远大的目标，为自己幻化一种追求的境界，使自己时时感受压力，催我勤奋，促我自新，让我不敢自足，不敢停下自己的脚步。这样——不是很好吗？由此想法，才敢妄称"洪七公"。

二、"秘书长"张学伟

真正和学伟密切交往始于 2018 年上半年。大约是三四月份，有一天，学伟兄弟来电话："大哥，有个事和您商量一下。《小学语文教学》杂志社杨伟社长和张胜辉我们几个人去年成立了'全国名校联盟'，首届成立大会在洛阳召开。但联盟缺少一位核心人物，想邀您出山，做我们联盟的灵魂人物，扩大联盟的影响力，您看可否？"接到学伟的电话，我还是有些意外，犹豫了一下，回复说："谢谢兄弟的信任，但此事容我考虑后回复你。"我和几位好朋友商量之后，大家一致认为这是好事，把志同道合的朋友聚在一起，为中国小学教育事业做点好事，功莫大焉！在大家的鼓动下，我答应了学伟的要求。

在秘书长学伟的主动联络下，山西教育教辅传媒集团杨永健董事长、《小学语文教学》杂志社杨伟社长和张胜辉副理事长分别于 2018 年 5 月和暑假期间两次到南京商讨。最后大家一致决定 2018 年下半年在南京举办全国名校联盟首届名校长论坛暨深度语文教学研讨活动。

自从确定活动之后，秘书长就忙开了。今天一个电话："大哥，您看我们会议主题定什么？"明天一个电话："大哥，会议日程怎么安排？"后天一个电话："大哥，您看大会主旨演讲安排哪几位校长比较合适？既要考虑校长的知名度，又要考虑不同省份和地区。"筹办好一个全国性大型活动，前期有大量工作要做。会场安排在我校，这方面不需要秘书长多操心。但制定活动方案、策划网络宣传、联系报名、邀请专家、安排宾馆等繁杂事务均需秘书长一一落实。在操办大型活动过程中，我深深感受到秘书长学伟兄弟的品性，列举如下。

工作主动。作为优秀的秘书长，工作主动热情，事事考虑在前头是学伟兄弟的一大特点。我们的大型活动确定在 2018 年 12 月上旬，一到 9 月份，秘书长主动和我联系，商讨活动方案："大哥，我们活动安排几天？安排几个板块？各板块邀请哪些专家？请哪些特级教师主持？"一条条信息，一个个电话，兢兢业业。

不厌其烦。这一点让我尤为感动！关于加入联盟协会，每一个会员单位都需要和秘书处逐一联系入会事项，办理入会手续，上报会员单位校长资料和单位介绍。可别小看这一工作，麻烦着呢！一会儿说有的单位在公布信息中遗漏了，一会儿说某单位校长资料没有上传，一会儿又说学校名称搞错了，真是事无巨细，秘书长均要——过问。可我没有看到秘书长有半点厌烦情绪，他总是乐呵呵地有求必应，忙得不亦乐乎。有时我也特别惊叹学伟兄弟的耐心，为他的高情商感佩不已。

在 2018 年 12 月份活动结束的庆祝会上，我曾当众这样评价学伟秘书长："这是位优秀的秘书长！他主动热情，事事想在前面，工作周到细致；他智商很高，考虑事情有高度有深度；他情商更高，处理事情有风度有温度。学伟兄弟，人才难得！"

三、名师张学伟

学伟出名很早，早在 1997 年 10 月，年仅 25 岁的他就代表河南省参加全国第二届青年教师教学大赛，并且在大赛中荣获一等奖的殊荣，实属不易！

一举成名之后，学伟没有陶醉在大赛成功的光环里，而是锲而不舍，追求不止。他超越一般特级教师的境界，形成自己独特的教学风格。他追求"开放、简约、有度"的理想课堂。他的教学主张是"学习语文就是学习语言""学习语言的主要途径是习得""学习语言的基本思路是课内得法，课外得益"。这都是他在几十年语文教学实践中、在摸爬滚打中的切肤感悟。

在 2018 年 12 月的"全国名校联盟"活动中，我请学伟兄弟上了一堂古诗教学课，课后我做了即兴点评，下面我选取现场的点评片段，让读者鲜活地感受一下学伟的名师风范。

感谢张学伟秘书长上了精彩一课。十年前，我上过《思乡组诗》，今天听学伟上《乡愁组诗》，让我来评，就找对人了。学伟的课上得非常精彩！精彩在哪里呢？我认为精彩之处在于他扣住了诗歌的最大特点——诗主情。古人讲"诗言志"，我们今天还讲"诗主情""诗缘情"。什么样的诗是言志的呢？伟人的诗常常是言志的。毛泽东的"俱往矣，数风流人物还看今朝""问苍茫大地，谁主沉浮"，这是伟人在抒发自己伟大的志向。而常人的诗一般是抒情的，这是最大的区别。所以学伟的成功在于他紧紧抓住了诗歌的本质。诗歌的本质是什么？就是情感。用情感去打动人，这是他成功的第一点。

第二个成功点在于学伟紧紧抓住了诗歌教学的一个重要规律：朗读，朗诵，吟诵，吟唱。因为诗是饱含着深情的，诗是有诗韵的，诗是有音乐之美的。在这堂课里，学伟从第一首诗到最后一首诗，都是在反复地朗诵、吟诵和吟唱，这构成了诗歌教学的主旋律。

我们看这节课的内容。这堂课一共选了7首诗，其中4首是古诗，3首是现代诗，内容很多。我们讲学生12岁前的语文，"起点高一点，容量大一点"，学伟就充分印证了起点高、内容多这一主旨。7首诗怎么教呢？如果都是一种方式教下来，就会觉得单调。

学伟很聪明，第一首诗《除夜作》怎么教？这首诗的教学任务主要是扣题。只要把题扣准了，这首诗都不用讲，学生就能领会。除夕之夜，过年啦，一年当中最需要团圆的时候，也是最能触动人的情感的时候。为什么选这么一个特定的时间呢？因为特定的时间有特定的内涵——"每逢佳节倍思亲"。所以，第一首诗，学伟就扣了题——"除夜"，其他的，一读都会了。我们看，会教的老师教什么，庖丁解牛，举重若轻，抓住要点，一通百通。诗不要句句讲，如果每个字都具体讲，嚼碎了，就一点韵味都没有了。每个字都讲，讲得支离破碎，还是诗吗？还有诗的美吗？没有了。

第二首诗《九月九日忆山东兄弟》，学生比较熟悉。怎么办？扣字。"你觉得哪一个字打动你了呢？"这是一个开放性的问题，每个学生都可以来讲。把主动权给了学生。学生可以充分思考，充分表达自己独特的感悟。一千个读者，一千个哈姆雷特。但是，一千个哈姆雷特最终还是哈姆雷特，一千个贾宝玉最终还是贾宝玉，一千个林黛玉最终还是林黛玉。所以这是用一个开放性的问题引发学生的感悟和表达。学伟很聪明，扣关键字。

第三首诗《宫词》，教法又做了变化。想象画面——这首诗你仿佛看到了一个怎样的画面？学生们就说仿佛看到宫女在宫廷里面散步。呵呵，在宫廷里散步的画面都出来了，因为学生们对宫女的生活不了解，这也是很正常的，这就是儿童的语言。如果课堂上没有这样的语言，那不叫真实的课堂。

第四首，王维的《杂诗三首》中，他着重让学生提问题，一个人负责读，一个人负责提问。老朋友从很远的家乡来啦，你会问什么呢？自然会问自己的家人，自己最亲近的人。王维恰恰是写诗的高手，高在什么地方呢？他写得含蓄。诗的最高境界就是含蓄。"寒梅著花未？"不直接问家里的人怎么样，却问窗前的梅花开了没有。这就叫含蓄，太美啦！一个眼神，一个秋波，情意都在里面。写诗不能写得太直白，像《老鼠爱大米》，这样的歌唱两年就没人唱了。"寒梅著花未"能流传两千年，这就是诗意文化的魅力。

第五首余光中的《乡愁四韵》。这首诗以读为主，一以贯之。学伟就前面两节提了问题，为什么要选"长江水"，为什么要选"海棠红"？讲完了，不讲"雪花白""蜡梅香"，这就叫"点到为止""举一反三"，留有空白。讲两点，剩下的就让学生去体会吧，都讲到就没味道了，这就叫启发式教学。

最后一首诗最震撼。他怎么教的？先介绍于右任的背景。突然，学伟老师张口就吟唱出来了。这个时候的吟唱就像烧开水一样，刚才已经到98度、99度，突然啪一下"滚"了，高潮来了，情感的爆发点出来了，一下子把课堂推向高潮。吟唱的方式把诗歌教学《乡愁四韵》推到了最高点。

我感到学伟的课越来越精彩，已经慢慢地走入化境。用孔子评价子路的话说"登堂入室"。"登堂"是一种境界，进入你家大厅；再高一个境界叫"入室"，入到你的内室里。有的老师"登堂"了，还没有"入室"，我们既要"登堂"还要"入室"。教学要进入收放自如的化境，学伟今天这堂课是到了"登堂入室"的美妙的境界。

听完这两天的课，我觉得女人和男人是不同的。女人是主情的，是情感动物。女人的情感是细腻的，女人最擅长抒情。而男性的最大优点在于理性，思维的深刻，思想的深刻。学伟的这节课，既有浓烈的感情，又有深刻的思想。我们教育人，左手主情，右手主智，我们的大脑有温度、有深度、有高度。这样的语文教学培养出来的人，才是大写的、具有核心素养的、顶天立地的人。我提议，再次给我们的秘书长掌声！今天也是张老师的生日，我们一起祝张老师"生日快乐"！

真师 真人

王文丽（北京东城区教师研修中心特级教师）

与学伟相识多年，一直以姐弟相称。起初大概是客情，然而因为彼此脾气相投，久而久之，我的心里也真的就把他当成了弟弟。当然，他对我的感情也一样。

和学伟最初见面记不得具体是哪一年、在哪里了，应该总有十几年了罢。当时，只是记住了这个人：有点胖，很朴实的样子；眼睛不大，但很有光。那时候，我不会用"帅气"这样的词语来形容他。许是多年的相处有了感情的缘故，亦或是那些文化与学识的积淀在他的体内发酵了，渐渐产生了化学反应，他的确随着年龄的增长愈发有英气了。

我看学伟，大多数时候是他在台上讲课和做报告的时候。

学伟朴实，他从不假装高深，从不作秀表白。有的老师喜欢"秀"自己——美妙的声线、幽默的语言、深沉的情感。其实，学伟不是没有这些"特质"。他也读得好，但是他的朗读不是表现自己的感染力、凸显个人的魅力，而是指向于让学生受到启发，读得更有个性；他的语言也幽默，但他不是插科打诨、卖弄自己的嘴皮子，而是指向于化解难点、巧妙点拨；他的情感也深沉，但他不是催生听众的眼泪，而是本身就投入其中，忘乎所以……他所做的一切都是指向于学生的获得。我还记得第一次听他上《林冲棒打洪教头》那一课，有这样一个教学片段：

师：下面我们就来读读洪教头的三句话。（课件出示："大官人今天何故厚待一个犯人？"）

师：谁来读这一句？（请一学生读，有些拘谨）这个洪教头够不够狂？

生：（众笑）不够。

师：初次见面，第一句话，洪教头就嘲笑林冲是什么人？

生：一个犯人。

师：（对刚才读的同学）你再来读，这回再"狂"点儿。（学生又读，有明显进步）

师：不错，谁再来读？更狂一些，一点都看不起林冲。

生：大官人今天何故要厚待一个犯人？（"一个犯人"读得声调稍高、声音拉长）

师：（指名学生到台前）你来读一读，我就是林冲，你瞧不起我，说话的时候带上表情。

生：（先白了"林冲"一眼，撇撇嘴，表现出极其蔑视的样子）大官人今天何故要厚待一个犯人？

（学生热烈地鼓掌）

这个教学片段用文字记录下来不超过 300 字，但是从中可以看出学伟一贯的教学主张。重视"读书"，以读引思，读中悟情；重视"学生"，以学生发展为己任，同时不缺少教师的主导（或者换一种说法：教师的主导是为了主体的发展更为妥帖）；重视"效率"，三两分钟即可看到学生的成长与变化。若我们每位语文教师的每个四十分钟都能够像这样"投入和产出成正比"，甚至更为高效，那该是多么让人欣慰的事。

学伟的报告我听过不止一次，他善于深入浅出，化繁为简，深受老师们的欢迎。然而最打动我的是他的平和谦逊和真实好学。他会在报告中提到薛法根老师哪个"字词"的教学给他启发，提到孙双金老师哪段"诗词"的教学让他受益……他自己并非没有这方面的案例，作为一个 25 岁就获得了全国小语会教学大赛一等奖的业界佼佼者，22 年来优质课、经典课不胜枚举。《林海》《寒号鸟》《螳螂捕蝉》《林冲棒打洪教头》《问刘十九》《景阳冈》《走进三国》……各种体裁的教学，各个学段的教学，他都潜心研究过，也都精彩呈现过，但是他很少说"我的课如何如何"，总是在强调"我从谁的课中学到了什么"……当下，多少人都在通过各种方式求得别人对自己的关注，而他总是在公开场合表达自己对他人的敬仰。这份好学与谦虚的确难得，这份诚挚洒脱非学伟莫属。

学伟重情，对父母、对师长、对朋友、对故乡……无一例外。他也是"一只离乡的鸟儿"，从河南省的一个偏僻的小村子飞到了江苏丹阳。不管飞了多远，不管飞得多累，只要有机会，他一定会回到故乡。他说他喜欢到河南讲学，不为别的，就是能抽空回趟家，看看老妈，看看兄弟姐妹。三年前，学伟的母亲去世了。每年祭日，他都会写下怀念的文字，情真意切，让人为之动容、唏嘘不已。他感恩师父支玉恒老师对他的教导，在支老师生病期间不断探望；逢其寿辰，总不忘送去祝福。他热情、真诚地对待每一个朋友，人以群分，因为他的联络，他的朋友渐渐就成了我的朋友，成了大家的朋友，洛阳的张胜辉就是其中一个。我和学伟经常通话，每次电话，他开口必先叫"姐姐"；每次见面，他都嘘寒问暖，甚至把我的一些小故事、小爱好也记在心里，言谈举止之间足见他的肺腑与真诚。

学伟爱生活，他的歌唱得很好，我亲耳听过。他最擅长也最喜欢的运动是打乒乓球，每天都要运动一两个小时，即便是外出，也要带上球拍、球衣、球鞋，只要有机会就挥挥拍子，不"打"不罢休。我另一个好朋友，数学特级教师徐斌也是打乒乓球的高手，我想若有一天，我们三个聚到一起，他们两个酣战，我在一旁观战，也应该是很有趣的事情。我曾经答应学伟送他一副有马龙或者张继科签名的球拍，以此鼓励他继续好好打球、锻炼身体。徐斌知道不要骂我厚此薄彼就好。但转念一想，徐斌知道了也不会怪我，人家学伟是叫我"姐姐"的，这份情他不该不懂。

天道酬勤佑兄弟

张胜辉（北京第二实验小学洛阳分校）

今天，打开手机，看到亲朋好友都在祝贺学伟荣获"全国小语十大青年名师"，我由衷为他高兴！一直以来，学伟深爱小学语文教学，勤勤恳恳地钻研，孜孜不倦地追求，教学水平不断提高，在小语界已广有影响。天道酬勤，这份荣誉必是上天对于他的褒奖和鞭策。我想，学伟能有这么好的人缘，这么高的人气，必是他的和善、睿智、风趣所致！

与学伟是老乡，初中也同过窗。对于懵懂的少年，学伟这个学习成绩优异、各种事端都有份儿的家伙，深深进入我的心境。更难忘的是他刻苦钻研，打破砂锅问到底，追着老师讨教的拼劲儿……

苍天眷顾，我们又成为师范同学。他的勤奋再次名扬四海：作为农村来的学生，他苦练敢说，凭借极富磁性的嗓音，练就一口流利标准的普通话，成为学校的"推普员"。喜欢乒乓球的他勤学苦练，球技达到业余中的较高水平，经常找专业球员切磋技艺。作为音痴，他日夜操练，齐秦的歌、童安格的曲，一句句练习，一次次挑战，被老书记戏称为"楼道歌王"……从他身上，我愈加相信：天道酬勤！

1989 年，师范毕业，血气方刚的五兄弟一起回到老家——李楼，各自走进偏僻的小学，登上三尺讲台。生活是那么的索然寡味。于是，每月拿 66 块工资的他，花费巨资，购买录音机，购买磁带，继续唱歌。我觉得他疯癫，却发现他不仅唱歌，还在听评书学评书。没多久，袁阔成的《三国演义》，他就可以惟妙惟肖地模仿一段。他熟读《水浒传》，全览梁羽生、金庸的武侠小说系列，自称"洪七公"我们现在每周都会"混"在一起，于是就有了"酒场双剑客""李楼五虎将""双升四小龙"等名号，岁月流逝，并没有磨灭我们生活的热情……

1992年，支玉恒老师的《第一场雪》擦亮了他的眼睛，也让他明确了奋斗目标。1995年，他走上了全国青年教师阅读教学大赛的舞台，一节《林海》一鸣惊人。原来，往日里放荡不羁，甚至有些游戏人生的他，所做的一切都是在默默积淀。原来，他一直都在从方方面面去完善自己，提升自己，打造自己的特色——博学风趣、轻松自然。这不就是他的课堂教学风格吗？相约一起拼搏，一起成长！我从珠心算的角度，审视他的课堂教学得失；他从语言的角度，评判我的珠心算研究，互相勉励，一路向前。

一起走进洛龙区第二实验小学，我是常务副校长，他是教导主任。为了学校的发展，我们一起关注教师队伍的建设。我们一起听课，为了一个教学设计，争得面红耳赤，随后又握手言欢。那段时光里，他对待教学工作要求严苛，不留情面，让年轻教师望而生畏；那段时光里，他风趣幽默，胸怀宽广，让大家津津乐道……

他在我们五兄弟中年纪最小，我们五个彼此成为养在对方家里的儿子！你来我往，我的家成了他的家，我母亲也惦念我这个兄弟，因为她又多了一个儿子。他的家也成了我的家，同时我又多了一位"老娘"，多了一个心疼我的人。学伟为了新的发展，登上更高的舞台，走进江苏丹阳。丹阳是全国眼镜生产基地，他笑着给我打电话："哥，你今生今世的眼镜我全包了。"其实，远离家乡后，我知道他放不下的是父母……逢年过节、周末空闲，只要我回老家，就要拜访"老娘"，只要母亲有的，"老娘"必然一样不落。一切，只为兄弟安心，母亲放心……

还记得，当他得知我母亲病逝的消息，千里回洛，上香磕头，长跪不起，泣不成声的失态之举……我知道，他那响当当的三叩首，是儿子对母亲的无限挂念。还记得他说："哥，娘走了……她回光返照的时间留在你来看她的上午。她说辉是我的孝顺儿子……"我们都是重情重义的兄弟。

近年来，学伟凭借勤奋好学，凭借天资聪颖，凭借和善谦恭，在小学语文教学方面取得了骄人的成绩。他的课洗尽铅华、返璞归真，体现语文的本色。本真的语文课堂，总是充满新意。他走南闯北，"一课一得"的课堂教学理念引领语文教师教学的方向，深受教师们欢迎。于是，他更加忙碌。然而，我们约定：只要踏进河南，必定回洛阳，到学校授课讲座。北二分成了他的新家，成了他惦念的热土。每次回来，他不顾劳累，强烈要求参加学校教研活动，只为了抓住机会，抓紧时间将自己的新发现、新课例与家人分享。每次活动都充实到极点，有时行程太急，只是匆匆在学校餐厅吃顿家常便饭。他的执着、博学、务实、创新，能赢得了家人们的钦佩……

　　而今，学伟在小语界声名鹊起，但兄弟情怀始终不渝！祝愿兄弟走遍天下，结交更多好兄弟、好朋友，坚持语文教学的新风尚——求真务实、自然洒脱。

成长故事

书生"侠"气走江湖

我的故乡在洛阳。

洛阳除了龙门石窟，最著名的景点是关林。洛阳的关林是埋葬关羽首级的地方。

因为痴迷于三国故事，小时候，我就经常到关林庙去玩。（那时是不收门票的）四周的青松翠柏，威武的青龙偃月刀，墙壁上的《过五关斩六将》《水淹七军》的故事，以及庙后巨大的土冢，都仿佛弥漫着一股英雄气。上小学了，回家听街坊的爷爷讲三国故事，捧一本《三国演义》的小人书，乐在其中。再加上每年来摸上几次青龙刀，仿佛小小的身体里也充满了能量。

也许是每个男孩子心里都会有"英雄情结"吧。中学时代，一接触到金庸的武侠小说，我就再也放不下了。先是读到《洛阳日报》上的连载，我便每天一放学就没命地找报纸来看——甚至有一段时间，跟邻居伯伯商量，把他家的报纸剪了，把连载的故事装订成册。夜里，昏暗的灯光下，一个人沉浸在书中奇幻的武侠世界里。后来，逐渐读到成册的金庸武侠小说，日夜沉醉其中，手不释卷，读上七八个小时也毫不觉累！这滋味，在之后我的阅读经历中再也没有出现过。

记得初中时读《天龙八部》，不知什么原因，只读到第四册，大结局的第五册一直无缘相见。一直到师范二年级，偶尔看到好友阎道君拿的一本书，竟然就是《天龙八部》第五册！翻开第一页，看到目录"燕云十八飞骑，奔腾如虎风烟举……"，忽然间，热血充满胸膛，我第一次感觉到，文字的力量竟然如此神奇！

之后的很多年里，我都深受这些"侠气"的影响，做人行事，总带有几分"哥们儿义气"，鲁莽、直爽。

最难忘的一件事发生在师范学习期间。

从小到大，学习生涯里，我都是班里年龄最小的。走进师范学校大门的那个夏天，我还未满 14 周岁。

班里男同学之间的关系很难处理。呵呵，这是男人和男人之间的事。我们班里主要由两部分同学组成。按地域划分，一部分是近郊的，一部分是县区的。那时候，县区的同学们基本上都比我们大三四岁的样子。本来是一个教室学习的同学，甚至是一个宿舍的兄弟，但这中间偏偏就有几个人特别"不对付"。"勺子哪有不碰到锅沿的"？于是，借一些小事他们就会搞起摩擦来。最厉害的一次，甚至准备结伙到校外打架。男孩子这个时候有许多事情是不会告诉老师和家长的，所以直到现在，我们的老师可能都还不知道当年剑拔弩张的这一幕。我是班里最小的，又是乐天派，平时和他们关系都不错，他们也比较照顾我。可不幸的是，我们合伙吃饭的哥们中有几个个性比较强、和县区的同学针锋相对的，闹得很僵。于是，我也就不自觉地被划入了"近郊阵营"。那些日子，我担心极了，感受着他们之间的火药味，真怕哪天会爆发出来。倒不是怕自己挨打，只是怕事情弄大了，学校会处分，甚至开除。大约有将近一年的时间里，这种担心都如影随形地跟着我，挥之不去。

事情终于在我们就读师范的最后一年有了转机，但谁也没想到，竟是这样方式的转机。

那是一个中午，不知道怎么回事，我班一个同学（"近郊阵营"的）排队打饭时和厨房的伙师发生了冲突。也就是几秒钟的时间吧，他和伙师竟然隔着窗子动起手来。手无寸铁的同学被伙师拿着长勺子敲了一下。这下，场面一下子失控了，很多男同学一下子涌进了伙房，开始了一场混战。学生人多，自然占了上风。场面乱极了，我也卷入其中。最后，在老师的干预下，学生及时撤出了伙房。这在我们三年的师范生活中算是一件大事儿了，因为最后派出所的民警也赶到学校，询问了情况，还做出了处理。

值得一提的是，那一天，就在发生冲突的一刹那，我们班"县区阵营"

的同学竟然不计前嫌，也加入了"战斗"。大家"并肩战斗"的经历让以前的不愉快一下子烟消云散。男人间的摩擦和矛盾竟是以这种方式彻底解决了。

多年后有一次同学聚会，席间大家把酒言欢。我脑海中想起来一句话："渡尽劫波兄弟在，相逢一笑泯恩仇。"

参加工作了，我被分配在家乡一所普通的农村小学任教。教书的头几年，一直都是浑浑噩噩地度过。大约在工作两年左右的时间吧，我们新来的一位女校长和一些老教师的矛盾爆发了。可能是几个资深的老教师想把新校长赶走，他们写了一封联名信，请大家签名。有一天，我和学校的另一位青年教师（小同事）突然被他们"堵"在了办公室里。他们先是陈述了新校长的种种不是，其中虚虚实实，自不必表，然后，拿出信来叫我们签名。我和小同事一下子呆了。这几个人中，还有几个是小同事的老师呢！气氛异常尴尬。也就是很短的时间吧，我毅然决然地说：我觉得新校长来了之后，学校还是有很多变化的。至于你们说的事情，很多我并不清楚，所以，这个字，我不能签。说完，我没有看任何人，径直走出了办公室！当然，身后留下了一张张惊愕的脸。他们估计谁也没有想到，一个小毛孩子会这么果断坚决。经过这件事后，我也自然成了青年教师的"头儿"。每遇大事有正气。直到今天，我都佩服自己当初的勇气。

离开家乡 14 年了，我在洛阳工作过的三个学校还有我的很多兄弟姐妹。如今，每每相聚，他们总是会称呼我为"主任"。我在洛阳做过教师、教导主任、副校长，做教导主任时间最长，和老师的接触也最多。他们说，一声"主任"，一生"主任"，会让人回到当初难忘的青葱岁月。他们还会说起当初一起工作的点滴，说起我当初像"大哥"一样"罩"着他们……蓦然回首，醉在流年芳华间。

曾经资助过的一个白血病男孩，是我永远的痛。

几年前，偶然一次，在朋友圈看到太原一位教师发的信息，她一位同事的三岁左右的孩子得了白血病。这种消息很多，我们几乎麻木了。可是那段时间，我刚失去亲人，心特别特别软。于是，去电确认；于是，发动捐助；于是，时刻关注孩子的病情发展……2016 年，去太原领奖，讲课之余，我专门去看了孩子。医院旁边狭小的租赁房里，一家几口蜗居其中。孩子苍白的面容我至今难忘……

这之后，断断续续地联系。直到今年上半年，孩子妈妈才告诉我，孩子在几个月前走了，怕我难过，一直没告诉我。那一瞬间，我忽然感到心揪得紧紧的……

如今，每年讲学很多，匆匆来往于各个城市之间，很少有时间去看看名胜古迹。一次在武汉，偷得闲暇，登上黄鹤楼，看到烟雾渺茫的江心岛，流连于楼上的文字，听着导游口中的名人轶事，恍然不知今夕何夕；另一次在鄂尔多斯，拜谒成吉思汗陵，感慨着蒙古族文化的深远和广大，心中豪气仿佛随着广阔的草原升腾蔓延；还有一次，漫步襄阳习家池，感受名人家风，深深知道文化浸润的力量和绵长……每每置身其中，几乎忘乎所以。我都不知道，为什么我天生特别容易融入情景，也特别容易产生莫名的感动和慨叹，并且这种情绪会弥漫很久很久……"入戏太深"——有一天，我忽然想到了这个词语。

今天，在小语界，很多人说我比较仗义，重情义、够朋友，敢作敢为，颇有点"侠客"的味道。我想，这也许与我的故乡、我的成长、我的读书经历有关吧。

梦回黄河，回望故乡。中原的黄土和风沙已经深深融进了我的血液，今生，再也不能改变。

我的老宅我的根

金庸小说中有许多荡气回肠的描写，也有许多不为人注意的温暖细节。《天龙八部》中写到少林寺大战之后，乔峰来到了少室山下已故的义父、义母（乔三槐夫妇）的故居。拉开抽屉，他取出"木雕的老虎，泥捏的小狗，草编的虫笼，关蟋蟀的竹筒，还有几把生了锈的小刀"，不禁怔怔发呆，喃喃自语："这是我义父给我刻的，那一年我是五岁，义父……那时候我叫他爹爹……就在这一盏油灯旁边，给我刻这只小老虎。我坐在爹爹脚边，眼看小老虎的耳朵出来了，鼻子出来了，心里真高兴……"

原来，大英雄的心里也藏着他的童年！童年藏在充满记忆的老家宅院里。

此时此刻，新年的第一个凌晨，身卧家乡的老宅院里，听着外面噼噼啪啪鞭炮的声音，忽然许多细节涌上心头。

我的童年在贫困中度过。那时候，能天天吃饱饭是每个人最大的梦想，吃肉只有过节才能，像今天这样想吃就吃，甚至不愿意吃是难以想象的奢望。前几天去看望伯父（哥哥胜辉的父亲），年近八十的老人动情地讲起过去：那时候你二哥跟我说，爸爸，什么时候这种玉米黄面馍才能让我们天天吃饱啊？你二姐那时候已经六七岁了，有一次家里有事买了一块肉放在桌上，她竟然问，这是什么啊？在她的头脑里，居然没有吃肉的记忆……几十年过去了，这些细节都藏在老人的心里！

我出生稍晚几年，但是我记得两掺馒头（玉米面和小麦面混合）也吃到八十年代中期，直到我十几岁时才彻底消失。记得我上初中时还有一条军绿色的裤子，上面打着好大的补丁呢。因为对贫穷和饥饿有深刻的记忆，所以现在每当看到有人无病呻吟地憧憬着过去，有人头大无脑地沉醉于"六〇年代"，我都想狠狠地抽他两个耳光，然后问他：让你回去那个年代，你真的愿意吗？

当然，生活的贫困掩盖不了温暖的记忆，相反，很多细节都让人频频回首。

童年回忆中的春节，是从父母腊月二十九支起的油锅开始的。萝卜咸食、红薯油菜、柿饼云头、芝麻薄饼、豆腐、丸子……每一种"小玩意儿"经过油锅之后，都披上金黄的外衣，换了样子。每年的这个时候，我们姐弟三人都会围在父母旁边，看着那一个个"小玩意儿"在油锅里翻滚，看着盛油货的盆子渐渐堆得冒尖，一会儿伸手捏捏这个，一会儿尝尝那个，嘴不停歇，肚子不知不觉间就撑了起来。于是，浓浓的年味便久久地在心里弥漫着。

煮肉也是我们最盼望的大事。家家户户煮肉时，全村到处飘荡着肉香，这简直是我们最享受的时刻。父母把牛肉大肉分开来煮，我和弟弟便巴巴地守在锅旁等着啃骨头。肉出锅了，父母会把骨头一分两份给我们啃。当然，弟弟每次都会分到肉比较厚又比较好啃的一块，因为我毕竟是哥哥嘛！我们啃骨头的技术相当过硬，角角落落的碎肉都绝不会放过，啃完了，还会把骨头放一块在嘴里，含着，好久……直到没味才吐掉。

去年春节，母亲走了，我们成了无父无母的"孤儿"。今年回来，看到一砖一瓦都会勾起回忆，颇为感伤。一日和同学聊天，她说起自己的村子已经拆迁了，家里的旧宅院早已没有了。然后她说："你多幸福，还有老家，还有一个可以回忆，可以凭吊的去处，而我，连根都没有了……"

忽然间，我想流泪了。原来，这不起眼的简陋的农村旧宅，这小院落、这小屋，珍藏着我的童年，满载着我的回忆，也是我心灵深处永远的根！

今天，我想到村里四处走走，让根扎得更深些，更久些………

我的生日，妈的祭日

南京，大雪节气，天气骤然冷了，下午还飘起雪花。12月7日，是我的生日。

再过两天，12月9日，就是我妈三周年的祭日了……我要回乡，为母亲办一场隆重的仪式。

这三年来，每年冬天，我都要和感冒咳嗽搏斗一番。二十多岁时落下了慢性咽炎的病根，现在稍微着凉，就会咳嗽不止。妈妈在时，每到天气变凉的时候，都会打电话给我，每次都是重复几句话："伟，天变了，多穿点衣服，不敢咳嗽啊……"妈妈老了，喜欢唠叨，总是连说几遍，直到我不停地说"妈，我知道了"，她才会依依不舍地放下电话。妈妈走后，寒风起时，有时候我会产生幻觉，耳边仿佛听到妈妈的唠叨："伟，不敢咳嗽啊……"

三年来，咳嗽总是和我相伴，挥之不去。一咳嗽，我就不由地想，如果妈在，她又该唠叨我了吧？这么一想，我便极力控制咳嗽，生怕妈妈担心，咳嗽的症状竟似乎减轻一些了。

离开洛阳十三年了，自从十年前爸爸去世后，妈妈就一个人住在我家的老院子里。她独自生活了八年。我无法想象这八年中，妈妈走过了怎样孤单的每一天。一个人空守着一座院子，一个人做饭一个人吃，一个人说话给自己听……每次我离开家去江苏时，总是宽慰她，劝她别难过。妈妈总说："放心走吧，我没事。"可是，弟弟告诉我，每次我走之后，妈妈总是坐在家门口的石凳上，一个人大哭一场。十几年来，次次如此。

患重病住院的最后的日子里，我从外面飞回来看她。一到医院，医生就告诉我："你妈可盼着你呢，前几天就念叨，大儿子要回来了……"见到妈妈，我轻轻抱着她，她竟像个无助的孩子，听着我的安慰，流着泪笑着……

　　今天，老家的院子还在，但院子的主人——我的爸爸妈妈，他们离开了我，再也不回来了。三年来，我仍然时常回来，尽管心里空落落的，但每次都一个人在老家住上几天。夜里，有时候，我会不自觉地来到父母的房间，不自觉地叫一声爸爸妈妈，不自觉地对着父母的照片自言自语半天，最后还跟妈妈说："妈，我回来了；妈，别担心我；妈，我不累……"

　　现实不断地告诉我：妈，走了，母子俩阴阳相隔，今生再也不能相见！我爱吃的妈妈味的手擀面，油渣馅的饺子，豆芽卤面……今生今世都吃不到了！那个最爱我的人，丢下了我，再也回不来了……我只能悲从中来，长夜哭泣……

小时"口吃"，长大"吃口"

到家成远客，访旧遇故人。在村里走走，偶然遇到了我很早以前的东边邻居。他已迁至新居若干年了。他大我五六岁，算起来也五十出头了，头发有点白了，精神气色挺好。只是身上最明显的特征依然没变——口吃。

"你现在不错啊！好像结巴也不太严重了。"没说几句话，我就马上觉察到他的变化。

"可能是现在老了，说话没那么……那么急了吧。"他果然不急不慢啊。

他的口吃又勾起我的一段回忆———小时候，很长一段时间，我也是个结巴。

五六岁时，我家街坊有两个结巴。一个是东邻的他，还有对门一位年长我二十多岁的哥哥。我调皮，经常学他们说话取笑他们。父母看见我学人家口吃，总会呵斥我，我越发紧张，一来二去，我竟真的成了个"小结巴"！

小学和中学时代，口吃是我挥之不去的阴影。我至今还记得口吃最常重复的几个词语："木那……""就是……"。有时候，为了跟人说一句话，会在心里纠结、挣扎、准备很久，到头来越是紧张越口吃！偶尔地，假如顺利地说完了两句话，哪怕是极简单的短语，都会如释重负，如同打赢了一场战争。这种复杂的心情感受经常会忽然明晰如昨。

最要命的是，14 岁那年，我竟然考入了师范学校，将来要做一名吃"开口饭"的教师！这可把妈妈愁坏了：将来上讲台，结结巴巴地可咋办啊？

好在天无绝人之路，上师范后，我的口吃自愈了。现在回想，是普通话救了我。师范学校要求说普通话，而且比较严格，而我说普通话时基本就不口吃，这样，与人交流就好了不少。就这，也出过一次岔子。1986年，我们一入校门就有一个朗诵比赛。我参加了，获得了一等奖，直接拿到了普通话合格证。可到了三年级快毕业时，省里来抽查师范生普通话是否合格，抽到我，老师、同学，连我自己都信心满满，认为万无一失，结果竟然是不合格！后来反馈，对话交流时有点口吃，重复较多，考官下了"黑手"。当时临近毕业，这可咋办？万幸的是，那次检测只是模拟，成绩不算数，我逃过一劫。总而言之，说普通话比较顺利，我心里怕说话的阴影也慢慢消失了，不知不觉间，再说洛阳方言也不口吃了。

打电话再问起我师范学校时的"哥们""闺蜜"，竟只有一个人对我的口吃有点印象！我不禁又是感叹，又是自得。感叹的是那时候我那么小的心灵承受着巨大的心理压力，竟从未有人知晓；自得的是，我"隐藏"得那么深，"卧底"功夫着实了得。更让所有人没有想到的是，今天，我还会在三尺讲台上凭着一张嘴来养家糊口，还要一年到头到全国各地和老师们讲公开课、做教学交流——当年那个连开口说话都畏之如虎的少年早不知到哪里去了！现在回想，口吃真的更多的是心理障碍，战胜了自己就能克服。

生活，真的是那么多变，那么不可预测。金庸的人生目标是做外交官，却成了武侠小说作家；席慕蓉一心想当画家，无意中成了诗人；虚竹最大的梦想是当个小和尚，最后身不由己地成了缥缈峰灵鹫宫主人；慕容复一心复国，最后成了疯子，"兀自在坟头上喃喃不休"………

人生的路，谁能说得准呢？正像我，小时候一个口吃的孩子，今天却要凭借一张嘴来讨生活，吃"开口饭"。这些，三十多年前谁会想得到呢？

小时"口吃"，长大"吃口"。命运的安排，让人唏嘘感慨。

一声"师父"，一生师父

汉语里有"师傅"和"师父"之说。

"师傅"一般是指有一定手艺的人，后来也成了泛称，开车的、做饭的、看大门的、卖报纸的……陌生人均可称之为"师傅"，相当于以前的"同志"。

而"师父"则大不相同，原来只是指和尚，后来是正式拜师、教你手艺、给你一碗饭吃的才能称为"师父"，故曰"一日为师终身为父"。

原来很多行业特别讲究师承的，在新时代这种观念渐渐地淡了。这样似乎更简化、更平等了，但也觉得少了些什么。

我的语文之路上先后有几位师父。

最早在老家洛阳，我的师父是底学峰老师，他应该是支玉恒老师最好的朋友了。瘦高的身材，深陷的眼窝，不紧不慢的语气，看教材很绝，一下子就能抓住要害、把握整体。二十多年前我的课都是底老师一手教出来的。那时骑车去找他备课，师父还管饭的。可惜的是，后来我离开老家在外拼搏，师父师母辞世都是事后才知，留下了终生的愧疚！从他们身上我才知道，有些事，错过了，就再也不能弥补了………

刘津萍和张丽霞两位大姐和我亦师亦友，在我一步步成长的道路上不仅给我事业上的帮助，更有人生方向的指引。二十年前，我参加全国第二届青年教师阅读教学大赛，那些同甘共苦的日子铭刻在心。后来我每一步的发展她们都默默关注，我的身后永远有她们的目光，直至今日。现在，大家虽然天各一方，但我们的心总是那么近。我始终知道：身在天涯，心存咫尺！

支老师是我几十年的偶像。听他的课不知多少年了，他的经历、课例、名言、故事，我如数家珍。师父对我的最高评价是，你最像我！师母对我的最高评价是，多了个孩子！去年春节，我妈妈去世了，师父一大早打来电话，我不禁失声痛哭，师父也陪我默默流泪。我和师父一起上课，师父都找各种角度甚至弯下腰给我照相的，这让何捷羡慕不已。我说，我们的感情像父子一样，最痛苦的时候可以靠着他的肩头哭泣。

张赛琴老师是十多年前讲学认识的。我们娘俩特别投缘，她备课的角度以及设计的巧妙常常令我思路大开。久而久之，我发自内心地以师父相称。在我妈妈病重的最后的日子里，她常常打电话给我，教我勇敢面对，教我坚强生活。"无论何时，我都与你同在！"这个话我永远不会忘记。原来，师父，会在你最艰难的时候握紧你的手。

偶然机会结识黄厚江老师，经师大尹教授牵线，我和张忠诚一起拜黄老师为师。黄老师就是绝，给任何学科教师办讲座，只凭一张口，几分钟时间就让人听得欲罢不能。听君一席话，胜读十年书。反正，薛法根就佩服黄老师。黄老师是大智慧，一直催我提炼自己的东西，只是学生慵懒，愧对师父。

就像郭靖有许多师父，我成长的路上也遇到这么多恩师。无论距离远近，在我的心里，永远是以师父之礼待他们的。没有他们，我也不会在语文之路上一直走到现在。还有，无一例外的，我的师父们都是"真人"，真心真诚、真性情，我不光学教书，更学做人。

如今，也常常有老师会偶尔一时兴起，说拜我为师，我都会婉拒。因为我知道"师父"两个字有多重，它意味着今后很长的岁月里要相互信任、相互惦念、相扶前行，这太难了！我也看惯了太多逢场作戏般的师来徒去——桌上亲密无间，宴后形同陌路。所以我至今不敢收徒。即使他们喊我，我内心里也知道，那只是"师傅"，绝不是"师父"。

我希望拥有的是真正地融入生命的师徒之情，就像薛法根对他的师父，就像王崧舟、罗才军他们那样的师徒。所幸，我拥有我的师父们，我拥有真情。

一声"师父"，一生师父！

支老师的课，百看不厌

我的好友福建名师何捷鬼点子多，独出心裁地以电影的角度解读语文名师们的课堂，见解独特，妙语中的。他邀我搞个续集，写写我的师父支玉恒老师的课堂，我义不容辞。

支老师是一个传奇。他40岁才从体育转教语文，短短几年时间，就蜚声全国，在小语界几乎无人不知。在那个没有网络的八十年代，用"奇迹""不可思议"来形容毫不为过。他的课堂举重若轻，亦庄亦谐，听时轻松愉悦，细品博大精深，影响了几代语文教师。

支老师的课是悬疑片。截至目前，他肯定是小语界名师中课例最多的，仅公开教学就有近200个课例。2001年，新课标实施的第一年，他一共在全国各地讲了21个新课例，这又是一个难以打破的纪录。不仅课多，关键是课课不同，多姿多彩。支老师一直在不断地突破自己，所以他的课一直在创新发展。他被誉为"活语文"，他的课堂就像是悬疑片——课堂上，你永远不知道他那一课怎样教，也永远不知道他下一步会干什么，精妙的设计让你置身其中而浑然不觉。最后想想，他的教学环节，设计大胆奇妙又实用高效，出人意料却又在情理之中。教《画杨桃》，谁会想到真正让学生经历一次"画杨桃"的历程？教《只有一个地球》，谁敢最后来一个"实话实说"的现场采访？很多课例，让人叹为观止。甚至让很多语文教师看了很"绝望"，"死"了当名师的心。

支老师的课是即兴片。外出讲课，面对陌生的学生，临阵换课恐怕是大忌。支老师就有几次"惊险的经历"，这其中，有形势所迫，也有"自找麻烦"。1989 年，全国小语会第一次举行大型赛课活动（中华人民共和国成立以来首次），小语会慕名请支老师为年轻教师做示范教学。支老师本来准备的是《草原》，可到现场一看，好几个年轻参赛教师准备的都是《草原》，他先上了，人家怎么上啊，于是临时改上《第一场雪》。这堂课开了"以读代讲"之风，"这场雪"随后也"下遍了"全国。去某地讲课，课前突然看到报纸上一个栏目讨论"学生该不该穿校服"，于是他突发灵感，上了一节作文课——《创意校服》，结果，学生课堂的创意和发言精彩纷呈，令校长激动不已，连连致谢。去义乌讲课，头一天去了义乌的小商品市场，他感慨颇多，第二天便换了一节课——《夸夸咱义乌的小商品》，课堂上老师和学生又"玩"得嗨了……突发奇想，随即上课，收放自如，效果极佳——这恐怕在语文界还没有人这样玩过，支撑它的，是创意、是胆识、是教学艺术，更是自身深厚的教学素养。支老师备新课，从不写详细教案，只在纸片上写个思路即可，更不会反反复复试教很多遍才拿出手，他都是"新鲜出炉"，即兴就上，从不失手。支老师的课千锤百炼、匠心独运、炉火纯青，却又好似信手拈来，随手涂鸦，结果是出神入化。这种大智慧、大手笔，令人叹服。

支老师的课是科普片。理论是灰色的，实践之树长青。对很多教师来说，支老师的课堂就是诸多教学理念的汇集，是"以例说法"，是把"静"的教学理念"动"化，是把"死"的教学理念"活"化，是用"活生生"的教学现场来阐释教学理念。怎样真正发挥学生的主体作用？他上了《太阳》一课：教师一个问题都没有提，学生踊跃学习，层层深入。课上学生全员火热，每个学生都发言至少 2~3 次。教师牵牵引引，穿针引线，学生就全部学好了。怎样落实"以读为本"？他上了朱自清的《匆匆》一课，只用了"用心灵倾听，用心灵倾诉"这两个阅读内化和综合表达的环节，学生在诵读中领悟，在表达中提升。很多名师说，读支老师的课例，读懂了课堂背后的东西，自己的教学就会实现飞跃。

支老师的课还是垦荒片。他创造了很多教学方法。比如，朗读中用"轻重缓急，虚实浓淡"来表达感情；比如，用"位置坐标"来记住学生，最后一一对应，"物归原主"；比如，用自己的方式（朗读、说话、绘画、动作等）表达自己的阅读理解……

周一贯先生说，支老师的教学还是一个没有解密的"黑箱"。这是说小语界对支老师教学艺术的研究还太少，不够深入。庆幸的是，吴忠豪教授编了一套丛书，其中有一册是福建的施茂枝老师写的《支玉恒语文教学艺术研究》，该书高屋建瓴、精辟深入，也算是对师父的教学做了一个总结吧。

我忽然想，"施茂枝"，"世冒支"？这难道也是一种缘分吗？